本書係教育部人文社會科學研究青年基金項目成果（項目編號：13YJCZH109）

甲骨刻辞羌人暨相关族群研究

刘新民 著

中国社会科学出版社

圖書在版編目（CIP）數據

甲骨刻辭羌人暨相關族群研究/劉新民著.—北京：中國社會科學出版社，2018.7

ISBN 978-7-5203-2546-2

Ⅰ.①甲… Ⅱ.①劉… Ⅲ.①甲骨文—書法—研究②羌族—民族歷史—研究—中國 Ⅳ.①K877.14②K287.4

中國版本圖書館 CIP 數據核字（2018）第 107495 號

出 版 人	趙劍英
責任編輯	劉 芳
責任校對	郝陽洋
責任印製	李寡寡

出　　版	中國社會科學出版社
社　　址	北京鼓樓西大街甲 158 號
郵　　編	100720
網　　址	http://www.csspw.cn
發 行 部	010-84083685
門 市 部	010-84029450
經　　銷	新華書店及其他書店

印刷裝訂	環球東方（北京）印務有限公司
版　　次	2018 年 7 月第 1 版
印　　次	2018 年 7 月第 1 次印刷

開　　本	710×1000 1/16
印　　張	21.5
插　　頁	2
字　　數	356 千字
定　　價	89.00 圓

凡購買中國社會科學出版社圖書，如有質量問題請與本社營銷中心聯繫調換
電話：010-84083683
版權所有　侵權必究

序

　　2009年11月，我應邀到重慶西南大學參加首屆"出土文獻與比較文字學全國博士生論壇"並擔任論壇指導教師，其間有緣認識了漢語言文獻研究所的博士生劉新民。2010年復旦大學研究生院面向全國接收了12名博士生到復旦訪學，劉新民也遞交了申請表，剛好被選中，有緣到復旦大學出土文獻與古文字研究中心學習了一年，這一年由我擔任他的指導老師。2010年10月他還隨我到北京香山參加第18屆古文字學年會。他給我的總體印象是踏實、好學，性情溫和，為人低調，尊敬老師，善待同學。學習一年後他回到重慶，我們在QQ裡還保持著聯繫和交流。2012年他工作應聘到西安財經學院工作，2014年申請出國做訪問學者，我還幫他寫了推薦信。他的博士學位論文經過修改，近期要出版，讓我在前邊寫幾句話，我因有以上的因緣，就沒有推辭。

　　有關甲骨刻辭中"羌人"的問題，已經有很多學者做過研究和探討，但全面系統的論著還一直未見。新民的論文將與羌人有關的刻辭進行了系統梳理，同時對與羌人有關的幾個族群進行了分析。文中有很多自己獨到的見解和新穎的觀點，可以自成一說，值得學術界的關注。

　　當然論文中也有一些不足，譬如對個別字形的認識和解釋還不夠專業。下編部分因先秦時期文獻材料的短缺，主觀推斷的成分偏多，也有求之過深的地方。

　　在這樣一個浮躁的時代，能靜心做研究的人越來越少，能堅持做古文字、古史研究的人更是寥若晨星。我很慶倖遇到了一批熱愛古文字研究的同行和年輕人，由於大家的執著和堅守，古文字研究的百花園裡才呈現出競相吐蕊、滿園芳華的景象。今天的古文字研究，從甲骨文到金文、簡帛，放眼望去，老中青三代人才濟濟，群星璀璨。

　　學貴有恆，蘇軾說過"古之成大事者，不惟有超世之才，亦必有堅韌不拔之志。"要想在古文字學研究方面做出點成績，必須有打持久戰的心理準備，非得下很多年苦功夫不可。

　　有人以為甲骨學已經走到窮途末路了，其實甲骨學等待開發和研究的課題還非常之多。李學勤先生曾言，真正深入於甲骨研究的人，會感到這片園地雖經過很多人開闢，仍然是滿目叢莽，有好多很基本、很重要的問題尚待解決。[①]

　　隨著經濟全球化、文化全球化時代的到來，文化的推陳出新比以往任何時代都更加緊迫。隨著各學科之間的相互滲透和融合，隨著現代科技的發展，甲骨學研究迎來了又一個春天，甲骨學研究面臨著一個更好的發展機遇。希望新民博士能抓住機遇，繼續堅持做甲骨學研究，持之以恆，決不懈怠。同時也希望新民博士要有更加開放的眼光，密切關注國內外最新的研究成果。

　　一本書的出版，不是終點，而只是一個節點。希望新民博士能在新的節點上起跑，跑得更遠，跑得更快！

劉　釗
2018年6月8日於復旦大學光華樓

[①] 王宇信：《甲骨學通論》，中國社會科學出版社2015年版，第6頁。

目　錄

凡　例 ·· (1)
緒　論 ·· (1)
　第一節　選題緣由與研究意義 ································· (1)
　第二節　研究成果與現狀 ·· (4)
　第三節　研究思路與方法 ······································· (10)
　第四節　研究內容 ··· (11)

上編　甲骨刻辭羌人研究

第一章　"羌"字整理 ··· (15)
　第一節　"羌"字形體 ·· (15)
　第二節　"羌"字考釋 ·· (18)

第二章　羌人的族群種類 ·· (23)
　第一節　王卜辭中所見的羌人族群 ·························· (23)
　第二節　非王卜辭中所見的羌人族群 ······················· (30)
　第三節　王卜辭和非王卜辭中俱見的羌人族群 ············ (34)

第三章　不同身份的羌人 ·· (38)
　第一節　羌人奴隸 ·· (38)
　第二節　羌人女子和孩童 ····································· (60)
　第三節　歸化臣服的羌人 ····································· (68)

第四章 羌人祭牲 …………………………………………………… (71)
第一節 用羌人祭祀的對象 …………………………………………… (71)
第二節 用羌人祭祀的事由 …………………………………………… (102)
第三節 用羌人祭祀的方式 …………………………………………… (107)
第四節 用羌人祭祀時祭牲的組合與選擇 …………………………… (137)
第五節 羌人祭牲的數量統計 ………………………………………… (151)
第六節 羌人祭牲的來源 ……………………………………………… (178)

第五章 羌人與商王朝的關係 ……………………………………… (186)
第一節 商王朝對羌征戰活動的類型 ………………………………… (186)
第二節 商王朝對羌的征戰活動 ……………………………………… (192)
第三節 商王朝與"羌方"的征戰活動 ……………………………… (198)
第四節 商王朝與羌人的交往 ………………………………………… (208)
第五節 羌人與商王朝的交往 ………………………………………… (214)

第六章 羌人與諸國（族）的關係 ………………………………… (223)
第一節 與商爲友的諸國（族）對羌的征戰活動 …………………… (223)
第二節 與商時敵時友的諸國（族）對羌的征戰活動 ……………… (224)
第三節 羌人對諸國（族）的征戰和交往 …………………………… (226)

下編 與羌人相關的族群專題研究

第七章 "□"地考 …………………………………………………… (231)
第一節 "□"與"巛"辨析 …………………………………………… (233)
第二節 "□"字考釋 …………………………………………………… (238)
第三節 甲骨卜辭中的"□"地考索 …………………………………… (243)
第四節 "巜"與"澮水、澮山" ……………………………………… (255)

第八章　"疋"地考 ··· (259)
第一節　甲骨卜辭中的"疋"地考索 ························ (259)
第二節　"疋"與"渭水" ································ (265)
第三節　"疋"與"城洋銅器群" ·························· (267)
第四節　餘論 ··· (270)

第九章　"次"地考 ··· (271)
第一節　甲骨卜辭中的"次"字 ·························· (271)
第二節　甲骨卜辭中"次"的用法 ························ (274)
第三節　"次"地考索 ·································· (281)
第四節　"次"與"奢延水" ······························ (284)

第十章　五族 ··· (286)
第一節　屰 ··· (286)
第二節　㳄 ··· (295)
第三節　肩 ··· (300)
第四節　逐 ··· (304)
第五節　何 ··· (307)

主要參考文獻 ··· (317)

後　記 ··· (331)

凡　　例

1. 本書引用卜辭時，釋文一般採用《甲骨文校釋總集》的釋法，並參閱《甲骨文合集釋文》《殷墟甲骨刻辭摹釋總集》《殷墟甲骨文摹釋全編》的釋法，當諸家釋法產生衝突時，則採用《甲骨文校釋總集》的釋法。爲了便於閱讀，能用通釋字的，就用通釋字。

2. 引用卜辭時，採用裘錫圭先生的做法，句末一般標注句號。個別能明顯看出是問句的除外。另外，為了論述的需要，個別地方引用的卜辭加注問號。

3. 卜辭片號的標注，採用"著錄書簡稱＋數位"形式。如"《合集》186"表示《甲骨文合集》第186片。

4. 本書對甲骨卜辭不同類組的稱謂，基本上採用黃天樹先生《殷墟王卜辭的分類與斷代》（科學出版社2007年版）；非王卜辭不同類組的稱謂語則按照《黃天樹古文字論集》（學苑出版社2006年版）收錄的《子組卜辭研究》《非王卜辭中"圓體類"卜辭的研究》《非王"劣體類"卜辭》《婦女卜辭》《午組卜辭研究》諸篇。

5. 甲骨著錄暨釋文書引書簡稱：

原書名	簡稱
《甲骨文合集》	《合集》
《甲骨文合集補編》	《合補》
《英國所藏甲骨集》	《英藏》
《小屯南地甲骨》	《屯南》
《殷墟花園莊東地甲骨》	《花東》
《殷墟甲骨刻辭摹釋總集》	《摹釋總集》

《懷特氏等收藏甲骨文集》　　　　　　　　《懷特》
《東京大學東洋文化研究所藏甲骨文字》　　《東洋研》
《京都大學人文科學研究所藏甲骨文字》　　《京人》
《天理大學附屬天理參考館甲骨文字》　　　《天理》
《蘇德美日所見甲骨集》　　　　　　　　　《蘇德》
《甲骨續存補編》　　　　　　　　　　　　《存補》

緒　　論

第一節　選題緣由與研究意義

一　選題緣由

羌人是我國最古老的族群之一，該族群不但歷史悠久，而且分佈地域較廣，羌人與其他族群的互動、交融，促進了古代社會的發展和變遷。在中華文明的形成發展過程中，羌人是一支不可忽視的重要力量。

羌人的問題比較複雜，傳統的"羌戎"概念其實是一個很複雜的概念。羌戎生活的年代之久、地域之廣，深深影響了中華上古文明的進程。羌戎文化作為中華古代文化的一個重要組成部分，理應受到重視，而由於文獻資料的稀缺和支離破碎，以往的研究一方面對其重視不夠，另一方面對其認識很籠統、模糊。隨著學術研究的向前推進和學術觀念的轉變，羌戎文化的研究越來越受到學術界的重視。例如，2011 年 7 月 8 日至 28 日，甘肅省文物考古研究所、陝西省考古研究院、國家博物館考古部、北京大學考古文博學院、西北大學考古文博學院組成的早期秦文化與西戎文化考古課題組組織了一次聯合考察活動，對內蒙古、陝北、寧夏、隴東地區的戎狄文化進行聯合考察。①

由於上古時代留下的文字文獻資料稀少，先秦時期，特別是殷商時期，羌人的狀況學界並不完全清楚。儘管學界對其進行了很多探索和研究，但是對羌人的認識和了解至今仍然比較模糊、籠統。殷商甲骨刻辭

---

①　早期秦文化聯合考古隊：《戎狄之旅——內蒙、陝北、寧夏、隴東考古考察筆談》，《考古與文物》2012 年第 1 期，第 96—107 頁。

是我們所能見到的最早的成系統的可靠文獻材料，這一批材料數量龐大，約有十五萬片，當中有很多與羌人有關的刻辭，為我們系統地認識羌人提供了寶貴的參考資料和重要依據。

儘管學術界已經對"羌人"進行了一些探索和研究，但是仍然有很多問題有待系統地整理研究。隨著學術研究水準的整體提高和甲骨學研究的不斷深入，甲骨學界取得了一系列豐碩的研究成果，特別是在大型著錄書和工具書的編纂、甲骨文字的考釋、甲骨的分期分組、甲骨片的綴合方面取得了很多有價值的成果，這就為甲骨刻辭中"羌人"問題的進一步研究提供了較好的基礎條件。

本課題就是在這種背景中提出，並加以繼續研究的。

二 研究意義

（一）學術意義

1. 歷史學意義

通過對甲骨刻辭中有關羌人資料的全面整理和系統研究，不但有助於了解羌人的發展史，也有助於了解殷商時的社會面貌，例如，殷商時的政治、軍事、經濟、文化、禮制等各方面的狀況，還有助於了解殷商時的思想觀念。

2. 民族學意義

對殷商甲骨刻辭中的羌人資料進行系統地整理研究，既有助於我們系統地認識殷商時期的羌人，也有助於驗證、修正學界以往對羌人的推測和模糊認識，使我們對殷商時羌人的認識由模糊籠統走向清晰化、條理化，還可以將具有可靠證據的羌人研究時代由西周上溯到商代，使我們能夠做到在現有條件下最大限度地追根溯源，增進對羌人起源、變遷和發展的認識。

3. 文獻學、考古學意義

本課題的研究將對文獻典籍中分散的資料和綫索，進行整合，可以促進對文獻典籍的整理和研究，還可以促進對文獻典籍潛在價值的挖掘和利用。通過對出土文獻資料的系統整理，有助於補證傳世文獻典籍的不足之處。通過甲骨材料、傳世文獻材料與考古材料的結合，也可以使已有的考古成果得到新的解釋，促進對考古材料的認識和研究。

4. 甲骨學意義

本課題研究可以促進對甲骨材料的進一步整理和認識，對傳統的認識可能有所突破和創新，也可以促進對甲骨材料中潛在信息的挖掘和潛在價值的利用，還可以促進甲骨學的進一步研究。例如，對部族、方國的研究，需要整理與之相關的所有卜辭，牽涉甲骨片的綴合、排譜、釋讀、校勘、分期分組、文字考釋、詞語訓詁、語法分析、卜法文例等很多甲骨學的問題。通過對甲骨刻辭中族群方國材料的整理和考證，有助於了解殷商時期族群方國的分佈以及彼此之間的關係，商王朝與周邊族群方國的關係，有助於了解當時與各族群方國有關的重大事件，也有助於了解當時的軍事征戰活動、田獵活動、祭祀活動以及社會生活狀況，還有助於了解人與環境的互動關係等。

5. 語言文字學意義

本課題建立在對甲骨語言文字的釋讀、理解和分析的基礎上，一方面，對甲骨語言文字的正確釋讀和準確理解是研究歷史文化的基礎和先決條件之一；另一方面，對甲骨刻辭的歷史文化研究也是促進甲骨語言理解和甲骨文字釋讀工作的方法之一，二者互為促進。

歷史文化研究可以檢驗甲骨語言文字的研究成果。例如，已經考釋研究的文字、詞語和語法現象，放在單條刻辭中可能講得通，如果放在實際的歷史背景中是否還能講得通，是否符合當時的實際和當時的歷史文化背景，歷史文化研究便是檢驗的途徑之一。一些尚有爭議的文字、詞語和語法現象，通過歷史文化的研究，可以減少信息盲點，增強對其面貌的全面認識和了解，可能會有助於確定其意義、用法，也有可能會發現其新的意義和用法。

（二）社會意義

羌人與周邊族群暨中原地區經濟文化的互動交融，是中華文明形成和中華民族共同體形成的漫長過程中的一個環節，本課題的研究有助於了解，更有助於增強對民族之根和多元文化的理解和認同。有助於大家進一步了解商代的歷史文化和思想觀念，增進對傳統歷史文化的認識，以便從中汲取借鑒有用的經驗、智慧和精神力量。

第二節　研究成果與現狀

一　學界已經取得的研究成果

學術界既往的研究，主要成果體現在以下幾個方面：

（一）"羌"字的釋讀

孫詒讓首先將⚑釋為"羌"，之後王襄、葉玉森、董作賓、陳夢家、屈萬里、于省吾、孫海波、施謝捷等學者又進行了補證。另外，羅振玉將⚑⚑釋為羊，王襄將⚑釋為"姜"，郭沫若將⚑釋為芍（狗）字，丁山將⚑釋為"敬"，⚑釋為"姫（夭）"，陳漢平將⚑釋為"羑"，張亞初將⚑釋為"䍧"。經過討論和辨析，學術界已經基本公認"⚑"為"羌"字。（詳見第一章第二節）

（二）羌與羌方的關係

董作賓首先對殷代的"羌""蜀"進行了初步探討①。劉朝陽對征羌方的有關情況進行了初步研究，李學勤對征羌方的情況也進行了梳理，並認為："在殷代，'羌'與'羌方'涵義有廣狹的不同。商人泛稱西方的異族人為'羌'，而'羌方'專指居於羌地的一個方國，與東方異族人'夷'相對。凡卜辭中殺羌若干人或俘羌若干人，均是廣義的'羌'。"②

王慎行《卜辭所見羌人考》③認為：第一，卜辭中的"羌"，是殷人泛指西方異族人之通稱。它是一種以牧羊為其族號、以羊為其圖騰，好以羊角為其冠飾的遊牧民族，可能是與夏后氏為同族之姜姓或姒姓的種族。殷周時代，羌族與華夏民族就有著婚媾血緣關係；其中一支羌族最早進入中原，受華夏民族文化的影響，已發展進入較高級階段，此即卜辭中稱為"羌方"的羌人。第二，卜辭中的"羌方"則專指居於羌族區域的一個方國，分為北羌與馬羌兩個部落。其地望當在漢代的河東郡，即今山西省南部。他們與商王朝戰事頻繁，爭奪劇烈，叛服無常，乙、辛時代，羌方的一部分領土可能已為商所侵佔，商王田獵乃有"在羌"

---

① 董作賓：《殷代的羌與蜀》，《說文月刊》第3卷第7期（巴蜀文化專號），1942年8月。
② 李學勤：《殷代地理簡論》，科學出版社1959年版，第80頁。
③ 王慎行：《卜辭所見羌人考》，《中原文物》1991年第1期。

"田羌"之貞。

羅琨《殷商時期的羌和羌方》① 對羌和羌方進行了系統探討，羅琨認為羌分佈在一個相當廣闊的地域裏，羌人國族並非都冠以羌字，有的僅稱族氏而省略羌字。關於"羌方"，羅琨認為從當時大量征伐卜辭看，不能得出羌方是武丁用兵重點的結論。伐羌方僅是對西北邊境外數十個方國、地點長期進行的戰爭的一個組成部分，當時的羌方還不是主要威脅，也不是武丁用兵的重點。羌方成為商王朝用兵的重點主要是在廩辛、康丁時期。甲骨文中羌人的多方，相當於記載中的"諸種"，還沒有形成國家，尚處於軍事民主制階段。

（三）羌方的地望

羌方的地望，陳夢家以為在晉南地區②，島邦男認為在𠭯方以南③，鍾柏生認為羌是"商人對後來戎狄之人的稱呼，以其姓氏來代表其族類"④。孫亞冰認為"羌"族人的活動範圍較廣，而羌方的具體地望，由《合集》6352可知，與𢧰方、𢀛方、𢀛方相距不遠，𢀛方曾受到𠭯方的侵略，距𠭯方不遠，島氏之說更為合理。⑤

（四）羌人的身份與社會地位

王承祒認為羌是奴隸，是殷代的直接生產者。⑥ 昆侖則認為目前尚未見到有用羌於農業生產勞動的直接記載⑦。陳福林也認為羌是奴隸⑧。

羅琨《殷商時期的羌和羌方》⑨ 對羌人的身份也進行了探討，甲骨文記載和考古發掘都揭示出盤庚遷殷後的二百多年間，大批羌人作為祭祀

---

① 羅琨：《殷商時期的羌和羌方》，《甲骨文與殷商史》第3輯，上海古籍出版社1991年版。
② 陳夢家：《殷虛卜辭綜述》，中華書局1988年版，第281—282頁。
③ ［日］島邦男：《殷墟卜辭研究》，溫天河、李壽林譯，鼎文書局1975年版，第401—403頁。
④ 鍾柏生：《殷商卜辭地理論叢》，藝文印書館1989年版，第177頁。
⑤ 孫亞冰：《商代地理與方國》，中國社會科學出版社2010年版，第270頁。
⑥ 王承祒：《試論殷代的直接生產者——釋羌釋眾》，《文史哲》1954年第6期。
⑦ 昆侖：《殷墟卜辭有用羌於農業生產的記載嗎》，《甲骨文與殷商史》，上海古籍出版社1983年版。
⑧ 陳福林：《試論殷代的眾、眾人與羌的社會地位》，《社會科學戰線》1979年第3期。
⑨ 羅琨：《殷商時期的羌和羌方》，《甲骨文與殷商史》第3輯，上海古籍出版社1991年版。

的犧牲遭到了殺戮。雖然被擄掠的羌人很多遭到殺戮，但仍有相當數量轉化成了奴隸。此外，甲骨卜辭中還見當時也存在一些服事於商王左右，身份地位較高的羌人。身份地位的懸殊出於來源的不同，它啓示我們殷商時期古羌族的各個支系可能發展得很不平衡。一部分和商人處於敵對狀態，二者在社會生產、發展和經濟生活方面差距較大，商人常將他們擄作奴隸或人牲。另一些長期以來和中原地區關係密切，某些支系在"夏後氏末及商周之際，或從侯伯征伐有功，天子爵之，以為藩服"（《後漢書·西羌傳》）。有的甚至在文化上也漸次融合，或為參與商王朝統治的強宗大族之一，僅在名號上有時還保留羌字，記載著血統的淵源。

王慎行《卜辭所見羌人考》[1]《卜辭所見羌人反壓迫鬥爭》[2]通過對卜辭所見羌人活動情況的綜合考察，對羌人的身份進行了比較深入地探討。作者提出如下觀點。

第一，有商一代與羌族的戰爭頻繁而激烈，這是殷人虜獲羌俘的主要來源。其次是依靠"屬國"或"與國"的貢納以及田獵和放牧中的額外擄獲。

第二，羌人的主要用途是被用作祭祀時的犧牲：從普通羌人到羌方首領全在殺戮之列，一次"用"羌可達三百人之多，而且將十二種用牲方法輪番施之於羌人，其名目之繁縟、手段之殘忍、令人髮指；殷人在祭祀祖先或神靈時，往往把人牲"羌"與物牲"牛羊"置於同版同條、並列卜問，其與牛羊無異。這都表明"羌"在當時所處的社會地位是最低下和最卑賤的，其身份當系俘虜無疑。但也有一部分羌俘被活著保留下來，男羌被殷人用於田獵、征戰及其他勞役；女羌有的被用作祖先的冥婦，這些羌俘遂淪為奴隸。更有少數柔順而敏慧者，被擢升為史官之小吏，專掌修治甲骨之事。儘管驅使羌人田獵、征戰的卜辭數量極少，總共不過十餘條，但這些彌足珍貴的史料，證明了羌人已由戰爭中的俘虜轉化為奴隸這一事實。

第三，羌人被俘或淪為奴隸後，不堪商代統治者的殘殺、奴役、囚禁和非人待遇，曾以逃逸、越獄和監獄暴動等形式進行反壓迫鬥爭；而

---

[1] 王慎行：《卜辭所見羌人考》，《中原文物》1991年第1期。
[2] 王慎行：《卜辭所見羌人反壓迫鬥爭》，《考古與文物》1992年第3期。

商王則以追捕、增設監獄、殘殺羌囚等手段，施加更為殘酷的鎮壓和專政。羌奴與統治者的鬥爭，勢必與商代社會的階級鬥爭匯合成推動歷史前進的動力。

第四，根據胡厚宣和姚孝遂兩位先生所提供的商代早、中、晚期人牲的統計數字，進行比較分析，不難發現乙、辛時代，戰爭的規模和持續的時間都超過了早、中期，戰爭中所獲的羌俘無疑比過去增多，但祭祀用人的現象卻急劇下降，而那些眾多的羌俘下落如何，卜辭缺乏這方面的記載。晚期的用人為牲現象減少，應該是羌俘之多數淪為奴隸的一種反映。當時一定有大量的羌俘被活著保留下來，轉化為奴隸，因為社會向前發展，生產力提高，為役使大批奴隸提供了條件，這當是社會歷史發展的必然。

第五，羌人在商代最初被用作人牲者當係俘虜，以後被用於輔助生產和雜役而轉化為奴隸。將羌人的社會身份簡單而籠統地說成奴隸或俘虜的推斷，都是片面而欠妥貼的。

（五）羌人祭牲與人祭制度

通過羌人祭牲問題，進而研究人祭制度，一直是個熱點問題。

陳夢家《殷虛卜辭綜述》以為人之祭僅限於羌人、羌白（伯）及少數的其他方伯。姚孝遂則認為："卜辭用作人牲者除羌人外，尚有絴方、大方、🈚方等十餘種之多。"①

羅琨《殷商時期的羌和羌方》認為商代大量的人祭主要是以羌作為犧牲。"獲羌"不是伐羌方過程中的占卜，而是一種專門擄掠人口的軍事行動。擄掠的人口事後都要由被派出者挈送給商王。另外，一些強宗大族及臣服的方國雖然沒有參加伐羌、獲羌的軍事行動，也要進獻羌人奴隸和人牲，可見這是臣服者的一種義務。

于省吾對商代的"逆羌"問題進行了分析，認為"逆羌"謂以羌為牲而迎之也。② 蔡哲茂也對"逆羌"這種祭儀進行了探討。③

---

① 于省吾主編：《甲骨文字詁林》第1冊，中華書局1996年版，第125頁。
② 于省吾：《釋逆羌》，《雙劍誃殷契駢枝三編》，石印本1944年版。
③ 蔡哲茂：《逆羌考》，《大陸雜誌》第52卷第6期，1976年3月。

除此之外，還有吳其昌《殷代人祭考》[1]、楊景鷊《殉與用人祭（上、中、下）》[2]、金祥恒《殷人祭祀用人牲設奠說》[3]、胡厚宣《中國奴隸社會的人殉和人祭（上、下）》[4]、童恩正《談甲骨文羌字並略論殷代的人祭制度》[5]、王克林《試論我國人祭和人殉的起源》[6]、楊升南《對商代人祭身份的考察》[7]、羅琨《商代人祭及相關問題》[8]、周慶基《人祭與人殉》[9]、李紹連《人殉人祭與商周奴隸制》[10]、姚政《關於人殉人祭問題》[11]、王浩《商代人祭對象問題探論》[12] 等相關論著對商代的人祭制度、祭祀方式、祭祀儀式等問題進行了分析探討。

（六）羌人源流、變遷

　　陳夢家[13]、徐中舒[14]認為羌人為夏的後裔。朱歧祥進一步通過卜辭用義的分析，印證陳、徐二人的觀點。[15]

　　顧頡剛《從古籍中探索我國的西部民族——羌族》[16]，集中了豐富的文獻資料，系統敘述了自夏商至元明以來西羌的歷史。

---

[1] 吳其昌：《殷代人祭考》，《清華週刊》第37卷第9、10期合（文史專號），1932年4月。

[2] 楊景鷊：《殉與用人祭（上、中、下）》，《大陸雜誌》第13卷第6、7、9期，1956年9、10、11月。

[3] 金祥恒：《殷人祭祀用人牲設奠說》，《金祥恒先生全集》第1冊，臺北藝文印書館1990年版。

[4] 胡厚宣：《中國奴隸社會的人殉和人祭（上、下）》，《文物》1974年第7、8期。

[5] 童恩正：《談甲骨文羌字並略論殷代的人祭制度》，《四川大學學報》（哲學社會科學版）1980年第3期。

[6] 王克林：《試論我國人祭和人殉的起源》，《文物》1982年第2期。

[7] 楊升南：《對商代人祭身份的考察》，《先秦史論文集》（人文雜誌專刊），1982年5月。

[8] 羅琨：《商代人祭及相關問題》，載胡厚宣主編《甲骨探史錄》，生活·讀書·新知三聯書店1982年版。

[9] 周慶基：《人祭與人殉》，《世界宗教研究》1984年第2期。

[10] 李紹連：《人殉人祭與商周奴隸制》，《全國商史學術討論會論文集》（《殷都學刊〈增刊〉》），1985年版。

[11] 姚政：《關於人殉人祭問題》，《北京社聯通訊》1986年第6期。

[12] 王浩：《商代人祭對象問題探論》，《文博》1988年第6期。

[13] 陳夢家：《殷虛卜辭綜述》，中華書局1988年版，第281—282頁。

[14] 徐中舒：《先秦史論稿》，巴蜀書社1992年版。

[15] 朱歧祥：《說羌——評估甲骨文的羌是夏遺民說》，《甲骨文發現一百周年學術研討會論文集》，臺灣師範大學國文系暨"中研院"歷史語言研究所發行，1998年5月。

[16] 顧頡剛：《從古籍中探索我國的西部民族——羌族》，《社會科學戰線》1980年第1期。

在其他研究民族史的論著、論文中，也涉及一些關於殷商時羌人源流變遷狀況的分析，例如：白川靜《羌族考》①、曹懷玉《商周秦漢時期甘肅境內的氐羌月氏和烏孫》②、李紹明《關於羌族古代史的幾個問題》③、李紹明《略論古代羌族社會的經濟發展與民族融合》④、王俊傑《論商周的羌與秦漢魏晉南北朝的羌》⑤、劉蕙蓀《夏夷蠻貊戎狄羌越得名考源》⑥、徐中舒《〈羌族史稿〉序》⑦、任乃強《羌族源流探索》⑧、李紹明《西羌》⑨、冉光榮《羌族史》⑩、陳連升《夏商時期的氐羌》⑪、普學旺《試論殷人源於古羌人》⑫、李瑾《卜辭"臣方"與氐羌"縱目人"之關係——殷周古文結體之人類學透視》⑬等。

另外，還有一些與羌人有關的其他問題的探討，例如：林聲《記彝、羌、納西族的"羊骨卜"》⑭、洛人《"三白羌"辨》⑮、趙林《商代的羌人與匈奴：試論產生中國人的若干體質與文化上的背景》⑯、王蔚《殷商

---

① ［日］白川靜：《羌族考》，《甲骨金文學論集》，日本京都朋友書店1973年版。
② 曹懷玉：《商周秦漢時期甘肅境內的氐羌月氏和烏孫》，《甘肅師大學報》（人文科學版）1964年第3、4期。
③ 李紹明：《關於羌族古代史的幾個問題》，《歷史研究》1963年第5期。
④ 李紹明、冉光榮、周錫銀：《略論古代羌族社會的經濟發展與民族融合》，《思想戰線》1980年第6期。
⑤ 王俊傑：《論商周的羌與秦漢魏晉南北朝的羌》，《西北師院學報》（社會科學版）1982年第3期。
⑥ 劉蕙蓀：《夏夷蠻貊戎狄羌越得名考源》，《中國古代史論叢》第3輯（先秦史專號），福建人民出版社1982年版。
⑦ 徐中舒：《〈羌族史稿〉序》，《歷史研究》1983年第1期。
⑧ 任乃強：《羌族源流探索》，重慶出版社1984年版。
⑨ 李紹明：《西羌》，《文史知識》1984年第6期。
⑩ 冉光榮、李紹明、周錫銀：《羌族史》，四川民族出版社1985年版。
⑪ 陳連升：《夏商時期的氐羌》，《雲南民族學院學報》1993年第4期。
⑫ 普學旺：《試論殷人源於古羌人》，《中南民族學院學報》（哲學社會科學版）1994年第2期。
⑬ 李瑾：《卜辭"臣方"與氐羌"縱目人"之關係——殷周古文結體之人類學透視》，《重慶師範學院學報》（哲學社會科學版）1997年第2期，第42—48頁。
⑭ 林聲：《記彝、羌、納西族的"羊骨卜"》，《考古》1963年第3期。
⑮ 洛人：《"三白羌"辨》，《史學月刊》1983年第3期。
⑯ 趙林：《商代的羌人與匈奴：試倫產生中國人的若干體質與文化上的背景》，臺灣政治大學邊政出版社1985年版。

羌族及嶽神芻議：試倫產生中國人的若干體質與文化上的背景》①、陶正剛《靈石商墓亞羌銘試析》②、吳建偉《甲骨文羊羌的詞義關係考述》。③

二 前人研究的不足和尚待研究的問題

（一）由於受到文獻材料和當時甲骨文字考釋、甲骨語言研究水準的局限，以及異地同名、地名變遷、族群遷徙等複雜因素的影響，已經得出的結論，仍然存在巨大分歧，需要進一步探討，諸位學者的研究仍留下很多待商榷的問題，需要進一步深入研究，例如羌人的種類，用羌人的祭祀方式，祭祀方式的組合，祭牲的組合，與羌人有關係的族群方國等。

（二）利用甲骨學分期分組的方法研究甲骨刻辭中的羌人問題，至今還缺乏系統研究，以前的研究對甲骨刻辭材料沒有分期分組，比較籠統模糊。

（三）甲骨學界取得了一系列豐碩的研究成果，新的考古發現為研究甲骨文中的族群問題注入了新的活力，語言文字學、文獻學、歷史學、歷史地理學、民族學、民俗學的研究也取得了很多相關的研究成果，在吸收整合相關學科的研究成果和方法方面還很不夠，需要進一步加強。

第三節 研究思路與方法

一 研究思路

（一）本課題的研究基於對甲骨刻辭材料的整理和對甲骨語言文字的理解，先最大限度地挖掘卜辭材料本身蘊含的信息，再從傳世文獻典籍、民俗資料、少數民族文獻資料及其他出土文獻材料中尋找證據和線索，全面挖掘相關信息，以減少信息盲點，對研究對象獲得比較全面的認識，

---

① 王蔚：《殷商羌族及嶽神芻議：試倫產生中國人的若干體質與文化上的背景》，臺灣師範大學國文研究所手寫影印本 1988 年版。
② 陶正剛：《靈石商墓亞羌銘試析》，《古文字研究》第 18 輯，中華書局 1992 年版。
③ 吳建偉：《甲骨文羊羌的詞義關係考述》，《西北第二民族學院學報》（哲學社會科學版）1997 年第 2 期，第 1—9 頁。

同時也使本研究有比較可靠的依據，避免說空話。

（二）學習甲骨刻辭分期分組研究的思想和方法，以便弄清不同時期的情況，避免過於籠統地研究。

二　研究方法

第一，整理甲骨卜辭時，吸收甲骨學分期分組的的成果和方法，對殷墟甲骨刻辭中有關羌人的資料進行窮盡性的收集和分類整理，同時，吸收甲骨綴合、字詞考釋、文例文法、文史考證的新成果，多角度地進行研究。

第二，吸收其他相關學科研究的最新成果和研究方法，促進本課題的研究，例如人類學、民族學、民俗學、軍事學、歷史地理學、語言文字學等學科的新成果和新方法。

第三，考證族群方國地理位置時，使用多重證據法，先找卜辭內證，再找文獻典籍和考古學外證，然後結合民俗資料、語言文字、歷史遺址等進行補證，將多重證據相結合，相互補充，相互印證。

第四節　研究內容

一　主要研究內容

本課題通過對甲骨刻辭中有關羌人資料的全面分類整理，以及古代典籍、民俗資料、少數民族文獻資料及其他出土文獻材料中相關資料的系統梳理，全面研究殷商時羌人的狀況。主要研究內容包括：

第一，羌人族群的種類，如羌方、羌龍、羌目、白羌、白馬羌、北羌等族群。

第二，羌人的社會地位狀況，包括羌人祭牲、羌人奴隸、羌人女子和羌人孩童等。

第三，羌人與商王朝的關係。

第四，羌人與其他族群方國的關係。主要研究與羌人發生過戰爭關係的族群方國，並對前人尚未考證清楚或考證有問題的族群方國進行專題研究。

二 研究重點、難點

（一）研究重點

"戎""祀"乃國家大事，羌人與商王朝的祭祀，羌人與周邊族群方國的關係比較複雜，本課題的研究以羌人與祭祀、羌人與戰爭作爲研究的重點。與羌人有關涉關係的族群方國的專題研究則成爲本課題的另一個研究重點。

（二）研究難點

與羌人有關係的族群方國問題比較複雜，由於文獻資料的奇缺，其地理位置的考證更是困難，由於族群遷徙和社會變遷等因素造成的地名變化和異地同名現象，加大了與羌人有關涉關係的族群方國地理位置研究的難度。因此，部分與羌人有關涉關係的族群方國地理位置的考證將成爲本課題研究的難點。

另外，甲骨刻辭數量龐大，且殘辭較多，影響了對刻辭辭意的理解；很多字詞至今還沒有確切考釋，也影響了對刻辭的準確理解。

上編　甲骨刻辭羌人研究

第 一 章

"羌"字整理

第一節　"羌"字形體

一　"羌"字的寫法

甲骨卜辭中的"羌"字寫作如下形體：

〔〕（《合集》19761，師組）　　〔〕（《合集》19764，師組）

〔〕（《合集》19754，師組）　　〔〕（《合集》20769，師組）

〔〕（《合集》163，典賓）　　〔〕（《合集》171，典賓）

〔〕（《合集》199，典賓）　　〔〕（《合集》321，賓三）

〔〕（《合集》22573，出一）　　〔〕（《合集》22559，出一）

〔〕（《合集》22043，午組）　　〔〕（《合集》22044，午組）

〔〕（《合集》7421，師組）　　〔〕（《合集》6636，典賓）

〔〕（《合集》519，典賓）　　〔〕（《合集》6620，典賓）

〔〕（《合集》20399，師歷間）　　〔〕（《合集》32020，歷類）

〔〕（《合集》32014，歷類）　　〔〕（《合集》32015，歷類）

〔〕（《合集》32016，歷類）　　〔〕（《合集》32030，歷類）

〔〕（《合集》32118，歷二）　　〔〕（《合集》32121，歷二）

〔〕（《合集》32151，歷二）　　〔〕（《合集》22572，出一）

〔〕（《合集》22539，出二）　　〔〕（《合集》26915，無名類）

〔〕（《合集》26925，何二）　　〔〕（《合集》26927，何一）

〔〕（《合集》26931，何一）　　〔〕（《合集》26962，無名類）

〔〕（《合集》27977，無名類）　　〔〕（《合集》27978，無名

̇ （《合集》26953，何一）　　̇ （《合集》26955，何二）
̇ （《合集》26957，何二）　　̇ （《合集》27980，無名類）
̇ （《合集》36528 反，何一）　̇ （《屯南》T636，歷類）
̇ （《屯南》539，歷類）　　　̇ （《屯南》725，歷類）
̇ （《屯南》2253，歷類）　　̇ （《屯南》9，歷類）
̇ （《英藏》2411，歷類）　　̇ （《合補》8706，無名類）
̇ （《合補》156，賓一）

二　"羌"字形體演變

下面將"羌"字主要形體的源流關係梳理如下（見圖1.1）。

需要說明的是，這裏是從構形角度，即根據我們所看到的字形，構擬出的一個譜系圖。這個譜系圖並不代表實際的字形演變過程。字形演變常出現多路徑、多向度、多層次的狀況，各種情況往往交織在一起，使其演變過程變得錯綜複雜。

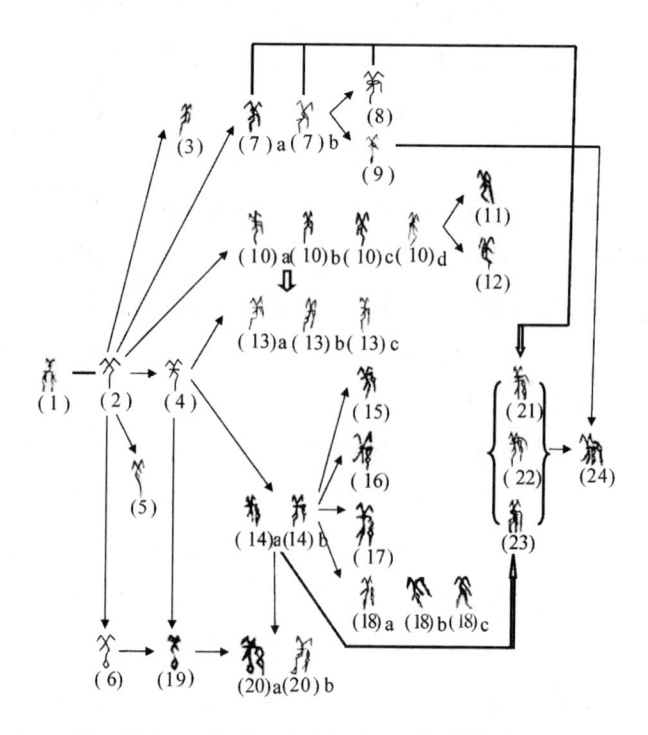

圖1.1　甲骨文"羌"字字形源流譜系

第一章 "羌"字整理　　17

　　通過以上梳理，可以發現"羌"字共有 34 種寫法。下面對這些字形的源流關係，略作說明。

　　1. "羌"最常見的寫法是"𣪘（2）"。"𣪘（1）"字，施謝捷認爲是"羌"字的繁文。①

　　2. "𣪘（2）"字，中部右側添加筆畫變爲"𣪘（3）"；中部添加橫畫變爲"𣪘（4）"；中部添加斜畫變爲"𣪘（5）"；底部添加圈狀部件變爲"𣪘（6）"。

　　3. "𣪘（2）"字，中部增加圈套狀部件變爲"𣪘（7 a）""𣪘（7b）"，再進一步變形爲"𣪘"，或底部添加橢圓狀部件，中部圈套狀部件略加變形，變爲"𣪘（9）"。

　　4. "𣪘（2）"字中部增加一個類似手形的部件，變爲"𣪘（10）a""𣪘（10）b""𣪘（10）c""𣪘（10）d"，再進一步變形爲"𣪘（11）""𣪘（12）"。

　　5. "𣪘（4）"的橫畫上增加筆畫，形成一個類似三角狀的部件，變爲"𣪘（13）a""𣪘（13）b""𣪘（13）c"，這幾個字形也可以看作是"𣪘（10）a""𣪘（10）b"的變形。

　　6. "𣪘（4）"的橫畫右下端增加一個類似絲束狀的部件變爲"𣪘（14）a""𣪘（14）b"，絲束狀的部件若爲一個小圈則變爲"𣪘（15）"，若爲三個小圈則爲"𣪘（17）"，字形"𣪘（14）a""𣪘（14）b"左邊部分變形則爲"𣪘（16）"，若橫畫丟失，則變爲"𣪘（18）a"，絲束狀部件的位置從右邊移動到下邊，則變爲"𣪘（18）b""𣪘（18）c"。

　　7. "𣪘（14）a""𣪘（14）b"增加一個類似繩索的部件，就變爲"𣪘（21）""𣪘（22）""𣪘（23）"，這幾個字形式也可以看作"𣪘（14）a""𣪘（14）b"與"𣪘（7）a" "𣪘（7）b" "𣪘（8）"的融合。字形（21）（22）（23）上類似圈套的部件若從脖頸部分離，則變爲"𣪘（24）"，這一字形上的圈套狀部件類似"𣪘（9）"，因此字形（24）也可以看作（21）（22）（23）與（9）的融合變形。

　　8. "𣪘（4）"下部增加一個類似橢圓的部件，則變爲"𣪘（19）"；"𣪘

---

① 施謝捷：《甲骨文字考釋十篇》，《考古與文物》1989 年第 6 期，第 69—70 頁。

（14）a"下部增加一個類似圓圈的部件，則變為"🦌（20）a"；"🦌（14）b"下部增加一個三角狀的部件，則變為"🦌（20）b"。（6）（9）（19）（20）的演變關係如圖 1.2 所示：

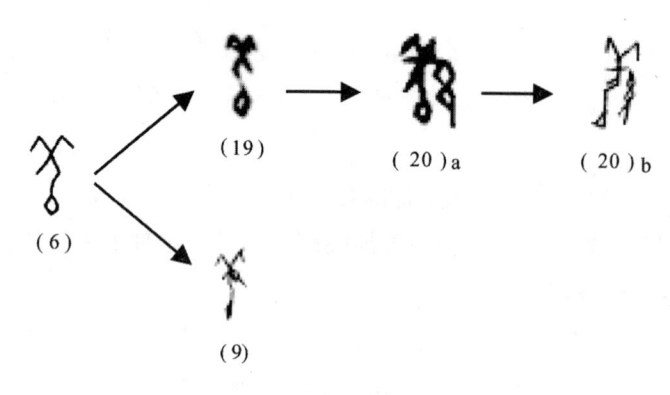

图 1.2 "羌"字字形變化

第二節 "羌"字考釋

"羌"字的考釋經歷了一個曲折、複雜的討論過程。"羌"字的解釋主要有下列說法：

1. 釋為"羌"

孫詒讓《契文舉例》解釋道："羌字皆作ㄐ。《說文·羊部》云'羌，西戎羊種也。从羊人，羊亦聲。'① 此从ㄐ从人，即从羊省也。"②

唐蘭也認為是"羌"字。③

王襄《簠室殷契類纂》："古羌字，許說西戎牧羊人也，从人从羊，羊亦聲。"④

---

① 《說文·羊部》："西戎牧羊人也。从人从羊，羊亦聲。南方蠻閩从虫，北方狄从犬，東方貉从豸，西方羌从羊，此六種也。西南僰人、僬僥，从人；蓋在坤地，頗有順理之性。唯東夷从大。大，人也。夷俗仁，仁者壽，有君子不死之國。孔子曰：道不行，欲之九夷，乘桴浮於海，有以也。"許慎：《說文解字·羊部》，中華書局 1963 年版，第 78 頁（下）。
② 孫詒讓：《契文舉例》（上），吉石盦叢書本一冊，1917 年版，第 28 頁（下）。
③ 唐蘭：《天壤閣甲骨文存（附考釋）》，北京輔仁大學影印本 1939 年版。
④ 王襄：《簠室殷契類纂》，河北第一博物院 1929 年版，第 19 頁。

葉玉森《前釋》："㸷商承祚《粹》甲二·十四·八之㸷為羊，森按㸷與㸷當為一字，商氏《類編》漏載其字，从羊从土或為羌之別構，猶金文陳亦增土作墜表示為國名也。"①

董作賓《獲白麟解》："羌字从羊从人，誼為牧羊之人（有時又帶繩索表示牽羊之意）。羌羊同音互相通假，羅振玉皆釋羊，非是。"②

陳夢家，將㸷直接隸寫為"羌"③。

屈萬里《甲編考釋》："羌，謂羌人也。羌方為殷人最頑強之敵國；殷時盤據於今晉南晉西及陝東北一帶之地。後此姜姓之國，亦其苗裔也。"④

于省吾釋"㸷、㸷"為"羌羌"⑤，"甲骨文羌字也作㸷或㸷，象羌人頸部被縛係形。"⑥。孫海波認同"㸷"即"羌"字，將"㸷"隸寫為"縶"⑦。

考古所編《小屯南地甲骨》釋"㸷"為羌，並認為㸷當為羌之異構。⑧

2. 釋為"羊"

羅振玉《殷釋》："㸷即羊字。"⑨饒宗頤認為"卜辭羊羌二字屢見於同版者，實明為異文。"⑩

3. 釋為"姜"

王襄《簠室殷契類纂》："或釋姜。"⑪

---

① 葉玉森：《殷虛書契前編集釋》第8卷第6頁背，上海大東書局石印本1933年版。
② 董作賓：《獲白麟解》，《安陽發掘報告》第2期，中央研究院歷史語言研究所1930年版，第331—332頁。
③ 陳夢家：《殷虛卜辭綜述》，中華書局2004年版，第276—282頁。
④ 屈萬里：《甲編考釋》，"中研院"歷史語言研究所影印本1961年版，第50頁。
⑤ 于省吾：《釋羌甲》，《雙劍誃殷契駢枝》，石印本1940年版，第24—25頁。《釋具有部分表音的獨體象形字》，《甲骨文字釋林》，中華書局1979年版，第437—438頁。
⑥ 于省吾：《甲骨文字釋林》，中華書局1979年版，第297頁。
⑦ 孫海波：《甲骨文錄》（附考釋與索引），河南通志館影印本1938年版，第26頁。
⑧ 中國社會科學院考古研究所編著：《小屯南地甲骨（下冊）》，中華書局1983年版，第1060、913頁。
⑨ 羅振玉：《殷虛書契考釋》（上），王國維手書石印本1915年版，第4頁上。
⑩ 饒宗頤：《殷代貞卜人物通考》（上、下冊），香港大學出版社1959年版，第179—180頁。
⑪ 王襄：《簠室殷契類纂》，天津博物院石印本1920年版，第19頁。

4. 釋為"苟"（"狗"之象形文）

郭沫若："此✸字乃苟字，非羊字也。苟乃狗之象形文，亦即小篆苟字，又譌變為从艸句聲之苟，其實一字也。"① 吳其昌② 、李旦丘③ 支持郭說。商承祚反對郭說。④ 王玉哲認為："卜辭中有'✸三人卯十年'，✸以人計算，可見絕不是狗。"⑤

5. ✸釋為"敬"、✸釋為"殛（夭）"

丁山《商周史料考證》："✸，許君訓'芙艸也'，蓋因隸變之誤而強作解人也。其實芙即✸（《後》上二一·一三 =《合》32083）字隸寫。✸，即殛字本字，像以繩罄殺罪人形，《禮記·文王世子》所謂'公族有罪，罄於甸人'是也。"⑥

丁山《商周史料考證》："苟即敬字初文，蓋像人之簪冠盛飾形……苟在甲骨文寫法，通常有下列的幾種：

✸（《鐵》七六·一=《合》502）　✸（《前》七·三一·一=《合》8093）　✸（《前》六·一·五=《合》526）　✸（《戩》二五·二=《合》3490）　✸（《戩》二三·六=《合》32102）　✸（《前》六·六□·六=《合》6623）　✸（《鐵餘》七·一=《合》27984）

✸，从苟从聲，蓋即《禮記·文王世子》所謂'公族有罪，則罄於甸人'是也；✸則像以繩繫頸縊殺罪人形。以字形言，絇當即殛之本字，《書·洪範》'鯀則殛死'，又《堯典》'殛鯀於羽山'，殛字本誼，蓋謂'縊殺也'。可是屈子《離騷》，殛則作夭云，'鯀婞直以無身兮，終然夭

---

① 于省吾主編：《甲骨文字詁林》第 1 冊，中華書局 1996 年版，第 117 頁。
② 吳其昌：《殷虛書契解詁》，臺北藝文印書館影印本 1959 年版，第 133—135 頁。
③ 李旦丘：《鐵雲藏龜零拾》，上海中法文化出版委員會影印本 1939 年版，第 11—19 頁。
④ 商承祚：《殷契佚存考釋》，金陵大學中國文化研究所叢刊甲種影印本 1933 年版，第 31 頁。
⑤ 王玉哲：《試論商代"兄終弟及"的繼統法與殷商前期的社會性質》，《南開大學學報》（人文科學版）1956 年第 1 期。
⑥ 丁山：《商周史料考證》，龍門書店 1960 年版，第 56 頁。

（或作妖）乎羽之野'。可見䰠夭古來是一字。"①

6. 🐏，釋為"羑"

陳漢平《古文字釋叢》："甲骨文有字作🐏（《乙編》5637），此字形從肉附於羌字之後，當釋為羑。《說文》：'羑，相訹呼也。從厶從羑。誘，或從言秀。䛻，或如此。🐏，古文。''羑，進善也。從羊久聲。文王拘羑裏，在湯陰。''久，以後灸之，像人兩脛後有距也。《周禮》曰：久諸牆以歡其橈。凡久之屬皆從久。'又疑此字之義為羊臀。"②時兵《釋殷墟卜辭中的"㚖"字》認為🐏（㚖）可讀為羑，卜辭中屢次提到的"㚖京"可能就指的是"羑裏城"③。

7. "🐑"，張亞初釋為"鯀"④

姚孝遂："釋'羌'已成定論，釋羊釋狗均非是。"⑤ 其他釋法並未獲得學術界認可。學界基本公認這個字應釋"羌"。

筆者認為將"🐑"釋為"羌"是可信的。"🐑"字的各種變體，其實反映了"羌"人被抓捕、奴役和賤視的情形。從字形上看，"🐑""🐑"像一只手抓著一個人的脖頸，"🐑""🐑"像一個人脖頸上套著繩索，"🐑""🐑"像用繩索拴著一個人，"🐑""🐑"像把繩索拴在腿上。"🐑""🐑"則像腳上戴著腳鐐之類的刑具。"🐑""🐑"像脖子上拴著繩索，腳上戴著腳鐐，"🐑"像脖子上套著圈套，腳上又戴著腳鐐。"🐑""🐑""🐑"像脖子上既戴著圈套，又拴著繩索。

另外，羌族人以羊為圖騰。張犇《羌族造物藝術研究》："羊在'羌戈大戰'的傳說中，是羌人獲得勝利的重要因素之一。羌族天神神諭羌人，在戰場上與戈基人相遇時，必須頸繫羊毛線為標誌。……羌人在戰鬥中頸繫羊毛線，其實是一種模擬羊的形狀的行為。……在現代羌族人現實生活的喜喪儀式中，羊的地位仍然非常重要。在很多儀式中仍然還

---

① 丁山：《商周史料考證》，龍門書店1960年版，第85頁。
② 陳漢平：《古文字釋從》，《出土文獻研究》，第223頁。
③ 時兵：《釋殷墟卜辭中的"㚖"字》，《考古》2011年第6期，第88—90頁。
④ 張亞初：《古文字分類考釋論稿》，《古文字研究》第17輯，中華書局1989年版，第251頁。
⑤ 于省吾主編：《甲骨文字詁林》第1冊，中華書局1996年版，第125頁。

有用羊毛線繫在頭頸上的同體化儀式。"① "𦍌" "𦍌" "𦍌"字形上貌似繩索的東西，也有可能和羌族人"頸繫羊毛線"的儀式有某種關聯，這些字形有可能是羌人一種圖騰崇拜儀式的反映。

　　為了行文方便，本書在行文過程中，將字形上帶有繩索或圈套狀部件的字形隸寫為"羌"，其餘的字形隸寫為"羌"。

---

① 張犇：《羌族造物藝術研究》，清華大學出版社2013年版，第50—51頁。

第二章

羌人的族群種類

第一節　王卜辭中所見的羌人族群

一　白羌

丁亥卜，〔王〕：子白羌毓（育），不……白。

（《合集》3410，師賓間 A）

這條卜辭，裘錫圭先生的分析如下：

> 卜辭或言"焂白人"，姚孝遂先生以為"'白人'當指其膚色而言"。上引卜辭裏的"子白羌"疑指商王之子所"幸"的白皮膚的羌族女子。有一條卜旬之辭的驗辭說"之日子羌女老"（《合》21021），"子羌女"與上辭的"子白羌"可能是一類人。上辭可能是在"子白羌"即將生育時卜問所生之子的膚色是否白色的卜辭。如果上面的解釋大致不誤的話，白羌究竟屬於古代的哪一個種族，殷王室血統中是否可能含有少量白種的成分，就都是可以研究的問題了。①

筆者以為，裘先生將"白羌"解釋為一個種族是有道理的，但是裘、

圖 2.1　含有白羌的卜辭
（《合集》3410）

---

① 裘錫圭：《從殷墟甲骨卜辭看殷人對白馬的重視》，《古文字論集》，中華書局 1992 年版，第 234 頁。

姚將"白"解釋為膚色有待商榷,"白羌"的人不一定膚色就白。

筆者以為《合集》3410可以解釋為:白羌女子生育,不祭祀白神嗎?甲骨卜辭中的"白"可以表示神祇名,如:

戊申卜,白□降⽥。
戊申卜,白□降⽥。　　　　　　　　　(《合集》16475,賓一)

"白神"有點類似於"白帝"。《山海經‧西山經第二》:"又西二百里,曰長留之山,其神白帝少昊居之。"古代神話傳說中,除了"白帝"外,還有"青帝""黃帝""赤帝""黑帝"。

由於受到認知水平和醫療條件的局限,當時的人遇到生育之事祭祀神靈,在甲骨卜辭中很常見,例如:

(1)□亥卜,師貞。王曰:有孕,嘉。扶曰:嘉。
　　　　　　　　　　　　　　　(《合集》21071,師小字)
(2)辛未卜,殻貞:帚妌娩,嘉。王占曰:其隹庚娩,嘉。三月庚戌娩,嘉。　　　　　　(《合集》454正,典賓)
(3)貞:帚㛼娩,不其嘉。　　　　(《合集》7860,典賓)
(4)丙申卜,殻貞:帚好孕,弗以帚㱿。
　　　　　　　　　　　　　　　(《合集》10136正,典賓)
(5)貞:子母其㲹,不㱿。　　　　(《合集》14125,典賓)

在卜辭中,常見為選擇祭祀對象而占卜的例子。在當時人的觀念中,有自然神、祖先神等,神靈非常多,究竟該祭祀哪位神靈是有講究的,不能隨便就祭祀某一位神靈。《左傳‧僖公十年》:"神不歆非類,民不祀非族。"《左傳‧僖公三十一年》:"鬼神非其族類,不歆其祀。"異族與中原人崇拜的神靈不太一樣,對異族女子的生育,當時的人可能還拿不定主意,究竟該祭祀哪位神靈,他們可能擔心萬一祭祀錯了對象,不但得不到神靈的保佑,還有可能帶來禍祟,慎重起見,就卜問是否祭祀"白神"。之所以祭祀"白神",是因為該女子是白羌女子,白羌人所崇拜的神灵可能是"白神","白神"也可能是"白石神"的簡稱。

　　羌民中保存有祭祀"白石神（塔）"的習俗（如圖2.2—2.5①）。例如，四川省北川縣小寨子溝這一帶，至今仍保留有供奉白石神的習俗。另外，納西族也有供奉白石神的習俗。趙心愚《納西族與藏族關係史》："在納西族社會生活中最重要的祭天儀式上，要在祭天場的每棵黃栗樹、柏樹前安放一塊白色小石頭，這是善神的象徵；同時，要在祭天場中間壘一座有三塊白石的鍋莊。祭完天後，還要舉行謝石儀禮。這些白石在祭天儀式中均作為神靈的象徵。"②

圖2.2　羌民供奉的白石神　　　　圖2.3　羌民供奉的白石神塔

圖2.4　羌民供奉的白石神塔　　　圖2.5　四川省小寨子溝白石神

---

①　圖2.2—2.5，出自四川省民委少數民族古籍整理《羌族釋比經典》，四川民族出版社2008年版。

②　趙心愚：《納西族與藏族關係史》，四川人民出版社2004年，第140—141頁。

二 羌龍

(1) □戌卜，殻貞：吴⸺羌龍。　　（《合集》6630 正，賓一）

(2) 貞：吴⸺羌龍。十三月。/……⸺。（《合集》6631，賓一）

(3) ……⸺羌龍。/……畢往……　　《合集》6632，賓一）

(4) 貞：吴弗其⸺羌龍。　　　　　（《合集》6633，典賓）

(5) 貞：吴弗其⸺羌龍。　　　　　（《合集》6634，典賓）

(6) 貞：吴弔羌龍。二告　　　　　（《合集》6635，典賓）

(7) 丙辰卜，殻貞：吴弔羌龍。　　（《合集》6636 正，典賓）

(8) ［貞］：吴弗其弔羌［龍］。　（《合集》6637 正，典賓）

(9) ……羌龍。　　　　　　　　　（《合集》6638，典賓）

(10) 其⸺羌龍。十三月。　　　　（《合集》39905，典賓）

(11) 貞：吴弗其⸺羌龍。　　　　（《天理》153 正，典賓）

李學勤通過下列兩條卜辭的比較，認為羌、龍是二，而"羌"即羌方，龍即龍方①：

(1) ……隹在 ※（根）土禦羌……？

京 4359（存上 1858）［三 2］

(2) 癸丑卜貞：畐往追龍，从根西，及？

燕 590、京都大學 603 ［一 1］

李先生的說法還有可商榷之處，卜辭中的確有"羌方""龍方"，但是這兩條卜辭，似乎並不能證明"羌龍"是"羌""龍"二方的合稱。與"羌龍"類似的還有"羌舟""羌彼""羌目""羌立""羌宮""羌橐"，若將"羌龍"理解為"羌""龍"二方的合稱，那麼"羌舟"似乎也可理解為"羌""舟"的合稱，依次類推，"羌目"可理解為"羌""目"的合稱，"羌立"可理解為"羌""立"的合稱，"羌宮"可理解

---

① 李學勤：《殷代地理簡論》，科學出版社 1959 年版，第 80—81 頁。

為"羌""宮"的合稱,"羌橐"可理解為"羌""橐"的合稱,這樣理解可能是有問題的。

筆者以為"羌方""龍方""羌龍"應是三個不同的族群。鄭傑祥也認為"羌龍"是羌人的一個族名。①

三　北羌

(1) 己酉卜,殼,王叀北羌伐。一
　　貞:叀羌。一　　　　　　　　(《合集》6626,賓一)
(2) 己酉卜,殼貞:王叀北羌伐。　(《合集》6627,賓一)
(3) ……伐北羌𢦔。　　　　　　(《合集》6628,賓一)
(4) 貞:北羌㞢告曰戎。　　　　　(《合集》6625,典賓)

鄭傑祥認為:"商代的北羌活動於今河北平原之上,他們的活動範圍和商王畿隔着一条漳水。"② 羅琨認為"北羌"是羌人之方③。孫亞冰認為"北羌"應在羌方以北。④

四　竹㚔羌

(1) 貞:其用竹㚔羌,叀酓
　　彡用。
　　己丑。三
　　辛卯。三

圖 2.6　含有竹㚔羌的卜辭
(《合集》452)

---

① 鄭傑祥:《商代地理概論》,中州古籍出版社 1994 年版,第 177 頁。
② 同上書,第 85 頁。
③ 羅琨:《殷商時期的羌和羌方》,《甲骨文與殷商史》第 3 輯,上海古籍出版社 1991 年版。
④ 孫亞冰、林歡:《商代地理與方國》,中國社會科學出版社 2010 年版,第 271 頁。

壬辰。　　　　　　　　　　　　　　　　（《合集》451，典賓）

本版卜辭，貞問用竹𡩜羌，還是用酒祭、彡（肜）祭的方式來祭祀。已丑、辛卯、壬辰日繼續貞問。

(1)　庚□［卜］，出，［貞］：……㞢……
　　……竹……羌……　　　　　　（《合集》26840，出一）
(2)　……竹𡩜羌眾……百人歸于𠬸。　（《合集》452，賓出）

《後漢書・西羌傳》："陸渾戎自瓜州遷於伊川"，即姜戎氏，在現今伊川北灘池山中。又據《後漢書・西羌傳》："伊、洛戎羌，東侵。"這些戎落，是循秦嶺山地向東移進，深入中原伊、洛、河、潁地區，與漢人雜居。早在東周時，已建成國邑，參與列國會盟。

五　羌舟

(1)　□寅卜，凹貞：冒三千人伐。
　　□酉卜，㱿貞：翌乙亥不其易日。
　　□□卜，宁貞：羌舟伇王觶。　　（《合集》7345，典賓）

顧名思義，羌舟這個族群的人可能擅長製造、駕駛舟船。

(2)　壬子卜，王，貞羌其［盉］于東。一
　　壬子卜，王，貞羌不其盉于東。一
　　　　　　　　　　　　　　　　（《合集》19758，師小字）

"盉"字的字形：一個人站在舟船上，手中拿著船槳在划船。這個字非常形象地展現了當時划船的情形。《合集》19758這組卜辭的大意是貞問羌人是否會坐舟船到東邊來，言外之意，羌人在西邊，可能會走水路向東。

《詩經・殷武》載："昔有成湯，自彼氐羌。莫敢不來享，莫敢不

來王。"從成湯開始，氐羌都要來中原朝貢。《尚書·禹貢》："三危既宅，三苗丕敘。……浮於積石，至於龍門、西河，會於渭、汭。"《後漢書·西羌傳》："西羌之本，出自三苗，姜姓之別也。"說明生活在三危一帶的羌人，如果來中原朝貢的話，就要走水路。又《尚書·禹貢》："西傾因桓是來。浮於潛，逾於沔，入於渭，亂於河。"由此可見，西傾山一帶的人來朝貢，也要走水路。西傾，山名。《漢書·地理志》："隴西郡臨洮縣，《禹貢》西傾山在縣西。"漢代臨洮縣即今甘肅省岷縣及臨潭縣，其地西今有西傾山，在今青海省東部和甘肅西南邊境。顧頡剛、劉起釪認為，商末武王伐紂時，"羌"的區域在今甘肅境及甘肅的西南千里之境。[1] "甘肅西南千里之境"，就是指甘南、武都、天水以及岷山地區一帶。

于省吾認為殷代時"舟的應用範圍可能相當廣泛"[2]。李雪山認為："到商代用船已有悠久歷史。商代以前已有舟船使用的例證，如新石器時代的河姆渡遺址曾出土一支精美的船槳……舟已廣泛地應用於商代的軍事、政治、經濟諸方面。"[3] 郭新和認為："殷商時代的舟船在前代發展的基礎上，樣式趨向多樣化，有了更為先進的木板船……殷代舟船廣泛應用於戰爭、商業貿易、漁獵、信息傳遞及運送礦石原料等諸方面，成為當時人們必不可少的一種交通運輸工具。"[4]

六 馬羌

（1）乙卯卜，爭貞：王□伐馬羌。　　（《合集》6624，典賓）
（2）乙卯卜，爭貞：王……伐馬羌。

（《東洋研》117正，典賓）

---

[1] 顧頡剛、劉起釪：《尚書校釋譯論》第3冊，中華書局2005年版，第1097頁。
[2] 于省吾：《殷代的交通工具和馹傳制度》，《東北人民大學人文科學學報》1955年第2期，第103頁。
[3] 李雪山：《略論商代的兩種交通運輸工具——舟船和牛》，載宋鎮豪、段志洪主編《甲骨文獻集成》第26冊，四川大學出版社2001年版，第422頁。
[4] 郭新和：《甲骨文中的"舟"與商代用舟制度》，載宋鎮豪、段志洪主編《甲骨文獻集成》第26冊，四川大學出版社2001年版，第530頁。

(3)……［馬］羌……佳王冬。八月。

（《合集》18998，典賓）

馬羌，可能是除了放羊，還會牧馬的羌人。遊牧民族，有的善於放羊，有的善於牧馬。馬羌，是羌人與其他遊牧族群融合的產物。

第二节　非王卜辭中所見的羌人族群

一　羌𢍰

（1）甲辰貞：羌𢍰不歺。　　　（《合集》22134，婦女類）
（2）甲辰貞：羌𢍰不歺。　　　（《合集》22135，婦女類）

"𢍰"寫作𢍰，从子，从兩个臣。羅琨認為"𢍰"表人名、地名[①]，姚孝遂認為當為地名或方國名。[②]

（3）庚午卜，㱿貞：㡭以𢍰［芻］。
　　　貞：㡭弗其以𢍰芻。
　　　貞：㡭以𢍰芻。
　　　㡭弗其以𢍰芻。　　　　　　（《合集》96，賓一）

"𢍰芻"就是"𢍰"地的奴隸。

文獻典籍中的"歺"可以表示劣骨之殘，或死的意思。《說文·歺部》："歺，剡骨之殘也。"《廣韻·薛韻》："剡"，同"列"。《鶡冠子·天則》："日不辰，月宿其剡，當名服事。"陸佃注："言宿其辰之次也。""剡"骨即列（裂）骨。《玉篇·歺部》："歺，辬也。"辬，慾死貌。《廣雅·釋詁三》："辬𣨛，死也。"王念孫疏證："《玉篇》《廣韻》並云：

[①] 羅琨：《商代戰爭與軍制》，中國社會科學出版社2010年版，第252頁。
[②] 于省吾主編：《甲骨文字詁林》第1冊，中華書局1996年版，第641頁。

'癬痲，欲死皃。'《匡谬正俗》云：'屈伸欲死之皃。'"

《合集》22134、22135 中的"羌𢀛不歹"就是卜問羌𢀛是否會死。這兩條卜辭都是非王卜辭婦女類。黃天樹認為婦女卜辭大約是武丁中期某一階段（數年）之物。① 说明，"羌𢀛"可能是武丁中期時的一個人物。黃天樹認為婦女卜辭的占卜主體該家族分佈的地域可能在今河南西部一帶，其西部邊邑延伸至今陝西澄城一帶。該家族在自己的領地上建有城邑，該家族內部有一套西周、春秋的家臣制度。② 卜問"羌𢀛"是否會死，很有可能"羌𢀛"就是該家族的家臣，"羌𢀛"可能來自"𢀛"地，推測"𢀛"地可能也是羌人的一個部落族群。

二 焱羌

（1）甲戌卜，又妣庚㘝。乙。一 三
　　妣庚用焱羌。
　　妣庚。一
　　妣庚宰。一　　　　　　　　（《合補》6916，婦女類）
（2）妣庚叀焱羌用。一　　　　　（《合集》22131，婦女類）
（3）妣庚叀焱羌用。二　　　　　（《合集》22132，婦女類）
（4）乙巳貞：酢㝙妣庚。
　　妣庚叀焱羌用。二 三
　　妣庚。　（《合集》22133 + 《合集》22144③，婦女類）

在"叀焱羌用"中，"叀"是賓語前置標誌，"叀"後應是名詞，若將"焱"理解為祭祀動詞，此處則不合語法。"叀惠焱羌用"按正常語序，就是"用焱羌"。

---

① 黃天樹：《古文字論集》，學苑出版社 2006 年版，第 132 頁。
② 黃天樹：《古文字論集》，學苑出版社 2006 年版，第 121 頁。
③ 黃天樹主編：《甲骨拼合集》，學苑出版社 2010 年版，第 32、370 頁。蔡哲茂加綴《合集》20703、《合集》22225 和《乙》8744，參見蔡哲茂《甲骨綴合集》第 358 組，樂學書局 1999 年版。

《說文·火部》:"焱,火華也。"《廣韻·錫韻》:"焱,火焰也。"《易林·屯之坎》:"朽根倒樹,花葉落去,卒逢火焰,隨風偃仆。"

羌人以牧羊為生,要用火烤羊肉,漸漸形成了火神崇拜。"火塘是羌族人生活的重心。……火塘是羌族人與祖先、神靈間溝通的橋梁,受到了羌族人的依賴和膜拜。火塘既是羌族人衣食住行不可缺少的夥伴,又是羌族人精神文明的中心和寄託,是羌族社會凝聚力的表現。"[①]

"焱羌"可能是以火神為崇拜對象的一個族群部落。"焱"與"炎"的關係很密切,就如同"森"與"林"關係很密切一樣。後世有"炎羌"一詞,泛指羌人(傳說"炎帝"姜姓,出自羌戎,故有"炎羌"之稱)。顧名思義,"焱羌"與"炎羌"可能都與"火"神崇拜有关。

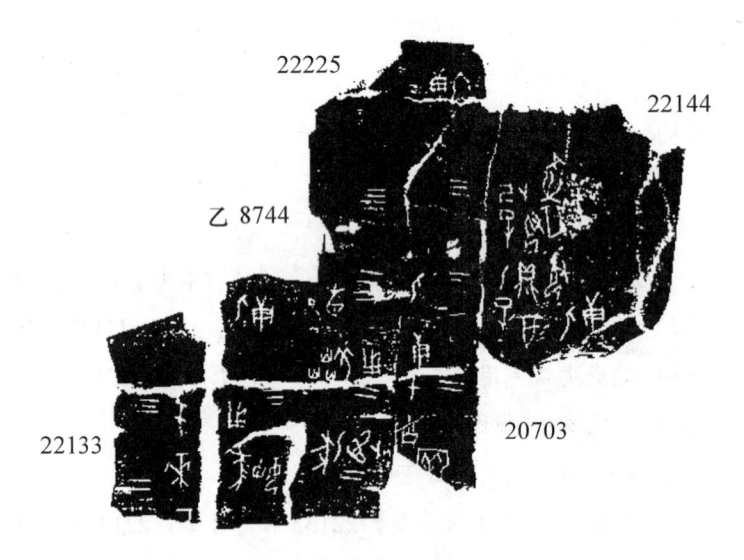

圖 2.7　含有焱羌的卜辭
(《合集》22133 +《合集》22144 +《合集》20703 +
《合集》22225 +《乙》8744)

三　玉羌

辛亥卜貞:玉羌又疾,不死。子⿰凡口曰:羌其死隹今,其亦隹今。

[①] 張犇:《羌族造物藝術研究》,清華大學出版社 2013 年版,第 53 頁。

辛亥卜，其死。
辛亥，歲妣庚羌一。　　　　　　　　　　（《花東》241，子組）

該版卜辭，貞問"玉羌"是否會死。對一個羌人如此關心，可見這個羌人有著非同尋常的作用。"玉羌"可能是來自產"玉"之地、善於治玉的羌人。

《詩經·殷武》："昔有成湯，自彼氐羌，莫敢不來享，莫敢不來王。"大意上，從成湯開始，氐人和羌人都會來朝拜、進貢。

《後漢書·西羌傳》："西羌之本，出自三苗，姜姓之別也。"[1]《尚書·舜典》"流共工於幽洲，放驩兜於崇山，竄三苗於三危，殛鯀於羽山，四罪而天下咸服。"《史記·五帝本紀》："三苗在江淮、荊州數為亂。於是舜歸而言於帝，請流共工於幽洲，以變北狄；放驩兜於崇山，以變南蠻；竄三苗於三危，以變西戎；殛鯀於羽山，以變東夷。四罪而天下咸服。"[2]

《尚書·禹貢》："黑水、西河惟雍州……三危既宅，三苗丕敘。……厥貢惟球琳、琅玕。"球琳，美玉也。西北地方產美玉，生活在這裏的部分羌人，可能會治玉，他們被商王朝俘獲後，可以幫忙治玉。

甲午卜：子乍玉分卯，其告丁，若。一
甲午卜：子乍玉分卯，子弜告丁。用。若。一
　　　　　　　　　　　　　　　　　　　（《花東》391，子組）

"乍（作）玉"可能是治玉，製作玉器的意思，在当時"玉"是祭祀的珍貴祭品，例如：

（1）己亥卜：于宣禹玉卯？用。　　　　（《花東》29，子組）

---

[1] （劉宋）范曄：《後漢書》卷87《西羌傳》，中華書局1965年版，第2869頁。
[2] 與此相關的傳說，又見《尚書·堯典》《尚書·呂刑》《左傳·昭西元年》《孟子·萬章上》《荀子·成相》《國策·秦策一》《呂氏春秋·召類》《大戴禮記·五帝德》《淮南子·繆稱訓》《淮南子·佺言訓》《淮南子·修務訓》《淮南子·泰族訓》等。

(2) 己卯卜：子見啚以玉丁？用。　　　　　（《花東》37，子組）

(3) 乙卜：蠢丁以玉？　　　　　　　　　（《花東》90，子組）

己亥卜：叀今夕冓玉□，若永？用。

己亥卜：子夢□見子玉□至艱？　　　　（《花東》149，子組）

(4) 甲子卜：乙，子啓丁璧眔玉？　　　　（《花東》180，子組）

(5) 甲午卜：丁其各，子叀徣玉玫丁？不用。舌祖甲彡。

　　　　　　　　　　　　　　　　　　（《花東》288，子組）

(6) 戊寅卜：翌己子其見玉于皿，永？用。

　　　　　　　　　　　　　　　　　　（《花東》427，子組）

(7) 己卯：子見啚以璧玉于丁？用。

己卯：子見啚以🔣眔冒璧丁？用。

己卯：子見啚以🔣于丁？用。

己卯：子見啚以玉丁？永用。

己卯卜：丁永，子卬？　　　　　　　　（《花東》490，子組）

第三節　王卜辭和非王卜辭中俱見的羌人族群

一　羌

……祖乙，豭以羌芇。五

豭以羌芇。五　　　　　　　　（《合集》19765，師歷間B）

"豭以羌芇"就是"豭致送羌芇？"的意思。"羌芇？"可能是抓捕的羌芇人。跟"豭"與"羌芇"關係相似的是"豭"與"芇"的關係，例如：

(1) 丁酉卜，令[豭]正芇，𢦚。四（《合集》6561，師賓間A）

(2) 戊午[卜]，王，豭[其]……邑正[芇]。

戊午卜，[王]，豭弗其……邑正[芇]。

　　　　　　　　　　　　　　　　　　（《合集》7630，典賓）

(3) 癸□[卜]，令豭伐芇，亡不若。允𢦚。六

　　　　　　　　　　　　　　　　　　（《合集》6564，師賓間A）

(4) ……豕伐苎，㚔。　　　（《合集》6562，師賓間 A）

(5) 己亥卜，惠四月令豕步［伐］苎。

（《合集》6563，師賓間 A）

這些卜辭中的"令豕正苎""令豕伐苎?""令豕步伐苎""豕伐苎"以及"㚔""允㚔"，說明"苎"是被"豕"征伐的對象，也說明"苎"可能是一個族群的名字。推測，這些卜辭中的"苎"可能是"羌苎"的省稱。

"苎"也可稱為"苎方"：

(1) 貞：……苎［方］……五　　（《合集》8423，師賓間 A）

(2) 貞：千弗其乍苎方囚。　　（《合集》8424，師賓間 A）

(3) 壬辰卜，畐苎方大甲。一

　　壬［辰］卜，［畐］苎方大［甲］。

（《合集》8425，師賓間 A）

(4) ［癸亥］卜，王，令□［伐］苎方㠯。

（《合集》20397，羌類）

下列卜辭中的"征苎""伐苎""苎以黽"進一步說明"苎"可能是一個族群方國的名字。

(1) 丁未卜，令征，征苎、㪔。一 二 三

（《合集》20398，師歷間 B）

(2) □辰卜，王，余伐苎。　　（《合集》6558，師賓間 A）

(3) 己卯卜，王，于來屯伐苎。　（《合集》6559，師賓間 A）

(4) 己卯卜，王，于來屯伐苎。　（《合集》6560，師賓間 A）

苎，苎麻，可以織布做衣服。《詩經·陳風·東門之池》：

東門之池，可以漚麻。彼美淑姬，可與晤歌。

東門之池，可以漚紵。彼美淑姬，可與晤語。

東門之池，可以漚菅。彼美淑姬，可與晤言。

紵：苧麻，麻的一種。① "羌屮" 可能是會用苧麻做衣服的羌人。

二 羌方

(1) 戍永其，毋歸。
戍其歸，乎騎，王弗每。
其乎□禦羌方，于義則，戈羌眾。
于泞帝乎卿羌方，于之戈。　　（《合集》41341，何一）
(2) 戍其遲毋歸，于之若，戈羌方。
戍其歸，呼䮭，王弗每。
其呼戍禦羌方于義則，戈羌方，不丧众。
于泞帝，呼禦羌方于之戈。
……[方]其大出。
其禦羌方蠱人，羌方異……　　（《合補》8969，無名類）

在賓組卜辭中就有關於"羌方"的記載：

(1) 辛……[羌]方……受[屮]。（《懷特》425，賓一）
(2) 癸卯卜，宁貞：叀甫乎令沚𢦔羌方。七月。

（《合集》6623，典賓）

這說明"羌方"從武丁時期一直延續到了廩辛、康丁時期。關於"羌方"的詳細情況，參見第五章第三節。

下面將這些族群整理列表如表2.1所示：

表2.1　　　　　甲骨卜辭中羌人族群種類表

族群名稱	卜辭組類	卜辭類型	歷史時期
白羌	師賓間	王卜辭	武丁早中期
羌屮	師賓間　師歷間　屮類	王卜辭　非王卜辭	武丁早期—晚期

---

① 周振甫：《詩經譯注》，中華書局2002年版，第194頁。

续表

族群名稱	卜辭組類	卜辭類型	歷史時期
羌䍃	婦女類	非王卜辭	武丁中期
焱羌	婦女類	非王卜辭	武丁中期
羌龍	賓一 典賓	王卜辭	武丁中晚期
北羌	賓一 典賓	王卜辭	武丁中晚期
竹䉷羌	賓一 典賓	王卜辭	武丁中晚期
玉羌	子組	非王卜辭	武丁晚期
羌舟	典賓	王卜辭	武丁晚期
馬羌	典賓 賓出	王卜辭	武丁晚期—祖庚
羌方	賓一 典賓 何一 無名	王卜辭 非王卜辭	武丁中期—武乙

不同羌人族群的名字，反映出不同羌人部落的經濟文化特徵，例如，"白羌"可能與白石崇拜有關，"羌芇"可能會用苧麻做衣服，"焱羌"可能掌握了用火技術，"玉羌"可能善於治玉，"馬羌"可能善於牧馬，"羌舟"可能學會了舟船技術。

白羌和羌芇出現的時間比較早，玉羌、羌舟、馬羌出現得比較晚。一方面說明，羌人本身在不斷發展變化；另一方面說明，在與周邊族群的交往互動中，羌人不斷地學習新的生存手段和新的技術、文化。還說明中原地區的殷人對羌人的認知變化，隨著時間的推移，殷人對羌人的認識了解程度也在逐漸深入。

"羌方"的存在時間從武丁中期到武乙，時間較長。甲骨卜辭中的"×方"，一般表示族群方國。"羌方"說明，一部分羌人部落族群的軍事和經濟實力已經比較強，相對於其他族群部落，其發展程度相對比較高。

第 三 章

不同身份的羌人

第一節 羌人奴隸

一 羌人奴隸的種類

（一）羌芻

(1) 甲辰卜，㱿貞：今三月光乎來。王占曰：其乎來，气至隹乙。旬㞢二日乙卯允㞢來自光，以羌芻五十。小告。

（《合集》94 正，典賓）

(2) 丁未卜貞：令戍、光㞢獲羌芻五十。（《合集》22043，午組）

(3) 之日㲽至，告［曰］：冓來以羌芻……

（《合集》39496 反，典賓）

"芻"字寫作 ❦、❦、❦、❦ 等形，羅振玉①、王國維②、唐蘭③釋"芻"。姚孝遂認為"此類芻字為牲畜之義。泛指牛羊而言，即《禮記·月令》：'共寢廟之芻豢'之'芻'。"④于省吾認為"甲骨文以芻為畜，並非以家畜為限，野獸也叫畜。"⑤胡厚宣認為"芻"是一種刈草飼養牲

---

① 羅振玉：《殷虛書契考釋》（中），王國維手書石印本 1915 年版，第 36 頁。
② 王國維：《戩壽堂所藏殷墟文字考釋》，《王觀堂全集》第 3 冊，臺北文華出版公司 1968 年版。
③ 唐蘭：《天壤閣甲骨文存（附考釋）》，北京輔仁大學影印本 1939 年版，第 36 頁。
④ 于省吾主編：《甲骨文字詁林》第 1 冊，中華書局 1996 年版，第 895 頁。
⑤ 于省吾：《釋畜》，《甲骨文字釋林》，中華書局 1979 年版，第 263—267 頁。

畜的奴隸。① 羅琨認為"芻"是某種身份的人②。趙誠認為"芻"有打草、飼養（放牧）、撫佑之義。③

《詩·大雅·板》："先民有言，詢於芻蕘。"毛傳："芻蕘，薪采者。"《舊唐書·李絳傳》："陛下不廢芻言，則端士賢者必當自效。"可見，在傳世文獻中"芻"可以指割草的人，或草野之人。"草野之人"就是來自社會底層的人或窮鄉僻壤的人，當他們被帶離賴以生存的土地和家園後，就淪落為奴隸。筆者以為甲骨卜辭中的"芻"可以表示奴隸，其起初可能從事與刈草飼養牲畜有關的工作，後來詞義擴大，不一定只局限於刈草飼養牲畜的奴隸，也可以表示一般的奴隸，還可以表示掌握某種技能的工匠。④"羌芻"就表示來自羌地的奴隸。

《合集》94 正"光以羌芻五十"說明光致送了五十個"羌芻"，《合集》22043 說明命令戉、光獲取五十個"羌芻"，《合集》39496 反的意思是甶來致送"羌芻"。"戉""甶"都是商王的武將，"光"是商王武丁早期的臣服者，"羌芻"可能是他們用武力強行捕捉的羌人。這批羌人既有可能成為商王的奴隸僕役，也有可能成為人牲在祭祀時被殺掉。

（二）羌係

（1）丙午卜，爭貞：㞢其係羌。　　　　（《合集》495，典賓）

（2）……羌。王占［曰］……㞢二日癸［酉］……十羌係……十，丙［㞢］…………茲累。　　　（《合集》1097，典賓）

（3）……癸未……方于……［羌］係一……馬二十丙㞢囗。一月才鼻［卜］。

（《合集》1098，賓一）

---

① 胡厚宣：《甲骨文所見殷代奴隸的反壓迫鬥爭》，《考古學報》1966 年第 1 期。
② 羅琨：《商代人祭及相關問題》，載胡厚宣主編《甲骨探史錄》，生活·讀書·新知三聯書店 1982 年版，第 134—135 頁。
③ 趙誠：《甲骨文行為動詞探索（一）》，《古文字研究》第 17 輯，中華書局 1989 年版，第 331—332 頁。
④ 劉新民：《淺析甲骨刻辭中的"芻"》，載《古漢語研究的新探索：第十一屆全國古代漢語學術研討會論文集》，語文出版社 2014 年版，第 262—270 頁。

係字，寫作♈、♉、♊。《說文・人部》："係，絜束也。从人，从系，系亦聲。"段玉裁注："絜束者，圍而束之。"《集韻・寘韻》："係，縛也。"于省吾《甲骨文字釋林》："許氏既誤以从糸為从系，又誤以會意為形聲。至於訓係為絜束乃引申義，并非本義。甲骨文'係'字象用繩索以縛係人的頸部。"① "係字的初形作♈，是古代統治階級令其爪牙，用繩索綁在俘虜或罪人的頸上，牽之以行的一種很殘虐的作法。"② 于先生認為係既可以作動詞，指縛係，也可以作名詞，指被縛係的俘虜。③

卜辭中"係"表"縛係"的例子有：

（1）乙卯卜，古貞：乎戲甹才東係。（《合集》1106正，典賓）
（2）勿係。（《合集》1101反，賓一）

"係"表"俘虜"的例子有：

（1）丁酉卜，㱿貞：我來係。（《合集》1099正，賓三）
（2）辛亥卜，㱿貞：更正化以王係。
　　辛亥卜，㱿貞：更正化弗其以王係。
（《合集》1100正，賓一）
（3）貞：雀其以石係。
　　雀不其以石［係］。（《合集》6952正，典賓）

另外，"係"也可以表地名，如：

……勿往裘。往係。□［月］。（《合集》7921，典賓）

這裏的"係"有可能是安置被縛係的俘虜的地方。
《合集》495中的"係羌"就是綁縛羌人，《合集》1097、1098中

---

① 于省吾：《甲骨文字釋林》，中華書局1979年版，第297頁。
② 同上書，第298頁。
③ 同上書，第298頁。

"羌係"就是被縛係的羌人俘虜。

二 羌人奴隸從事的工作

(一) 從事農業生產勞動

丙戌卜，及嗇追从。
丁亥卜，余，弗其喪羌。
丁亥卜，朕，彳……父……豤……嗇……
……弜……允……五月。　　　(《合集》21153，師小字)

嗇，通穡，《說文》："穀可收曰穡"。殷都安陽位於華北平原，"五月"正是收割小麥的農忙時節。"及嗇"可能是"到了稼穡的時候"的意思。"喪羌"就是羌人逃跑的意思，農忙時節奴隸逃跑，意味著失去了勞動力，就成了一件大事，因此對"喪羌"和是否追捕的問題進行占卜。

貞：多臣□圣羌□其导
出耤。
出伐。　　　　　　　　　　　　(《合集》626，典賓)

🐍。王子揚釋為"逸"①，卜辭屢見作"🐍、🐍、🐍"等形的字，以往或釋"往"，張桂光、姚孝遂都認為🐍是🐍之省體②，王子揚認為此字是個從"止""執"省聲的字，可讀為"逸"。"逸羌"就是逃逸的羌奴。

"导"，孫詒讓、羅振玉、王襄、饒宗頤、胡厚宣、李孝定、徐中舒皆認為系"得"字③，姚孝遂認為卜辭均用作得到之得④。胡厚宣："得，《左傳》定公九年說，陽虎逃，'追而得之'，其義為追而獲得。"⑤

---

① 王子揚：《甲骨文字形類組差異現象研究》，中西書局2013年版，第241—252頁。
② 于省吾主編：《甲骨文字詁林》第1冊，中華書局1996年版，第829—830頁。
③ 于省吾主編：《甲骨文字詁林》第3冊，中華書局1996年版，第1880—1882頁。
④ 同上書，第1882頁。
⑤ 胡厚宣：《甲骨文所見殷代奴隸的反壓迫鬥爭》，《考古學報》1966年第1期。

甲骨卜辭中"耤"，表"耕作"的意思。① 例如：

（1）丙辰卜，爭貞：乎（呼）耤於隹，受㞢（有）年？
（《合集》9504 正＋乙 4982＋乙補 6091，典賓）
（2）丁酉卜，㱿貞：我受甫耤才（在）姐年。三月。五 六
丁酉卜，㱿貞：我弗其受甫耤才（在）姐〔年〕。五 六 二 告（《合集》900 正，典賓）

甲骨卜辭中的"伐"寫作 ％（合 248 正）、％（合 22155）、％（合 22178）、％（合 920）等形。另外：

庚寅卜貞：叀丁酉酌 ％。（《合集》32268，師歷間）

"％"可能是"伐羌"二字的合文。

《說文》："伐，擊也。从人持戈。"甲骨卜辭中的"伐"像以戈、鉞、斤殺人或砍伐人頭之形。卜辭中的"伐"既可以表示砍伐人牲的祭法，也可以表示征伐活動。

（1）……伐羌……〔十〕宰……（《合集》470，賓三）
（2）乙卯卜，行貞：王㱿祖乙歆一牛。
乙卯卜，行貞：王㱿叔，亡尤。一
□〔亥〕卜，行，〔貞〕：王㱿父丁彳伐羌十又八。
（《合集》22550，出二）
（3）甲寅卜，□，〔貞：王㱿〕上甲彳伐羌十五，卯……亡尤。
（《合集》22552，出二）

這幾組卜辭的"伐羌"都表示砍伐羌人來進行祭祀。
《合集》626 這組卜辭的意思是，貞問逃跑的羌人奴隸是否追而獲得，"㞢（又）耤""㞢（又）伐"就是貞問等奴隸抓獲之後，讓他們繼續從事耕作活動，還把他們的頭砍下來祭祀。

---

① 于省吾主編：《甲骨文字詁林》第 1 冊，中華書局 1996 年版，第 177—183 頁。

(二) 參與田獵活動

> 丁未〔卜〕，㲋。一二
> 丁未卜，其㲋。
> 丁未卜，其棄。
> 丁未卜，不征㒸，翌庚戌。
> 丁未卜，其征㒸，翌庚戌。
> 丁未卜貞：令戉，光屮獲羌剢五十。一二三一二
> 丁未卜，田于西。
> 〔丁〕未〔卜〕貞：其田東。
> 庚戌卜，往田于東。一二三一二三
> 庚戌卜，往田東。
> 往，庚。
> 庚戌卜貞：余令阞比羌田，無囚。
> 庚戌卜貞：比羌田于西，囚。
> 丙子卜貞。
> 戊寅卜，步白……
> 丁□……步白……癸巳。　　　　　　（《合集》22043，午組）

"比"有"同""齊"的意思，《字彙·比部》："比，齊也。"《詩·小雅·六月》："比物四驪，閑之維則。"陸德明《釋文》："比，齊同也。""比羌田"就是與羌人一起田獵的意思。

(三) 參與軍事活動

> (1) □寅卜，方貞：令多馬羌㲋方。二告
> 　　　　　　　　　　　　　　　　　（《合集》6761，典賓）
>
> (2) 貞：令多馬羌。
> 　　　貞：勿令多馬羌。
> 　　　……往伐。　　　　　　　　　（《合集》6763，典賓）

"令多馬羌衛方""往伐"就是命令多馬羌參與征伐活動，抵禦方戎的侵犯。"多馬羌"是管理馬和羌人的職官（見下文46頁），讓其參與征伐，必然要帶領自己管理的羌奴一塊去打仗。

另外：

貞：乎芻正。　　　　　　　　　　　　（《合集》141 正，典賓）

"乎芻正"可能就是命令芻奴參與征伐的意思。一部分羌人奴隸也叫"羌芻"，這部分羌人可能也參與軍事征戰活動。

（四）從事王宮內務服務

庚辰卜，王，朕剢羌不殟。
殟。十二月。　　　　　　　　　　　　（《合集》525，賓三）

"剢羌"就是對羌人施行宮刑。裘錫圭分析："《周禮·秋官·司刑》：'宮者使守內'。周代的內官近侍多以宮者為之，如齊桓公時的豎刁，就是'自宮以治內'的。商王對羌奴施行宮刑，可能也是為了要他們守內。"①

三　對羌人奴隸的管理

（一）設立專門管理羌人的職官

【多羌】

(1) ［貞］：多羌不獲鹿？　　　　（《合集》153，典賓）
(2) 辛卯卜，㱿貞：乎多羌逐兔，獲？（《合集》154，典賓）
(3) 貞：乎多羌［逐］□，獲？　　　（《合集》155，典賓）
(4) 貞：多羌獲？

---

① 裘錫圭：《甲骨文中所見的商代五刑——並釋"刖""剢"二字》，《古文字論集》，中華書局1992年版，第213頁。

　　　　貞：多羌不其獲？　　　　　　（《合集》156，典賓）

（5）貞：多羌獲？　　　　　　　　（《合集》157，典賓）

（6）貞：洗獲？

　　　菁獲。

　　　㞢獲。

　　　不其獲。

（7）貞：多羌獲。　　　　　　　　（《合集》158，典賓）

（8）□午［卜］……多羌……　　　（《合集》159，典賓）

（9）乎多羌□。　　　　　　　　　（《合集》161，典賓）

（10）……多羌……鹿。　　　　　（《合集》39486，典賓）

（11）庚戌卜，㞢歲于下乙。

　　　庚戌卜貞：多羌自川。

　　　庚戌卜貞：羌于美。一　二　（《合集》22044，午組）

（12）……馬比乎多羌及。　　　　　　（《東洋研》132）

（13）□□［卜］，□貞：㞢……奭多羌……

　　　　　　　　　　　　　　　（《合集》13936正，典賓）

陳夢家認為多工、多射、多馬、多犬、多卜、多尹等都是官職，類推"多羌"可能也是官職，其職責可能主要是管理羌人。

卜辭中的"川"表示地名，如：

（1）□亥，子卜貞：［才］川人歸。　（《合集》21657，子組）

（2）戊寅，子卜，丁歸才川人。　　（《合集》21661，子組）

《合集》22044的"多羌自川"意思是"多羌自川地（出發）"，"羌于美"的意思是"羌到美地"，暗含的意思可能是"多羌從川地帶領羌人到美地"。進一步說明，多羌可能是管理羌人的職官。

多羌接受商王命令，從事為商王田獵等活動，如上舉的《合集》153、《合集》154、《合集》155。姚孝遂認為："'多羌'乃是殷人所虜獲的羌方人員，而役使其从事狩獵者。其身份應該是奴隸。"[1] 姚先生的說法有一定道理，"多羌"也可能是殷人所虜獲的羌方人員中，承担管理羌人的職責的人。"多羌"狩獵時應帶領所管理的羌人集體圍獵。

【多馬羌】

(1) □寅卜，㱿貞：今多馬羌御方。二告

(《合集》6761，典賓)

(2) 貞：……允……

貞：……

勿令多馬羌。

(3) □令□歸。　　　　　　　(《合集》6762，典賓)

(4) 貞：令多馬羌。

貞：勿令多馬羌。

……往伐。　　　　　　　(《合集》6763，典賓)

(5) 丁亥卜，㱿貞：叀羽乎小多馬羌臣。十月。三

(《合集》5717 正，賓三)

(6) □多馬羌臣。　　　　　　(《合集》5718，賓三)

"令、乎（呼）"多馬羌，說明多馬羌是商王命令的對象，推測其可能為職官。顧名思義，"多馬羌"可能是管理馬和羌人的職官。"小""臣"說明這種職官身份比較卑微。"御方"說明這種職官還要參與打仗。

【多臣】

(1) 貞：多臣□逸羌□其得。/㞢𫘦。/㞢伐。

(《合集》626，典賓)

(2) 壬午卜，㱿貞：倪不葡卒多臣逸羌。一

(《合集》627，典賓)

(3) 壬午卜，㱿 [貞：多] 臣逸羌卒。

---

[1] 姚孝遂：《甲骨刻辭狩獵考》，《古文字研究》第 6 輯，中華書局 1981 年版，第 55 頁。

壬午卜，㱿貞：俔追多臣［逸］羌，弗［其］牵。

（《合集》628正，典賓）

下面對甲骨卜辭中"多臣"的身份進行梳理。

(1) 乙巳卜，爭貞：乎多臣伐舌方，受［㞢。五月］。

（《合集》613，典賓）

(2) 貞：乎多臣伐舌方。　　　　（《合集》557，賓三）

(3) 乎多臣伐舌方。　　　　　　（《合集》614，典賓）

(4) 貞：乎多臣伐舌方。　　　　（《合集》615，典賓）

(5) 乎多臣伐舌方。　　　　　　（《合集》616，典賓）

(6) 乎［多］臣［伐］舌［方］。　（《合集》617，典賓）

(7) 貞：勿乎多臣伐舌方，弗……（《合集》618，典賓）

(8) 癸亥卜，㱿貞：翌乙丑多臣戠缶。一 二

翌乙丑多臣弗其戠缶。一 二　（《合集》6834正，典賓）

(9) 貞：叀多臣乎比沚䵼。　　　（《合集》619，典賓）

(10) 貞：叀多臣乎比䵼。　　　　（《合集》39516，典賓）

(11) 勿隹多臣乎。　　　　　　　（《合集》620，典賓）

(12) 勿隹多臣乎。　　　　　　　（《合集》621，典賓）

這些卜辭說明，"多臣"曾參與過征伐舌方、戠缶的戰爭，還協助過將領沚䵼。

(1) 癸亥，子卜，多臣乎田羌，允。（《合集》21532，子組）

(2) □辰，乎多臣……允魚十三。　（《合集》21533，子組）

這兩條卜辭，說明多臣曾參與過田獵、漁獵活動。

丙午貞：多臣無疾。一 二　　　（《合集》22258，婦女類）

這條卜辭，說明王很關心多臣是否有疾病。

   乙亥卜，般取多臣……   （《合集》622，典賓）

這條卜辭說明大臣"般"捕取"多臣"。

  陳夢家在《殷虛卜辭綜述》中將"多臣"列入"百官"之中，並認為"多臣"是殷王國之臣，可能是"臣"與"小臣"的多數稱謂，猶《酒誥》之言諸臣。[①] 通過以上分析，可以看出這種官職地位很低下，他們參與戰爭、田獵活動，他們和羌人一起逃跑，成為被抓捕、追拿的對象（如《合集》627、《合集》628正），推測，"多臣"可能是奴隸的首領，雖然有管理奴隸的職能，但其本質是奴隸，或者可能是管理奴隸的職官。儘管商王有時關心其疾病狀況，但這種關心其實是因為商王朝的利益而對其關心，因為征戰、田獵都需要多臣的參與。在階級社會中，最底層的職官在剝削壓迫底層人的時候，他們自身也成為被剝削壓迫的對象。

  （二）對俘獲或貢納的羌人進行集中安置、關押或畜養

【奠】

   □□〔卜〕，爭，〔貞〕：……羌奠……陝……

               （《合集》10084，賓三）

  關於"奠"字，裘錫圭進行過系統研究，裘先生認為：

   殷墟卜辭中常用為動詞的"奠"字。有些"奠"字用置祭的本意，多數"奠"字的意義已由對祭品或其他東西的放置引申為對人的安置。根據與後一種"奠"字有關的卜辭可以知道：商王往往將商人戰敗的國族或其他臣服國族的一部或全部，奠置在他所控制的區域內。這種人便稱為"奠"，奠置他們的地方也可以稱奠。奠的分佈是分散的，並不存在一個圍繞在商都四周的、主要用來安置被奠

[①] 陳夢家：《殷虛卜辭綜述》，中華書局1956年版，第507頁。

者的地帶。被奠者一般居於鄙野，其居邑沒有可資防守的城牆。被奠者內部一般似仍保持著原來的組織。他們要在被奠之地為商王耕作、畜牧，有時還要外出執行軍事方面的任務，此外似乎還要滿足商王對臣妾等的需求。奠所受的剝削、壓迫很沉重，所以他們有時起而反抗商王。除了上述這種奠的方式外，商王有時還將從事某種工作的人奠於某地，可能主要是為了工作上的需要。奠這種控制、役使異族人的方式，在西周時代仍為統治者所利用。畿甸之"甸"，其本字可能就是"奠"，是由於被奠者一般都奠置在這一地區內而得名的。①

"羌奠"說明羌人可能被集中安置。與其類似的有：

(1) □午卜……奠芻……　　　　（《合集》146，典賓）
(2) 貞：……奠冓以芻于丂。　　　（《合集》101，賓三）

大意是，將冓送來的芻安置在丂這個地方。

(3) 己巳貞：叙芻，才獵奠。
　　己巳貞：叙芻，其奠于京。　　（《屯南》1111，歷二）
(4) ……[奠]弜芻于[量]。
　　　　　　　　　　　　　（《合集》11408 正，師賓間 A）
(5) □丑卜……[奠]芻……　　（《合集》11411，師賓間 A）
(6) 于京其奠叙芻。　　　　　　（《合集》32010，歷二）

【圍、圉】

　　……卯㞢……𠂤，庚申亦㞢設，㞢鳴[鳥]，犾[甘]羌戎。

---

① 裘錫圭：《說殷墟卜辭的"奠"——試論商人處置服屬者的一種方法》，《中央研究院歷史語言研究所集刊》第六十四本第三分，1993年。

卜辭中的"圉",還有:

(1) 〿。　　　　　　　　　　　　　　(《合集》5975,典賓)
(2) 征于㐭〿。　　　　　　　　　　　(《合集》5976,典賓)

從字形上分析,"圉"的外面像是圍牆,裏面从口,从幸,董作賓《殷曆譜》:"幸,象手械,即拳字,蓋加於俘虜之刑具也。"文獻典籍中,"圉"有下列兩個意思:

1. 表監牢

《說文·幸部》:"圉,囹圄,所以拘罪人。从幸,从口。一曰:圉,垂也。一曰:圉人,掌馬者。"王襄《簠室殷契類纂》:"(甲骨文)从執,从口。執,許說'捕罪人也。'口,古圍字。捕罪人而拘於圍中,圉之誼尤塙。"王筠釋例:"圉下云'囹圄',小徐、《集韻》《類篇》引皆同,毛初印本、孫、鮑二本、《五音韻譜》皆作'囹圉',蓋圉為古字,圄為後作。"《漢書·王褒傳》:"昔周公躬吐捉之勞,故有圉空之隆。"顏師古注:"一飯三吐飱,一沐三捉髮,以賓賢士,故能成太平之化,刑措不用,囹圄空虛也。"

2. 表畜養

《玉篇·口部》:"圉,養馬也。"《周禮·夏官·敘官》:"圉師。"鄭玄注:"養馬曰圉。"《左傳·哀公十四年》:"孟孺子洩將圉馬於成,成宰公孫宿不受。"杜預注:"圉,畜養也。"《文選·張衡〈東京賦〉》:"圉林氏之騶虞,擾澤馬與騰黃。"薛綜注:"圉,牢養也。"

甲骨卜辭中的"圉"可能是專門關押、畜養俘虜或奴隸的地方。

　　　　壬辰卜貞:擇于圉。　　　　　　(《合集》5973,賓三)

擇有選擇的意思。《說文·手部》:"擇,柬選也。"《廣韻·陌韻》:"擇,選擇。""擇于圉"就是從監牢里挑選(奴隸)的意思。

"囲羌戎"可能是關押、畜養羌人俘虜或奴隸的意思。《合集》522反大意是，有鳥鳴，卜問"疫"關押羌戎的情況。由於认知水平的限制，當時把鳥鳴與不好的事情聯繫在一起，也說明關押羌人的監牢經常發生令商王不愉快的事情。"疫囲羌戎"說明"疫"地設置了專門關押、畜養羌人奴隸的監牢。

  （1）癸未卜，殻貞：疫以羌。　　　　（《合集》273 正，典賓）
  （2）癸未卜，殻貞：疫以羌。
    貞：疫不其以羌。　　　　　　（《合集》274 正，典賓）
  （3）[癸]未卜，殻貞：疫以羌。
    貞：疫不其以羌。　　　　　　（《合集》275 正，典賓）
  （4）貞：疫不[其]以[羌]。　　　　（《合集》276 正，典賓）

這幾條卜辭貞問說"疫"是否給商王致送羌人。這說明，"疫"設置關押羌人的監牢，其目的就是畜養羌人以備商王所需，不管祭祀、戰爭，還是生產勞動、工程建設都需要大量的奴隸，特別是祭祀對羌人的需求量比較大，為了祭祀等活動的順利進行，就像畜養牛馬一樣對羌人進行畜養。

  （1）癸亥卜，爭貞：旬無囚。王占曰：㞢求。五日丁未才鄣囲羌。
             （《合集》139 反，典賓）
  （2）……囲羌戎……　　　　　　　（《合集》521 反，典賓）
  （3）……囲羌。　　　　　　　　　（《合集》523 正，典賓）
  （4）[王]占曰：㞢求。八日庚子戈埶[羌]□人，钦㞢囲二人。
            （《合集》584 反甲，典賓）
  （5）[來媷]……[羌]戎钦囲一人。
            （《合集》1066 反，典賓）
  （6）……埶羌……钦㞢囲。　　　　（《合集》502，典賓）

"圉（▨）"，从口从執，從字形上分析，"圉"和"圍"字義、用法應相似，作名詞時，意為監牢；作動詞時，意為拘繫、關押。

(1) 貞：步自圉不其……　　　　　　（《東洋研》1039，典賓）
(2) 貞：[㚔]自圉不[其得]。　　　　（《合集》856，賓一）
(3) ……圉，不若。五 小告　　　　　（《合集》5985，賓一）

這些卜辭中的"圉"，作名詞，表示監牢。《合集》856 大意是有奴隸從監牢逃逸，卜問是否已抓到。

(1) 貞：[勿]圉。
　　丁丑卜，㱿貞：圉。　　　　　　（《合集》5977，典賓）
(2) 貞：圉。
　　貞：勿圉。　　　　　　　　　　（《合集》5978，典賓）
(3) 貞：勿圉。
　　丁丑卜，㱿貞：圉。　　　　　　（《合集》5979，典賓）
(4) 貞：圉戉。二月。　　　　　　　（《合集》5983，典賓）
(5) ……[勿]䒑圉㕦、雀。　　　　　（《合集》5984，典賓）
(6) ……圉二[人]。　　　　　　　　（《合集》5989，典賓）
(7) 庚午卜，㱿貞：旁方其圉乍戎。　（《合集》6666，賓三）

這些卜辭中的"圉"，作動詞，表示拘繫（逮捕）、關押的意思。
"圉戉"就是拘繫（逮捕）戉，"圉㕦、雀"就是拘繫（逮捕）㕦、雀，"圉二人"就是拘繫（逮捕）兩個人。
《合集》139 反、《合集》523 正中的"圉羌"、《合集》521 反中的"圉羌戎"，說明當時設有關押"羌"人的地方。
【圂】

……擇歧……才圂。　　　　　　　（《英藏》537，典賓 B）

《英藏》537是個殘片，雖然右下角的圂字是個殘字，但是也可以看出其字形是从口从羌。據形索義，圂可能表示把羌人監禁關押起來。才（在）圂，就是在關押羌人的地方。

（三）對羌人奴隸施以某種刑法

【剢羌】

庚辰卜，王，朕𢦏羌不死。
死。十二月。
丁人。
……𢦏。

圖3.1 含有圂的卜辭
（《合集》537）

（《合集》525，賓三）

"𢦏"裘錫圭先生認為這個字所从的𢆶，顯然像男子生殖器之形，根據𠂤（劓）字類推，這個字無疑是椓刑的專字，可以釋為"剢"①。《尚書·呂刑》："苗民弗用靈，制以刑，惟作五虐之刑曰法，殺戮無辜。爰始淫為劓、刵、椓、黥。"孔穎達疏："椓陰，即宮刑也……鄭玄云：'椓，謂椓破陰。'"《詩·大雅·召旻》："昏椓靡共，潰潰回遹。"鄭玄箋："昏、椓，皆奄人也。"《集韻·覺韻》："斀，《説文》：'去陰之刑也。'或作椓。"

與"剢"有關的卜辭，還有幾例：

(1) □寅［卜］貞：𢦏。
……犬……　　　　　　　　　　（《合集》5996，典賓）
(2) □𢦏。二　　　　　　　　　　（《合集》5997，典賓）
(3) ……𢦏……　　　　　　　　　（《合集》5998，典賓）
(4) 甲□［卜］，□貞：……
　　［貞］：……𢦏……　　　　　（《合集》5999，典賓）

---

① 裘錫圭：《甲骨文中所見的商代五刑——並釋"刐""剢"二字》，《古文字論集》，中華書局1992年版，第212—213頁。

"剢羌"就是對羌人施行宮刑。

（四）王對羌人的關心和管理

1. 擔心羌人奴隸的生命，為羌人的安危、禍祟擔憂

  （1）貞：㞢疾羌其死。

    貞：于高寮。   （《合集》526，賓一）

  （2）貞：羌无亡其㾣。十月。 （《合集》528，賓一）

    甲辰貞：羌𣪘不歺。二 三

    □歺。   （《合集》22134，婦女類）

  （3）甲辰貞：羌𣪘不歺。一 二

    其歺。   （《合集》22135，婦女類）

2. 擔心監獄的安危

  貞：王㞢圉，若。

  貞：王㞢圉，不若。

  貞：王㞢圉，若。   （《合集》795 正，典賓）

這組卜辭的大意是王為"圉（監牢）"的安危情況進行侑祭，（圉）是否順利（平安）？說明王很擔心監牢的安危。

3. 王命令視察監獄

  （1）乎省圉。   （《合集》5980，典賓）

  （2）乎……圉。   （《合集》5982，典賓）

"乎省圉"就是命令視察監獄。

四　羌奴的反抗

（一）羌人的騷亂

  （1）貞：在㐭，羌其夙。   （《合集》529，典賓）

(2) ……在㕣，羌……　　　　　　　　（《合集》530正，典賓）

(3) 貞：在㕣，羌……　　　　　　　　（《合集》531，典賓）

先秦漢語中，"夙"有"肅"義。《詩·大雅·生民》："載震載夙，載生載育。"鄭玄箋："夙之言肅也。"孔穎達疏："夙之言肅，自肅戒也。"

"羌其夙"可能就是卜問羌人是否會肅靜（不發生騷亂）。

(二) 羌人的逃跑

1. 喪羌

丙寅其喪。

丙寅卜，步穌……弜……壬申祐祖乙……乙……

庚午卜，祐析□□……

乙亥卜，丙戌祐□。

乙亥□丁酉允不于祖乙史祐。

壬午卜……喪……允……逐不。一二

丙戌卜，及嗇追比。

丁亥卜，余，弗其喪羌。

丁亥卜，朕，彳……父……猴……嗇

……允……允……五月。　　　　　（《合集》21153，師小字）

"喪羌"就是羌人逃跑的意思，同版上有"丙寅……喪""壬午……喪……逐……""丙戌……追……""丁亥……喪羌"，語意上大致都與羌人逃跑有關。從六十甲子表（見表3.1）裡，可以看出，丙寅—（16天）—壬午—（4天）—丙戌—（1天）—丁亥。逃跑時間間隔長的16天，短的只有1天，說明羌奴逃跑、追捕的事時常發生。

表3.1　　　　　　　　六十甲子表（部分）

甲子	乙丑	**丙寅**	丁卯	戊辰	己巳	庚午	辛未	壬申	癸酉
甲戌	乙亥	丙子	丁丑	戊寅	己卯	庚辰	辛巳	**壬午**	癸未
甲申	乙酉	**丙戌**	**丁亥**	戊子	己丑	庚寅	辛卯	壬辰	癸巳

與"喪羌"類似的還有"喪眾""喪工"。

(1) 貞：我其喪眾人。　　　　　　（《合集》50 正，賓三）
(2) 貞：竝其喪眾人。三月。　　　（《合集》51，賓三）
(3) 乙酉卜，王貞：🔾不喪眾。　　（《合集》54，師小字）
(4) 貞：畢不喪眾人。　　　　　　（《合集》57，賓三）
(5) ……喪工。
　　……其喪工。　　　　　　　　（《合集》97 正，典賓）

"喪眾"就是奴隸逃跑，"喪工"就是工匠逃跑。不管奴隸還是工匠逃跑，對統治階級來說都是一種損失。因此，商王比較重視，特予以卜問。

2. 逸羌

(1) ……逸羌……　　　　　　　　（《合集》512，典賓）
(2) ……逸羌……　　　　　　　　（《合集》513，典賓）
(3) ……逸［羌］……　　　　　　（《合集》514，典賓）
(4) 甲午卜，韋貞：逸羌不……二
　　丙申卜，殻貞：翌丁酉無其㞢。（《合集》515，典賓）
(5) ……逸羌。小告　　　　　　　（《合集》516，賓三）

🔾。王子揚釋為"逸"[1]，卜辭屢見作"🔾、🔾、🔾"等形的字，以往或釋"往"，張桂光、姚孝遂都認為🔾是🔾之省體[2]，王子揚認為此字是個從"止""執"省聲的字，可讀為"逸"。"逸羌"就是逃逸的羌奴。反復卜問"逸羌"說明很重視羌人奴隸逃逸的問題。

---

[1] 王子揚：《甲骨文字形類組差異現象研究》，中西書局 2013 年版，第 241—252 頁。
[2] 于省吾主編：《甲骨文字詁林》第 1 冊，中華書局 1996 年版，第 829—830 頁。

……雝逸［羌］……　　　　　　　（《合集》633，典賓）

"雝"，同"雍"。《爾雅·釋地》："河西曰雝州"。"雝壴羌"就是"雍"逃逸的羌人。

(1)　貞：逸羌得。　　　　　　　　（《合集》507，典賓）
(2)　［貞］：逸羌不其得。　　　　（《合集》508，典賓）
(3)　□午卜，□貞：［逸］羌得。三（《合集》509正，典賓）
(4)　［貞］：逸羌得。　　　　　　（《合集》510，典賓）
(5)　乙未卜，荀貞：逸羌□。三 二告（《合集》511，典賓）
(6)　……羌得。　　　　　　　　　（《合集》518，典賓）

反復卜問"逸羌得"說明商王很關心逃跑的羌人奴隸是否已經追捕回來。

另外，卜辭中與"逸羌"類似的還有"逸芻"：

己未卜，□貞：乎［羽］□偹豕［逸］芻。十三月。
　　　　　　　　　　　　　　　　　（《合集》120，賓一）

"逸芻"就是"芻"人逃跑。

……及方芻。　　　　　　　　　　（《合集》20494，師小字）

"及方芻"就是追上方芻的意思。

3. 搴羌

(1)　……搴羌得。　　　　　　　　（《合集》503，典賓）
(2)　貞：搴羌得。一
　　　貞：搴羌不其得。　　　　　　（《合集》505正，典賓）

趙平安認為"幸"从"止"从"㚔",而止在㚔外,本議當為逃逸。①

　　□寅卜,㱿貞:[般]不若,不逸羌。
　　貞:[龍無]不若,不逸羌。
　　貞:般無不若,不逸羌。
　　貞:龍無不若,不逸[羌]。
　　貞:般無不若,[不逸羌]。
　　貞:般無不若,不逸羌。
　　般其逸羌。
　　龍其逸。
　　其逸。
　　其逸。　　　　　　　　　　　　　　（《合集》506正,賓三）

這版卜辭,大意是卜問,般和龍有沒有不如意的事,有沒有羌奴逃跑。般通盤,由於盤是武丁的老師,有自己的封地,商王非常關心盤的羌奴是否會逃跑,說明,盤的封地上有很多羌奴在為其勞動。

　　……逸羌……㱿屮囗　　　　　　　　（《合集》502,典賓）

這條卜辭雖是殘辭,但也可以看出其大意是卜問,有羌人逃逸,就用割腹肢解的方式對監獄進行侑祭,可能是為了祈求監獄平安。

　　[癸卯卜,爭貞:旬無囚。[甲辰]大驟風,[之夕]卣乙巳疫幸[□五]人。五月。才章。　　（《合集》13362正,典賓）

這條卜辭的大意是甲辰日刮大風,此日晚上疫地的監牢五人逃跑。

---

① 趙平安:《戰國文字的"逸"與甲骨文"幸"為一字說》,《古文字研究》第22輯,中華書局2000年版,第276頁。

(1) ……㘡己未［囧］龜㤜自㚔圉。　　（《合集》138，典賓）

(2) □戌□，［囧］龜㤜夲自㚔圉六人。八月。

（《合集》139 正，典賓）

"［囧］龜㤜夲㤜自㚔圉"的意思是［囧］、龜、㤜從㚔地的監牢逃跑。囧、龜、㤜都是奴隸的名稱。

［王］占曰：出求，八日庚子戈逸［羌］□人，㱿出圉二人。

（《合集》584 反甲，典賓）

大意是戈地逃跑羌人……人，就割腹肢解二人對監獄進行侑祭。

貞：戈逸羌得。　　（《合集》504 正，典賓）

大意是戈地逃跑的羌人是否已抓到。

癸卯卜，殼貞：旬無囚。王占曰：出求，其出來嬉。五日丁未允出來嬉，酝御［逸］自呂圉六［人］……

（《合集》6057 正，典賓）

"逸自呂圉六人"的意思是从呂地的監牢里逃跑六个人。

甲戌［卜］貞：逸自㭫圉得。　　（《合集》39529，典賓）

這條卜辭的大意是貞問從㭫地監牢逃跑的人是否已抓到。

4. 羌與多臣一起逃跑

不但羌人逃跑，有時羌人還和多臣一起逃跑。

上文所舉《合集》626、627、628 正這幾條卜辭說明"多臣"也逃跑，"夲多臣羌""追多臣羌"說明"多臣"和"羌"一起成為被抓捕、追拿的對象。據此推測，"多臣"和"羌"一起逃跑，說明"多臣"和"羌"一樣受到沉重的壓迫，才迫使他們逃跑。

  貞：洗獲？
  荓獲。
  伲獲。
  不其獲。
  貞：多羌獲。   （《合集》158，典賓）
  丁酉卜，爭貞：乎甫伲于妇，受屮年。
              （《合集》13505 正，典賓）

  這版卜辭貞問伲、洗、多羌是否有獲，說明伲可能是個人名或部族名。《合集》13505 正中"乎（呼）甫伲"也說明伲可能是個人名或部族名。《合集》627 大意是"伲"抓捕、追拿"多臣"和"羌"。《合集》622 說明"般"也捕取"多臣"。

第二節　羌人女子和孩童

一　有的羌人女子成為臣妾

  壬子卜，禞，［貞］：羌女……
  ……不子……   （《合集》21611，子組附屬）

  這版卜辭雖是殘辭，但是可以大致看出是卜問"羌女生育"方面的問題，這說明，部分羌人女子成了商王室男性成員的臣妾。
  裘錫圭認為："他們（被奠置的奴隸）要在被奠之地為商王耕作、畜牧，有時還要外出執行軍事方面的任務，此外似乎還要滿足商王對臣妾等的需求。"[①] 例如：

  辛卯卜，爭，勿乎取奠女子。

---

 ① 裘錫圭：《說殷墟卜辭的"奠"——試論商人處置服屬者的一種方法》，《中央研究院歷史語言研究所集刊》第六十四本第三分，1993 年版。

第三章　不同身份的羌人　　61

  辛卯卜，爭，乎取奠女子。
  ［乎取］奠女子。　　　　　　　　　　（《合集》536，賓一）

"乎取奠女子"就是命令選取奠置之地的女子。

  丁亥卜□［王?］：子白羌毓（育），不□［其?］白。
　　　　　　　　　　　　　　　　　（《合集》3410，師賓問A）

  裘錫圭認爲上引卜辭里的"子白羌"疑指商王之子所"幸"的白皮膚的羌族女子。上辭可能是在"子白羌"即將生育時卜問所生之子的膚色是否白色的卜辭。① 這個問題參見第二章關於"白羌"的分析。

  庚戌〔卜〕，□貞：賜多女又貝朋？　（《合集》11438，賓出）

  這條卜辭的意思是：庚戌日，某卜師問卦，賞賜給某人很多女子和錢財嗎？
  商代人以貝爲貨幣。朋，是貝的計數單位。王國維考證，十枚貝爲一朋。② 女子就像物品一樣，可以用來賞賜下屬。

二　有時用羌人女子作祭牲
（一）用羌人女子祭雨

  癸未卜，貞旬。甲申陷人，雨，□□雨。十二月。一
  癸丑卜，貞旬。［甲寅大］食雨［自北］，乙卯小食大啟，丙辰中日大雨自南。一
  ［丁巳］卜，今日方其征。不征，征雨自西北少。一　二
  癸亥卜，貞旬。一月昃雨自東，九日辛未大采各雲自北。雷，征大風自西，刺雲率［雨］，毋菌日……

---

 ① 裘錫圭：《從殷墟甲骨卜辭看殷人對白馬的重視》，《古文字論集》，中華書局1992年版，第234頁。
 ② 王國維：《說玨朋》，《觀堂集林》卷三，中華書局1959年版。

癸酉卜貞……二月。二

癸巳卜貞旬。二月之日子羌女老祉雨少。一 二

……大采日，各雲自北。雷，風，幺（丝）雨不祉，隹好……

(《合集》21021，師小字)

這是一版氣象卜辭，主要內容與祭祀風雨有關。"二月之日子羌女老祉雨少"應該怎樣理解呢？"之日子"與"至日戌"（《合集》27454）、"至日甲"（《屯南》2271）很相似，張玉金認為"至日"應是到某個日子的意思。① "之"與"至"相通，《玉篇·之部》："之，至也。"《詩·鄘風·柏舟》："之死矢靡它。"毛傳："之，至也。""之（至）日子"就是"到子日"的意思。"羌女老祉雨少"可能是用羌人女子和老人，或者用羌人老婦進行祭祀，祈望綿延的雨有所減少。

（二）用羌人女子祭祀河神

貞：盟河。

王占曰：其㞢隹羌。

翌辛亥乎往于河，㞢齒于女。　　　　　　(《英藏》1163，典賓)

《漢語大字典·一部》解釋"于"的一種用法："相當於'以'、'用'、'拿'。《書·盤庚上》：'予告汝于難，若射之有志。'《史記·樂毅列傳》：'薊丘之植，植于汶篁。'"② "告汝于難"的正常語序應為"于難告汝"，意思是"拿难事告诉您"，"植于汶篁"的正常語序應為"于汶篁植"，意思是"用汶地的竹子種植"。"㞢齒于女"與"告汝于難""植于汶篁"的結構類似，正常語序應為"于女㞢齒"，意思是"用女子為齒進行侑祀"。

結合前兩條卜辭，可知這裏的女子應是羌人女子。用羌女在河邊祭

---

① 張玉金：《說卜辭中的"至日""即日""敨日"》，《20世紀甲骨語言學·附錄》，學林出版社2003年版。

② 徐中舒主編：《漢語大字典》第1卷，四川辭書出版社、湖北辭書出版社1986年版，第5頁。

祀，可能是為河伯娶媳婦。饒宗頤《說河宗》一文詳細分析了先秦時期的河宗、河伯。①

為河神娶媳婦的風俗，可能從夏商一直延續到了戰國時代，《史記·滑稽列傳》有為河伯娶婦的記載：

> 魏文侯時，西門豹為鄴令。豹往到鄴，會長老，問之民所疾苦。長老曰："苦為河伯娶婦，以故貧。"豹問其故，對曰："鄴三老、廷掾常歲賦斂百姓，收取其錢得數百萬，用其二三十萬為河伯娶婦，與祝巫共分其餘錢持歸。當其時，巫行視人家女好者，云'是當為河伯婦'，即娉取。洗沐之，為治新繒綺縠衣，閒居齋戒；為治齋宮河上，張緹絳帷，女居其中。為具牛酒飯食，[行] 十餘日。共粉飾之，如嫁女床席，令女居其上，浮之河中。始浮，行數十里乃沒。其人家有好女者，恐大巫祝為河伯取之，以故多持女遠逃亡。以故城中益空無人，又困貧，所從來久遠矣。民人俗語曰'即不為河伯娶婦，水來漂沒，溺其人民'云"。

西門豹在魏文侯（公元前446—前396年在位）時任鄴令，鄴地在今河南省安陽市區北18公里，這裏為河伯娶婦的習俗可能就是從商代時傳承下來的。

（三）用羌人女子為王祭祀

> 叀嬄，王受又。
> 又毀羌，王受又。
> 才茲。
> 即于射中㚔。　　　　　　　　（《合集》26956，無名類）

"毀"寫作 🖾（《合》26956）、🖾（《合》30315）、🖾（《合》35364）等形，從"豆"從"殳"。《說文·殳部》："毀，䉛擊也。從

---

① 饒宗頤：《說河宗》，《胡厚宣先生紀念文集》，科學出版社1998年版。

殳，豆聲。古文殳如此。"王筠釋例："遙擊也者，如荀罃投之以几之投，遙而擊之則必摘，摘是物者，不必有所擊也。"《玉篇·殳部》："毁，古為投。"

"䫉（圖）"字从"妾"，當與"妾"義有關。在先秦典籍中，"妾"多表有罪女子或女奴。《說文·辛部》："妾，有辠女子，給事之得接於君者。"段玉裁注："如內伺服縫人皆有女御。""有辠女子"即有罪女子。《說文·辛部》："辠，犯法也。"邵瑛《群經正字》："今經典作'罪'。……秦以'罪'為'辠'字。"《書·費誓》："竊馬牛，誘臣妾。"孔傳："誘偷奴婢。"又"臣妾逋逃。"孔傳："役人賤者，男曰臣，女曰妾。"《戰國策·趙策三》："是使三晉之大臣，不如鄒魯之僕妾也。"另外，妾還可以表示男子在正妻之外所娶的女子。《左傳·僖公十七年》："女為人妾。"杜預注："不聘曰妾。"《孟子·離婁下》："齊人有一妻一妾而處室者。"

在"叀䫉，王受又"中貞問王是否會受到保佑，"䫉"當為祭牲，可能是有罪女子或女奴，根據同版上的"毁羌"推斷，這裏的"䫉"可能是羌人中的女奴，用作祭牲。

"䫉"作祭牲的例子，還有：

(1) 己卯卜貞：王賓祖乙奭妣己，姬、䫉二人，毁二人，卯二牢，亡尤。
甲申卜貞：王賓祖辛奭妣甲，姬、䫉二人，毁二人，卯二牢，亡尤。

(《合集》35361，黄類)

(2) □□［卜］貞：王賓……［姬］、䫉二人，［毁二］人，卯白牝……亡尤。才八月。　　（《合集》35363，黄類）

(3) 庚午卜，［貞：王賓］姬妣庚……毁二［人］，［卯］二牢。
［庚］辰卜貞：［王賓］妣庚，［姬］、䫉二［人］，毁一人，［卯］□牢，無［尤］。

(《合集》35364，黄類)

(4) 壬寅卜貞：王賓武丁［奭］妣癸姬、䫉、毁、卯……無

［尤］。

□□［卜］貞：［王㝱］武丁㝱［匕］□□，亡尤。

（《合集》36276，黃類）

這幾條卜辭中的"姬""婢"並稱，二者意思應比較接近。《合集》35361、35363、35364中稱"姬、婢二人"，甲骨卜辭中凡是稱"人"的一般都是奴隸或俘虜，後邊緊跟著的"殳二人"就是遙擊二人，這裏的"二人"應指的是"姬、婢二人"，說明"姬""婢"在這裏作祭牲。"［姬］、婢二［人］，殳一人"的意思就是遙擊姬、婢二人中的一人。

文獻典籍中"姬"可以表示妾或婦人。《史記·秦始皇本紀》："莊襄王為秦質子於趙，見呂不韋姬，悅而取之。"《詩·陳風·東門之池》："彼美淑姬，可與晤歌。"孔穎達疏："姬者以皇帝姓姬，炎帝姓姜，二姓之後，子孫昌盛，其家之女，美者尤多，遂以姬姜為婦人之美稱。"《古今韻會舉要·支韻》："姬，婦人美稱也。"《集韻·之韻》："姬，妾稱。"

在上舉幾條卜辭中祭祀的對象分別是"祖乙㝱妣己""祖辛㝱妣甲""妣庚""妣癸"等，都是女性神。雖然"姬"和"妾"都有妻妾之義，但是為女性先祖神敬獻妻妾不合常理。這裏的"姬""婢"生前可能是女奴，敬獻給女性神的目的可能是讓其到另一個世界伺候這些女性先祖神。

需要說明的是，並不是所有的"姬"都是女奴（或祭牲），卜辭中的"姬"有三個含義：

1. 表示女性神。例如：

辛酉卜，取岳，雨。一
雨。一
辛酉卜，隹姬㞢雨。一
癸酉卜，乙雨。一
癸酉，雨。一

（《合集》33291，歷一）

"姬耑雨"就是姬作祟妨害下雨。

2. 表地名或姓氏。例如：

辛卯卜貞：今日王其逑，其于□比丘。兹〔用〕一
丁酉卜貞：翌日己亥王其射姬？覿麋，其以□，王弗每。

（《合集》35965，黄類）

"褧"同"麓"。《說文·林部》："麓，守山林吏也。一曰林屬於山為麓。褧，古文从录。"《玉篇·林部》："麓，山足也。褧，古文。""姬褧"即"姬麓"，應是一個山麓的名字，這裏可能是"姬"姓人居住的地方。《國語·晉語四》："凡黄帝之子，二十五宗，其得姓者十四人為十二姓。姬、酉、祁、己、滕、箴、任、荀、僖、姞、儇、依是也。"《路史·後紀五》："（黄帝）子二十五，別姓者十二：祁、酉、滕、箴、任、荀、釐、結、儇、依及二紀也，餘循姬姓。"

3. 表示妻妾。例如：

𡤉。
其又姬于妣辛。　　　　　　　　　　　（《合集》27547，何一）

"又姬于妣辛"就是為了姬向妣辛進行侑祀。這裏的"姬"可能是武丁的妻妾嬪妃之類的人。

□□卜貞：𡤉其又姬于高母辛。
……癸□卩鼓小臣，其任又正，王受〔又又〕。

（《合集》36420，黄類）

"又姬于高母辛"就是為姬向高母辛進行侑祀。
用羌人女子作祭牲，除以上例子外，另有一例：

庚午卜貞：叀十羌，卯宰。三

……一牛。

……𘘺……女……羌…… 二　　　　　　（《合集》345，賓三）

"𘘺"字，《甲骨文校釋總集》釋為"袁"，王襄①、李孝定②、姚孝遂③都認為是"初"字，這個字所在的卜辭都是殘辭，辭義不明。《說文·衣部》："初，始也。从刀从衣，裁衣之始也。"本版不能確定上邊是否還有字，如上方無字，則為"……初女羌……"，大意可能是卜問是否用女羌始祭。如果上邊還有字，則為"……初……女……羌……"，雖然辭意不明，但是羌、宰、牛、女共現一版，推測"女"和牛、宰一樣可能都是祭牲。

羌人女子除了作為臣妾和祭牲外，還作為奴隸。她們一旦觸犯戒規要受到嚴厲的懲罰。裘錫圭分析："關於對女子施行宮刑的材料，在甲骨文中還沒有發現，但在商王祖先降生的傳說中，有有娀氏二佚女被寘於高臺之上的故事。寘於高臺也可以說就是在對淫佚的女子使用宮刑。想來在商代對女子用宮刑也是相當普遍的。"④

三　羌人孩童

貞：叀丁□……

……曰小羌，其登人□，受……

（《合集》7339，賓出）

圖3.2　含有小羌的卜辭
（《合集》7339）

這裏的"小羌"可能是羌人孩童。"登"表"登獻"⑤。

---

① 王襄：《簠室殷契類纂》，河北第一博物院1920年版，第21頁。
② 李孝定：《甲骨文字集釋》，"中研院"歷史語言研究所1970年版，第1521頁。
③ 于省吾主編：《甲骨文字詁林》第3冊，中華書局1996年版，第1911頁。
④ 裘錫圭：《甲骨文中所見的商代五刑——並釋"刏""剢"二字》，《古文字論集》，中華書局1992年版，第213頁。
⑤ 王子揚：《甲骨文字形類組差異現象研究》，中西書局2013年版，第355頁。

《合集》7339 雖是殘辭，但是根據同版卜辭的關聯信息推測，本版是一組與祭祀有關的卜辭，"小羌"可能被用來祭祀先王丁。

癸巳卜，㱿貞：旬無㕚。王占曰：乃茲亦㞢求，若偁。甲午王往逐兕，小臣甾臣车馬硪䧫王車，子央亦墜。

(《合集》10405 正，典賓)

"小臣"，即身份卑微的近侍之臣。聰明伶俐的"小羌"，也有可能被培養用來侍奉主子。

第三節　歸化臣服的羌人

一　貴族的家臣

【羌㝬】

（1）甲辰貞：羌㝬不歺。　　　　　　(《合集》22134，婦女類)
（2）甲辰貞：羌㝬不歺。　　　　　　(《合集》22135，婦女類)

卜問羌㝬是否會死。這兩條卜辭都是非王卜辭婦女類。黃天樹認為婦女卜辭中的占卜主體其家族在自己的領地上建有城邑，該家族內部有一套類似西周、春秋的家臣制度。[1] 卜問"羌㝬"是否會死，很有可能"羌㝬"就是該家族的家臣。

【玉羌】

辛亥卜貞：玉羌又疾，不死。子占曰：羌其死隹今，其亦隹今。
辛亥卜，其死。
辛亥，歲妣庚牝一。　　　　　　　　　　　　(《花東》241)

---

[1] 黃天樹：《古文字論集》，學苑出版社 2006 年版，第 121 頁。

該版卜辭，貞問"玉羌"是否會死。"玉羌"可能也是家臣。《花東》卜辭的占卜主體是"子"，"玉羌"可能是"子"的家臣。

二 貴族子女的老師

　　甲申：子其學羌，若永？用。　　　　　（《花東》473，子組）

這條卜辭的大意是，"子"要向羌人師傅學習，不知上帝會不會保佑降福。說明個別掌握特殊技能的羌人可能成為商朝貴族子女的老師。

三 擔任商王朝的职官

1985年山西靈石旌介村M1出土兩件"亞譏爵"，這說明山西靈石附近曾經有"羌"人擔任商王朝的"亞"類武職。

圖3.3　亞譏爵［商代後期］
（《殷周金文集成》7790，
現藏故宮博物院）

圖3.4　亞譏爵［商代後期］
（《殷周金文集成》7791，
1985年山西靈石旌介村M1，
《文物》1986年第11期第7頁圖11-4，
現藏山西省考古研究所）

另外《殷周金文集成》還收錄一件出土地點不明的"亞譏爵"、一件"亞乙羌爵"、一件"亞繞壺"，也說明曾經有"羌"人擔任商王朝的"亞"類武職。《尚書·牧誓》："我友邦冢君、御事、司徒、司馬、司空、亞旅、師氏、千夫長、百夫長……"顧頡剛、劉起釪認為："亞為武官某種首長。""在這裏是次於司徒、司馬、司空的武職。"①《尚書·酒誥》:"越在外服:侯、甸、男、衛、邦伯;越在內服:百僚、庶尹、惟亞、惟服、宗工越百姓、里居(君),罔敢湎於酒。"島邦男認為:"亞是將帥。"②

另外,《殷周金文集成》还收錄一件"𢆶父戊爵",可能是"𢆶"人敬獻用來祭祀"父戊"的禮器。

圖3.5 亞𢆶爵〔商代後期〕
(《殷周金文集成》7792,
1985年山西靈石旌介村M1,《文物》
1986年第11期第7頁圖11-5,
現藏山西省考古研究所)

圖3.6 亞乙羌爵〔商代後期〕
(《殷周金文集成》8779,
現藏故宮博物院)

圖3.7 亞繞壺〔商代後期〕
(《殷周金文集成》9544)

圖3.8 𢆶父戊爵〔商代後期〕
(《殷周金文集成》8521)

---

① 顧頡剛、劉起釪:《尚書校釋譯論》第3冊,中華書局2005年版,第1096—1097頁。
② 王宇信主編:《甲骨學一百年》,社會科學文獻出版社1999年版,第454頁。

第 四 章

羌人祭牲

姚孝遂認為："（羌人）除部分用於勞作之奴隸外，多用作祭祀時之祭牲而加以殺戮。"① 本章主要對羌人祭牲問題進行專題研究。

第一節　用羌人祭祀的對象

一　用羌牲祭祀自然神

（一）祭祀山岳之神

（1）庚辰卜貞：㞢于岳三羌，三小宰，卯三牛。一
　　　　　　　　　　　　　　　（《合集》377，師賓間A）
（2）……岳羌。　　　　　　　（《懷特》4，典賓B）

（二）祭祀河神

（1）癸卯卜，㱿，㞢于河三羌，卯三牛，衋一牛。
　　　癸卯卜，㱿，尞河一牛，㞢三羌，卯三牛。
　　　　　　　　　　　　　　　（《合集》1027正，賓一）
（2）丙辰卜，㱿貞：卬羌于河。　（《合集》6616正，典賓）
（3）丙午卜貞：尞于河五牢，沉十牛，宜牢㞢羌十㞢……
　　　　　　　　　　　　　　　（《合集》326，賓三）

---

① 于省吾主編：《甲骨文字詁林》第1冊，中華書局1996年版，第125頁。

（4）……雨。／……羌……河。／乬入五。

(《合集》11007 反，典賓)

（5）丙午卜貞：尞于河五牢，沈十牛，宜牢，屮羌十屮□。

(《蘇德》117，賓三)

（6）……［羌］……牛……于河。　(《英藏》1164，典賓 A)

（三）祭祀土神

（1）庚……羌。

癸亥卜，又土尞羌一、小宰，宜。

(《合補》10643 乙，歷一)

（2）庚申卜，屮土尞羌，宜小宰。

癸亥卜，屮□尞羌，宜一小宰。　(《屯南》961，歷一)

（3）乙丑卜，又尞于土羌，宜小宰。　(《合集》32118，歷二)

（4）□□貞：又伐于土羌……　(《合集》32119，歷二)

這幾條卜辭的大意是用焚燒羌人和小宰的方式又（侑）祭土神。

（四）祭祀四方神

（1）貞：方帝一羌，二犬，卯一牛。一

貞：勿方帝。一 二告　(《合集》418 正，典賓)

（2）方帝羌卯牛。一 二

勿方帝。一 二　(《合集》478 正，典賓)

（3）……方帝三羌。三 四　(《合集》405，賓三)

（4）□酉貞：四方屮羌……众。　(《屯南》932，歷二)

（5）壬辰卜，其𢦏疾于四方，三羌又九犬。三

(《屯南》1059，歷二)

（五）祭祀門神

（1）辛丑卜貞：畢以羌，王于門尋。三　(《合集》261，典賓)

(2) ［于］南門尋王羌。　　　　　　（《屯南》2043，歷二）

(3) □酉卜：于……王羌？
　　……于南戶尋王羌？　　　　　（《屯南》2043+1117，歷二）

(4) 于宗戶尋王羌。　　　　　　　　（《屯南》3185，歷二）

宋鎮豪認為南門、宗戶皆祭門場所[①]，這幾條卜辭貞問是否用羌牲繼續舉行祭門活動。卜辭中有"門示"，如：

庚寅，門示若。　　　　　　　　　（《合集》34126，歷二）

"門示"即門衛之神。在上古時期，祭祀門神的禮俗十分流行。《國語·周語中》："門尹除門。"《左傳·莊公二十五年》："秋，大水，鼓，用牲于社，于門。"

二　用羌人祭祀祖先神

（一）先公

下面根據江林昌擬訂的商族先公世系，將用羌牲祭祀的先公予以整理。

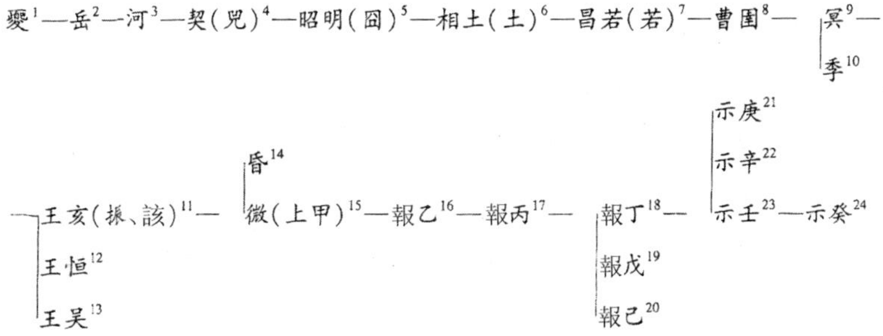

圖4.1　江林昌擬訂甲骨卜辭中商族先公世系

[①] 宋鎮豪：《夏商社會生活史》（下），中國社會科學出版社1994年版，第794頁。

【岳】【河】【土】

卜辭中有用羌牲祭祀"岳""河""土"的卜辭,一部分學者認為其為自然神,韓江蘇、江林昌認為其為先祖神。[①] 例如,前文《合集》377、《懷特》4 是祭祀"岳"的,《合集》1027 正、《合集》6616 正、《合集》326、《合集》11007 反、《蘇德》117、《英藏》1164 是祭祀"河"的,《合集》32118、《合集》32119、《合補》10643 乙、《屯南》961 是祭祀"土"的。

【王亥】

(1) ……翌辛亥酒……王亥九羌。　　(《合集》357,典賓)

　　貞:燎于王亥九牛。

　　貞:燎于王亥。

　　貞:燎九牛。

　　貞:㲋王亥羌。

　　貞:九羌卯九牛。

　　貞:十羌卯十牛。　　(《合集》349+358+14737[②],典賓)

(2) 貞:[桒]年于王亥,囧犬一,羊一,豛一,夐三小宰,卯九牛,三青,三羌。　　(《合集》378 正,典賓)

(3) 甲辰卜,㱿貞:帝[于]……

　　貞:登王亥羌……　　(《合集》475,典賓)

(4) 貞:燎于王亥。

　　貞:㲋王亥羌。

　　貞:九羌卯九牛。

　　貞:十羌卯十牛。

　　　　(《存補》4.1.1+《合集》7690[③],典賓)

---

① 韓江蘇、江林昌:《〈殷本紀〉訂補與商史人物徵》,中國社會科學出版社 2010 年版,第 90—95 頁。

② A、B 由蔡哲茂綴合,王子揚加綴 C。黃天樹主編:《甲骨拼合續集》,學苑出版社 2011 年版,第 93、142—143 頁。

③ 黃天樹主編:《甲骨拼合集》,學苑出版社 2010 年版,第 156—157、427 頁。

【上甲】

用羌人祭祀上甲可以分為三種情況。

1. 單獨祭祀上甲

(1) ……不……上甲羌……　　　　　（《蘇德》185 反，典賓）

(2) □□［卜］貞：先（敎？）……羌……用……上甲。

（《合集》421，賓三）

(3) ［癸］亥卜，［旅］，［貞］：翌甲子其又彳歲上甲，其又羌。二月。　　　　　（《合集》22571，出一）

(4) 甲寅上甲彳伐羌十。五月。　　（《合集》41457，歷二）

(5) 癸亥卜，旅貞：翌甲子又彳歲上甲，其又羌九。

（《合集》22558，出二）

2. 合祭上甲與其他先公先王

(1) 貞：勿酋自上甲至下乙。一
　　翌甲辰勿酚羌自上甲。一　　（《合集》419 正，典賓）

(2) 壬寅卜，㱿貞：興方以羌，用自上甲至下乙。

（《合集》270 正，典賓）

(3) 貞：龍方以羌，自上甲，王用至于下乙，若。

（《合集》271 反，典賓）

(4) □□［卜］，旅，［貞］：……上甲歲…… 于唐歲五……［用］羌五十，［尤］……　　（《合集》22544，出二）

(5) □□，［貞］：射雨以羌其用上甲汎至于父丁，叀甲辰用。一
　　甲辰貞：射雨以羌其用自上甲汎至于父丁，叀乙巳用。伐四十。

（《屯南》636，歷組）

3. 自上甲开始，其餘不明。

(1) 自上甲用羌。　　　　　　　　　　（《合集》39502，典賓）

(2) 癸酉卜，箙貞：翌甲戌用［囗］以羌，易日。甲囗用自上甲，允易。

（《合集》268，典賓）

(3) 己卯卜，㱿貞：翌甲申用射䧹以羌自上甲。八月。

（《合集》277，賓三）

(4) ……［酌］報于上甲九羌，卯一牛……

（《合集》356，賓三）

(5) 用六羌卯宰。

貞：勿卯自上甲。

［貞］：卯［自］上甲。　　　　　（《合集》362，賓三）

(6) 癸卯貞：射䧹以羌其用叀乙。二。

甲辰貞：射䧹以羌其用自上甲汎至于……

（《屯南》9，歷組）

(7) 貞：其㞢彳伐，自上甲……羌，大示十宰……五宰……

（《懷特》31，賓三）

(二) 先王

【大乙】

《古本竹書紀年》謂："湯有七名而九徵"，嚴一萍對成湯的七名一一作了說明：

一曰唐。《太平御覽》八十二引《歸藏》曰："昔者，桀筮伐唐。"卜辭稱唐，以武丁時最多。二曰成。……《尚書·仲虺之誥》孔傳曰："湯伐桀，武功成，故號成湯。一云成，諡也。"《逸周書·史記》曰："成商伐之，有洛以無。"晉孔晁注："湯號曰成，故曰成商。"晉人猶知湯有"成"號。三曰大乙。自祖甲改革祀典，即有大乙之名，武丁、祖庚時未有其號。《荀子·成相篇》《世本》《殷本紀》皆有天乙。四曰成唐。《周原》H11、1 有"王其禦祭成唐",為文王、帝辛時周之卜辭。《博古圖》載齊侯鎛鐘銘有:"虩虩成唐"之語。王國維先生曰"……古文唐从口昜,與湯形相近。"卜辭之唐,必湯之本字,後轉作暘,遂通作湯。作湯者,見《詩·烈祖》《那》《長發》《紀年》《世本》《魯語上》《天問》等。五曰履。《墨子·兼愛下》:"湯曰:唯予小子履。"《帝王世紀》《紀年》同。六曰武王、武湯。《長發》曰:"武王載旆。"傳:"武王,湯也。"《玄鳥》:"古帝命武湯。"傳:"天帝命有威武之德者成湯。"七曰帝乙。《易緯·乾凿度》曰:"易之帝乙為成湯。"①

1. 單獨祭祀大乙

(1) 貞:翌乙亥出彳歲于唐三十羌,卯三十牛,六月。

(《合集》313,賓三)

(2) □□卜,㱿,[貞]:……羌……

癸酉卜,㱿貞:陟歲于唐。

貞:勿陟歲。一月。　　(《合集》1292,賓三)

(3) □□[卜],出貞:出于唐三十羌,卯三十牛。

(《合集》22546,出一)

……于唐三十羌,卯三十牛。　(《合集》22547,出一)

(4) ……气酚其𦎫又歲于唐其又[羌]……

(《合集》22743,出二)

(5) 甲午貞:酚彳伐乙未于大乙羌五,歲五牢。二 二

(《屯南》739,歷一)

(6) 甲午貞:🧍舞㚔……兹用。大乙羌三……

(《屯南》781,歷二)

辛未貞:[乙亥]又歲于大乙三牢。三

辛未貞:乙亥[又歲]于大乙五牢又伐。三

---

① 嚴一萍:《殷商史記》,台北藝文印書館1991年版,第49頁。

大乙伐十羌。三

大乙伐十羌屮五。三

大乙伐三十羌。三

弜又伐。

辛巳貞：犬厌以羌其用自。（厌字倒刻）

（《屯南》2293，歷二）

(7) 辛未貞：乙亥又岁于大乙三牢。

大乙伐十羌。

大乙伐十羌屮五。　　　　（《懷特》1558，歷二）

(8) 乙未［卜，用羌］于［成］。

乙未卜，勿用羌于成。　　　（《合集》423，賓組）

2. 合祭大乙與其他先公先王

(1) 貞：疋［來］羌用自成、大丁、［大］甲、大庚、下乙。

（《合集》231，賓三）

(2) 貞：钔自唐、大甲、大丁、祖乙，百羌、百牢。三 二告

（《合集》300，典賓）

(3) ……自唐……大丁……乙……羌……

（《合集》422，賓三）

(4) □□［卜］，旅，［貞］：……上甲歲……于唐歲五……［用］羌五十，［尤］……　　（《合集》22544，出二）

(5) 貞：屮羌自成。　　　　　（《合集》39503，典賓）

"自成"就是從大乙開始祭祀，其他的先祖省略了，說明占卜者更關心的是誰作為祭祀的首位對象。

卜辭中有时混淆"成"與"咸"，例如：

癸亥卜，宗咸又羌三十，歲十牢。　　（《合集》32052，歷一）

《甲骨文校釋總集》釋為"宗成",《甲骨文合集釋文》釋為"宗咸"。

　　翌乙酉屮伐于五示:上甲,咸,大丁,大甲,祖乙。一二
(《合集》248 正,典賓)

這版卜辭中的"咸",根據前後的關聯信息判斷可能是"成"字,上甲、大乙(成)、大丁、大甲、祖乙形成一個序列。

【大丁】
1. 單獨祭祀大丁

　　丙申貞:酻彳伐大丁羌五,歲五□。二 二
(《屯南》739,歷一)

2. 合祭大丁與其他先祖神

　　貞:疌[來]羌用自成、大丁、[大]甲、大庚、下乙。
(《合集》231,賓三)

【大甲】
1. 單獨祭祀大甲

(1) ……祐大[甲]屮十羌。　　　　(《合集》327,賓三)
(2) ……危……羌叀……大甲……　　(《合集》19006,典賓)
(3) 七羌。
　　大甲九羌。
　　……羊三,麑……屮四犬。　　　(《英藏》23 反,典賓)
(4) 彳伐大甲十羌,卯□牛。　　　　(《蘇德》121,歷組)

2. 合祭大甲與其他先王

（1）丁亥卜，𣪊貞：昔乙酉箙旋印……[大丁]，大甲，祖乙百岜，百羌，卯三百[牢]。　　　　　　　　（《合集》301，典賓）

（2）……貞：昔乙酉，箙旋御□[大丁，大甲，祖]乙百岜，百羌，卯三百牢。

（《合集》302，典賓）

（3）乙巳卜貞：束于大甲亦于丁，羌三十，卯十牢，用。

乙巳卜貞：束[于大]甲亦[于丁]，羌三十，[卯十]牢。

（《合集》295，賓三）

【大庚】
1. 單獨祭祀大庚

貞：其□大庚三羌，王[受又]。吉　（《合集》26968，何二）

2. 合祭大庚與其他先王

貞：疌[來]羌用自成，大丁，[大]甲、大庚，下乙。

（《合集》231，賓三）

【大戊】

戊□[卜]，旅，[貞：王]壴……亡尤。

[戊]辰卜，[旅]貞：王[壴]父戊[彡伐]羌三……無[尤]。

（《合集》22570，出二）

這是一條出組二類卜辭，係祖甲時卜辭。祖甲的父親是武丁，不是父戊，在先公先王中只有一個叫"……戊"的，所以此處的"父戊"可能是指"大戊"。

　　己巳貞：王其𢦏南囧米，叀乙亥。
　　乙未貞：王米……叀獲以于囧。
　　丙申貞：于父丁……射𠭯……羌。
　　丙申貞：射𠭯以羌凡用自上甲。
　　……大戊。　　　　　　　　　　（《合集》32024，歷二）

卜辭中未見用羌人祭祀大戊的，通過此版上的殘辭推測，最後兩條卜辭的意思可能是射𠭯送來的羌人都用來祭祀自上甲至大戊的神靈。此處存疑。

【中丁】

　　乙卯媚子寅入宜羌十。
　　癸酉卜，㱿貞：旬無囚。王二曰：匄。王占曰：艅。㞢祟㞢夢。
　　五日丁丑王𡧍中丁，屰陷在𡨦阜。十月。
　　　　　　　　　　　　　　　　　（《合集》10405 正，典賓）

卜辭中未見用羌人祭祀中丁的辭例，這版卜辭中，乙卯日子寅貢入十個羌人。過了十八天，癸酉日占卜，五日之後的丁丑日，王對中丁舉行𡧍祭。這十個羌人是否用於對中丁的祭祀，存疑。

【祖乙】

1. 單獨祭祀祖乙

　　(1) 癸丑卜，王，彳二羌祖乙。　　（《合集》19761，白肥筆）
　　　　辛丑卜，叶，入示方祖乙若。
　　(2) □□卜，叶，羌□至商正。一月。
　　　　　　　　　　　　　　　　　（《合集》20405，師小字）
　　(3) 乙巳卜，宁貞：三羌用于祖乙。　（《合集》379，典賓）
　　(4) 丁卯卜，爭貞：㞢彳于祖乙宰，羌三人。
　　　　　　　　　　　　　　　　　（《合集》380，典賓）

(5) 甲辰卜，爭貞：翌乙巳屮［于］祖乙二羌，褒……

［貞］：翌乙巳［屮］于祖［乙］……

(《合集》408，典賓)

(6) 貞：用羌于祖乙［正］。

貞：用羌于祖乙正。　　　(《合補》5512 正，典賓)

(7) 貞：弗其窜羌。二月。

丁卯卜貞：屮于祖乙窜，羌三人。二

貞：窜屮一牛。二　　　(《合集》501，典賓)

(8) 貞：屮于祖乙告。

戌屮蔑羌。

貞：桒戌于祖乙。　　　(《合集》6610 正，典賓)

(9) 丁□［卜］，□，［貞］：……乙……祖［乙］……三十羌

……卯……窜。　　　(《合集》314，賓三)

(10) 甲午卜貞：翌乙未屮于［祖乙］羌十人，卯窜一屮一牛。

甲午卜貞：翌乙未屮于祖乙羌十屮五，卯窜屮一牛。五月。

(《合集》324，賓三)

(11) 甲午卜貞：翌乙未屮于祖乙羌十人，卯……牛。

(《懷特》50，賓三)

(12) 癸亥卜，㱿貞：屮彳伐于祖乙□用。(《合集》326，賓三)

(13) 于祖乙用羌。　　　(《屯南》887，歷二)

(14) 己巳貞：王来乙亥又彳伐于祖乙，其十羌又五。

其三十羌。

弜又羌，隹歲于祖乙。

己巳貞：王又彳伐于祖乙，其十羌又五。一

(《屯南》611＋《屯南》3402，歷二 B)

(15) ［乙］未卜，旅貞：祖乙歲其又羌。在六［月］。

(《合集》22573，出一)

(16) □□［卜］，［旅］，［貞：翌］□戌［其又］彳歲于……又羌。

(《合集》22576，出一)

(17) 乙卯卜，行貞：王宾祖乙彳伐羌十又五，卯宰，亡尤。在十二月。　　　　　　　　　　　　　（《合集》22551，出二）

(18) □□卜，旅，[貞]：翌乙名祖乙，其黹彳歲一宰，羌十人。
　　　　　　　　　　　　　　　（《合集》22556，出二）

(19) 其又中宗祖乙，又羌。　　（《合集》26933，何二）

2. 合祭祖乙與其他先王

貞：卯自唐、大甲、大丁、祖乙，百羌、百宰。三 二告
貞：卯，叀牛三百。三　　　　　　（《合集》300，典賓）

另外，还有祭祀"下乙"的。金祥恒認爲"上乙"爲大乙，"下乙"爲祖乙。①

(1) 壬寅卜，殼貞：興方以羌，用自上甲至下乙。
　　　　　　　　　　　　　　　（《合集》270 正，典賓）
(2) 貞：龍方以羌，自上甲，王用至于下乙，若。
　　 苗用自[上甲]至于下乙。
　　 勿苗。　　　　　　　　　（《合集》271 反，典賓）
(3) 貞：勿苗自上甲至下乙。
　　 貞：翌甲辰勿酹羌自上甲。　（《合集》419 正，典賓）
(4) 貞：疋[來]羌用自成，大丁，[大]甲，大庚，下乙。
　　　　　　　　　　　　　　　　（《合集》231，賓三）
(5) ……羌……下乙……　　　　（《合集》426，賓三）

---

① 金祥恒：《甲骨卜辭中殷先王上乙下乙考》，《甲骨文與殷商史》新 1 輯，線裝書局 2009 年版。

【祖辛】

(1) 貞：用羌。／用羌。／卬于祖辛。告
（《合集》457 正，典賓）

(2) □□［卜］，王，［貞：翌辛］禾，其又彳伐于［祖辛］，羌三人，卯□。十一月。　（《合集》22567，出二）

【沃（羌）甲】

……而于祖丁……羌甲一羌……［于］祖甲。
（《合集》412 正，賓三）

需要說明的是，這是一條賓組三類卜辭，是武丁晚期到祖庚時期的卜辭。祖甲是祖庚的弟弟，所以祖甲不可能是祭祀對象，這裏的祖甲應是祈求祖丁、羌甲保佑的對象。郭沫若釋"羌甲"為"沃甲"（《卜辭通纂》140 釋文），于省吾認為"沃"為"羌"之訛。（《殷契駢枝三編》）

【祖丁】

(1) 丁卯卜，王令取勿羌巫旋。才祖丁宗［卜］。
……取……用。　（《屯南》3764，典賓B）

(2) ……羌于祖丁。一月。　（《合集》427，賓三）

(3) ……祖丁舌又羌，王［受又］　（《合集》26932，何一）

(4) □□卜，其舌祖丁又羌，王受又。大吉
（《合集》26930，無名）

(5) 丙子卜，祖丁莫祊，羌五人。吉　（《屯南》1005，無名）

(6) 其用兹……祖丁禦羌［由］其眔。　（《屯南》2538，無名）

(7) □亥卜，羌二方白其用于祖丁，父甲。
（《合集》26925，何二）

【盤庚】

甲子卜，爭貞：业羌。
乙丑卜，亘貞：隹父辛。
乙丑卜，亘貞：隹父庚。　　　　　　　（《合集》444，典賓）

這是一組典賓類卜辭，屬於武丁時期。武丁的父親叫小乙，小乙與小辛、盤庚是兄弟關係，武丁與小辛、盤庚是叔侄關係，此處的父辛、父庚可能指的是小辛、盤庚。又如：

(1) 其业于父庚羌。
　　弜业羌。
　　其业在父庚。　　　　　　　　　　（《懷特》1374，無名）

(2) 貞：𢦏黍。一 二 三
　　勿𢦏黍。一 二 三
　　貞：甲用🐦來羌。一
　　勿蒥用🐦來羌。
　　隹父庚。一 二 二告 三
　　貞：隹父庚。一 二
　　貞：隹[父]乙壱。一 二告 二
　　貞：……用……一 二 二告 二 二告 二

　　　　　　　　　　　　　　　　　　　（《合集》235 正，典賓）

這裏的"父乙"應指武丁的父親叫小乙，"父庚"是指"伯父"盤庚。

【小辛】

(1) 癸丑卜，内貞：五十羌。[一] 二 三 四 五 六
　　貞：示兔酋牛。三 四
　　貞：父辛弗壱。一 二

……無囚。三［四］二 二告 二告
（《合集》309 正甲，賓三）

(2) □未卜，王，□壱于□，勿夕□。
……于父辛三羌。十一月。（《合集》382，賓三）

這是兩組賓三類卜辭，屬於武丁時期。武丁的父親叫小乙，小乙與小辛是兄弟關係，小辛與武丁是叔侄關係，此處的父辛應該指的是小辛。

庚午卜，殼貞：正。一 二
三羌。一 二告
五羌。一
八犬八羊。二
貞：父辛弗壱王。一 二
父辛其壱王。一 二
父乙弗壱王。［一］二
父乙壱王。一 二　　　　　　（《合集》371 正，賓三）

這是一組賓三類卜辭，屬於武丁時期。卜問父辛、父乙誰害王，此處的父辛、父乙應該指的是小辛、小乙。

【小乙】

(1) 乙酉卜，爭貞：……小乙于𠂤……羌三人。
（《合集》383，賓三）
(2) 甲申貞：又彳伐于小乙羌五，卯牢。（《屯南》595，歷二）
(3) □申卜，羌……及父乙。（《合集》19760，師小字）
(4) 登父乙十羌。／勿登。（《合集》914 反，賓一）
(5) 甲申卜，御雀父乙一羌，一宰。二 三（《合集》413，賓三）
(6) ……业羌父乙。卯小宰。（《合集》437，賓三）

"師小字""賓一""賓三"基本上屬於武丁時期的卜辭，"父乙"應指武丁的父親小乙。

卜辭中還有祭祀"毓祖乙"的例子，如：

(1) 甲寅卜，囗貞：翌乙卯其舌于毓祖乙，其又羌三人。
    五人。　　　　　　　　　　　（《合集》40915，出一）
(2) ……于毓祖乙……其又羌。　（《合集》40916，出一）
(3) 囗囗〔卜〕，囗，〔貞〕：……彳歲毓祖乙，又羌。
    　　　　　　　　　　　　　　（《合集》22574，出二）
(4) 貞：毋……
    乙卯卜，即貞：其又于父丁囗。
    丁巳卜，即貞：王宜妣歲，亡尤。
    ……乙卯……〔毓〕祖乙……羌。
    　　　　　　　　（《合集》22583 +《合集》23605①，出二）
(5) 甲午〔卜〕，其又伐于〔毓〕祖乙十……
    甲午卜，毓祖乙伐十羌又五。茲用　一
    五十羌。　　　　　　　　　　（《合集》41456，歷二）

郭沫若在《卜辭通纂》中認為後祖乙應為小乙②，董作賓在《甲骨文斷代研究例》一文中也認為是小乙③。裘錫圭認為這裏的"毓"應該讀為"戚"，並分析殷人稱二世或三世以內的親屬為"毓"（戚）。④ 這幾條卜辭都是祖庚時期的卜辭，由祖庚上推三世稱"乙"的只有"小乙"，按輩分，"小乙"是祖庚的祖父，因此，"毓祖乙"可能是指小乙。

---

① 黃天樹主編：《甲骨拼合集》，學苑出版社2010年版，第176、434頁。
② 郭沫若：《卜辭通纂》，東京文求堂石印本1933年版，第40—44頁。
③ 董作賓：《甲骨文斷代研究例》，《集刊外編——慶祝蔡元培先生六十五歲論文集》（上冊），國立中央研究院1933年版，第376頁。
④ 裘錫圭：《論殷墟卜辭"多毓"之"毓"》，中國社會科學院考古研究所編《中國商文化國際學術討論會論文集》，《考古學專刊》（甲種）第二十四種，中國大百科全書出版社1998年版。

【武丁】

1. 單獨祭祀武丁

　　　貞：翌丁未子吕其㞢于丁三羌。□宰……　（《合集》381，賓三）

這是一條賓三類卜辭。此處的"丁"可能指"武丁"，子吕可能是武丁的諸子之一。

　　　……［羌］又二十。
　　　于父丁卯十。
　　　己巳貞：受禾。　　　　　　　　　　　　（《合集》33250，歷二）

這是一組历組二類卜辭。黃天樹認為歷二類主要是祖庚之物[①]，此處的"父丁"應指"武丁"。

祭祀"丁""父丁"的例子還有：

(1)　□□貞：達来羌，其用于父丁。　（《屯南》725，歷二）
　　　戊午貞：其……羌……牛。二
　　　己未貞：畢其御……用牡一，父丁羌百㞢……
　　　　　　　　　　　　　　　　　　　（《屯南》1111，歷二）
(2)　乙□……奚……羌……父丁用。
　　　其𦎫酉彡。　　　　　　　　　　　　　　（《蘇德》352，歷二）
(3)　戊子卜，㱿貞：叀今夕用三百羌于丁，用。［十二月］。
　　　　　　　　　　　　　　　　　　　　　（《合集》293，賓三）
(4)　□丑卜，㱿貞：□三百羌于丁。　（《合集》294，賓三）
(5)　戊子卜，至巳御子庚羌宰。一 二 三
　　　至□御父丁。一 二 三
　　　戊子卜，至巳御子庚羌，宰。一 二 三 四

---

① 黃天樹：《殷墟王卜辭的分類與斷代》，科學出版社2007年版，第195頁。

第四章　羌人祭牲　89

戊子卜，至巳御父丁白豕。一 二 三

（《合集》22046，午組）

(6) 丙［戌］卜，［□貞：翌］丁亥其……丁，㞢三十羌……

（《合集》315，賓三）

(7) □□卜貞：御……于丁三牢……羌十。

（《合集》328，賓三）

(8) ……丁十羌……［十］牛。　（《合集》329，賓三）

(9) □□［卜］，……亥……丁牢……羌十。

（《合集》330，賓三）

(10) ……丁，⛿一牛，十牢㞢九，羌五。九月。

（《合集》366，賓三）

(11) 貞：求年于岳，尞三小［牢］，卯三牛。

　　貞：一羌卯一牢。

　　貞：翌丁未㞢于丁三羌，卯三牢。

　　貞：翌［丁］未酹［畢］㞢報［于丁］。

（《合集》385，賓三）

(12) ……畢……［于］丁羌……□用。（《合集》434，賓三）

(13) 丁亥卜貞：用雋以羌十［于］丁。（《合集》257，典賓）

(14) 甲□［卜］，宁，［貞］：卯［于］丁□羌。

（《合集》30，賓三）

(15) ……其帶酋于丁，㞢百羌，卯十……

　　……㞢報于丁，于南室酹……　（《合集》22543，出一）

(16) 丙午卜，出貞：翌丁未其㞢于丁，勿㞢羌。

（《合集》22580，出一）

(17) 丙戌卜，□貞：翌□□召于丁□□羌三□。

（《合集》22568，出二）

(18) 戊午貞：其……羌……牛。二

　　……父丁歲五牢，羌十［人］亡尤。在□［月］。

（《合集》22555，出二）

(19) 丙寅貞：丁卯酹，畢䞣又伐于父丁，卯三牢、羌十。

于父丁其尊鬲。　　　　　　　　　　　（《合補》10417，歷二）

2. 合祭武丁與其他先王

(1) □□，[貞]：射雨以羌其用上甲汛至于父丁，叀甲辰用。一
　　甲辰貞：射雨以羌其用自上甲汛至于父丁，叀乙巳用。伐四
　　十。　　　　　　　　　　　　　　　（《屯南》636，歷二）
(2) 乙巳卜貞：束于大甲亦于丁，羌三十，卯十宰，用。
　　乙巳卜貞：束[于大]甲亦[于丁]，羌三十，[卯十]宰。
　　　　　　　　　　　　　　　　　　　（《合集》295，賓三）
(3) ……貞：翌甲寅……□厎□以羌，自上甲至于丁。
　　　　　　　　　　　　　　　　　　　（《懷特》24 正，賓三）

【祖己】

戊□[卜]，□貞：翌[己]□……
貞：毋舌。在十月。
□□卜，□，[貞]：……兄己……羌。
　　　　　　　　　　　　　　　　　　（《合集》23474，出二）

這是一組出組二類卜辭，該類主要是祖甲卜辭。祖己與祖甲是兄弟關係。此處的"兄己"應指祖己。

【祖庚】

丁未[卜]，□貞：叀……出于……用羌。
□□卜貞：其……兄庚……羊……　　（《合集》22581，出二）

這是一組出組二類卜辭，該類主要是祖甲卜辭。祖庚與祖甲是兄弟關係。此處的"兄庚"應指祖庚。

其㞢于父庚羌。
弜㞢羌。

其又在父庚。　　　　　　　　（《懷特》1374，歷無名間）

這是一組歷無名間類卜辭，該類主要是廩辛、康丁時期的卜辭。祖庚是廩辛、康丁的伯父，此處的"父庚"應指祖庚。

【祖甲】

(1) 癸丑□，□舌祖甲升，叀□□牢又一牛用。

其敗三牢。

其五牢。

羌十人。

十人又五。

二十人。大吉 茲用

三十［人］。　　　　　　　　（《屯南》2343，無名）

(2) □□卜，叀日祖甲祰［羌］……（《合集》27338，何一）

無名類與何組一類主要是廩辛、康丁時期的卜辭，祖甲是廩辛、康丁的父親。

【文武帝】

乙丑卜貞：王其又彳于文武帝升，其以羌，其五人正，王受又又。
　　　　　　　　　　　　　　　（《合集》35356，黃類）

除了出現祖先神確切名字的祭祀外，有時直接用"數詞＋示"的形式進行合祭。例如：

【三示】

……三示三羌……　　　　　　（《合集》32100，歷一）

【五示】

(1) 乙亥［卜］，才大……又彳……三羌……

　　　　　□亥卜……伐五示……二牢……［羌，雨］。

　　　　　　　　　　　　　　　　　　（《屯南》3947，典賓）

　　（2）乙酉卜，帝伐自上甲。用　　三
　　　　　丁酉卜，五示十羌又五。不　　三

　　　　　　　　　　　　　　　　　　（《合集》32063，歷一）

"自上甲"開始合祭的先祖神一般是直系先祖。例如：

　　　丁亥貞：汎至兄……
　　　己丑貞：又彳伐自上甲大示五羌，三牢。
　　　其三羌、二牢。
　　　其二羌、一牢。　　　　　　　　（《合集》32090，歷二）

又如：

　　　翌乙酉出伐于五示：上甲，成，大丁，大甲，祖乙。

　　　　　　　　　　　　　　　　　　（《合集》248 正，典賓）

這五位祭祀對象皆為直系先王。如果要祭祀"旁系先王"，則會用"小示"表示，如：

　　（1）□申貞：屮于……出羌，寮牢。……羌，寅牢。一
　　　　　庚申貞：出毛自上甲汎，六示□，小示羊。

　　　　　　　　　　　　　　　　　　（《屯南》3594，典賓）

　　（2）癸丑卜貞：小示出羌。
　　　　　貞：勿出羌。二月。　　　　（《合集》557，賓三）

　　（3）……［伐］自上甲大［示］……五十羌，小示廿……

　　　　　　　　　　　　　　　　　　（《屯南》1113，歷二）

【六示】

　　　庚寅貞：彭彳伐自上甲六示三羌、三牛，六示二羌、二牛，小示

一羌、一牛。

(《合集》32099，歷二)

這裏的"六示""六示"與"小示"並列一起，"小示"表示旁系先祖，前面兩個"六示"應指直系先祖，兩個"六示"祭牲數量不一樣，說明是兩類，推測第一個"六示"可能是指"上甲、報乙、報丙、報丁、示壬、示癸"六位直系先公，第一個"六示"可能是指"大乙"等六位直系先王。

【九示】

勿［伐］。
貞：乎伐羌。
貞：䄏于九示。
［貞］：䄏［于］九［示］。 (《合集》14876，典賓)

這裏的"九示"也應指九位直系先祖，若為旁系則會用"小示"等詞標記出來。

【十示又……】

甲午貞：畢［來］……其用自上甲十示［又］……，羌十又八，乙未……

(《屯南》3562，無名)

這條卜辭是殘辭，根據前後意思可判斷其大意是用十八個羌牲祭祀十八位先祖神，從上甲到祖甲，恰好有十八位直系先祖，分別是：上甲、報乙、報丙、報丁、示壬、示癸、大乙、大丁、大甲、大庚、大戊、中丁、祖乙、祖辛、祖丁、小乙、武丁、祖甲。

下面將用羌牲祭祀先祖的情況整理如下（見表4.1）。

表 4.1 用羌牲祭祀的先祖神

序號	類型	先公先王 旁系（兄）	先公先王 直系	先公先王 旁系（弟）	是否單獨祭祀	用羌牲祭祀情況 與其他神合祭情況 有確切名字的合祭	數+示
1	先公遠祖		夒				
2	先公遠祖		岳		√		
3	先公遠祖		河		√		
4	先公遠祖		契（兕）				
5	先公遠祖		昭明（囧）				
6	先公遠祖		相土（土）		√	卜辭中沒有發現用羌牲合祭遠祖先公的例子	
7	先公遠祖		昌若（若）				
8	先公遠祖		曹圉				
9	先公遠祖		冥				
10	先公遠祖			季			
11	先公遠祖		王亥（振、該）		√		
12	先公遠祖			王恒			
13	先公遠祖			王吳			
14	先公遠祖	昏					
15	先公近祖		微（上甲）		√	(1) 自上甲至下乙 (2) 上甲至父丁 (3) 上甲至唐	(1) 三示； (2) 自上甲五示； (3) 自上甲六示……，六示……，小示……； (4) 九示； (5) 自上甲十示又……
16	先公近祖		報乙				
17	先公近祖		報丙				
18	先公近祖		報丁				
19	先公近祖			報戊			
20	先公近祖			報己			
21	先公近祖			示庚			
22	先公近祖			示辛			
23	先公近祖		示壬				
24	先公近祖		示癸				
25	商前期諸王		大乙（汤、唐、成）		√	(1) 唐、大甲、大丁、祖乙；(2) 成、大丁、大甲、大庚、下乙；(3) 上甲、唐。	

續表

序號	類型	先公先王 旁系（兄）	先公先王 直系	先公先王 旁系（弟）	用羌牲祭祀情況 是否單獨祭祀	用羌牲祭祀情況 與其他神合祭情況 有確切名字的合祭	用羌牲祭祀情況 與其他神合祭情況 數+示
26			大丁		√	（1）唐、大甲、大丁、祖乙；（2）成、大丁、大甲、大庚、下乙；（3）大丁、大甲、祖乙	
27				外丙			
28				中壬			
29			大甲		√	（1）唐、大甲、大丁、祖乙；（2）成、大丁、大甲、大庚、下乙；（3）大丁、大甲、祖乙；（4）大甲、丁	
30		沃丁					
31			大庚		√	成、大丁、大甲、大庚、下乙	
32		小甲					
33			大戊		√？	自上甲、大戊？	
34				雍己			
35			中丁		√？		
36				外壬			
37				河亶甲			
38	商中期諸王		祖乙（下乙）		√	（1）大丁、大甲、祖乙；（2）唐、大甲、大丁、祖乙；（3）成、大丁、大甲、大庚、下乙；（4）自上甲至下乙；（5）祖乙、祖甲	
39			祖辛		√		

續表

序號	類型	先公先王 旁系（兄）	先公先王 直系	先公先王 旁系（弟）	用羌牲祭祀情況 是否單獨祭祀	用羌牲祭祀情況 與其他神合祭情況 有確切名字的合祭	用羌牲祭祀情況 與其他神合祭情況 數+示
40				沃甲	√	祖丁、羌甲	
41			祖丁		√	祖丁、羌甲	
42				南庚			
43		阳甲					
44	商後期諸王	盤庚			√		
45		小辛			√		
46			小乙		√		
47			武丁		√	（1）自上甲至于父丁；（2）大甲、丁	
48		祖己			√		
49		祖庚			√		
50			祖甲		√	祖丁、父甲	
51		廪辛					
52			康丁				
53			武乙				
54			文武丁		√		
55			帝乙				
56			帝辛				

注：表中的"？"號表示不確定或存疑。

從這張表裏可以發現以下幾個特點：

（1）用羌牲祭祀的遠祖先公只有岳、河、王亥，且一般只單獨祭祀，不合祭；

（2）用羌牲單獨祭祀的先公近祖，只有上甲微，其餘幾位只在合祭時祭祀，一般不單獨祭祀；

（3）用羌牲單獨祭祀的先王，除沃甲、盤庚、小辛、祖己、祖庚為旁系外，其餘皆為直系；

（4）有確切名字的合祭，除羌甲為旁系外，其餘皆為直系；

（5）"數+示"型的合祭，標有"小示"的為旁系先祖，其餘應為直系先祖；

（6）卜辭中沒有發現用羌牲祭祀廩辛、康丁、武乙、帝乙的卜辭，只發現一條祭祀文武帝的。前三期，都出現過用羌牲祭祀自己父親的卜辭，而四五期卻很少見，說明商末用羌人祭祀父親的習俗已經改變。另外，黃類卜辭中用羌人祭祀的例子很少見，說明商末用羌人祭祀的風氣已經改變，商末時的祭祀方式主要是進行周祭，但一般不殺羌人。

三 用羌牲祭祀先妣、后、母等女性祖先神

（一）妣類

【高妣己】

(1) 戊辰卜，爭貞：伐羌自妣庚。

貞：伐羌自高妣己。

貞：伐。　　　　　　　　　（《合集》438 正，典賓）

(2) 王固曰：其自高妣己。

勿伐羌。

羌七。　　　　　　　　　　（《合集》438 反，典賓）

正面是一組選貞卜辭，卜問自妣庚、還是自高妣己開始祭祀；背面是占辭，王占自高妣己開始。正面卜問伐羌嗎？背面卜問不伐羌嗎？從"羌七"可知最後伐了七個羌人。

【妣己】

(1) 貞：翌丁亥酚于妣己羌。　　（《合集》441，典賓）

(2) 丁丑卜貞：子雖其御王于丁妻二妣己，㚔羊三，用羌十。

（《合集》331，賓三）

【妣庚】

貞：坐羌于妣庚。

貞：母庚受。

貞：㞢疾言，佳㞢。

貞：不佳㞢。　　　　　　　　　（《合集》440 正，典賓）

【妣癸】

辛丑卜，殼貞：帚好㞢子。二月。

辛丑卜，亙貞。王占曰：好其㞢子。卬。

壬寅卜，ㄅ貞：若茲不雨，帝佳茲邑有龍，不若。二月。

甲辰卜，亙貞：今三月光乎來。王占曰：其乎來。气至佳乙旬㞢二日乙卯允㞢來自光以羌芻五十。小告。

乙卯卜，ㄅ貞：乎帚好㞢及于妣癸。　　（《合集》94 正，典賓）

這一組卜辭的大意是：二月辛丑日卜問婦好是否有子。三月甲辰日卜問光是否會命令人來，过了十二天，乙卯日果然有來自光的人，送來了羌芻五十個。然後，商王就命令婦好向妣癸进行侑祭和及祭。從前後事理聯繫來看，送來的五十個羌芻可能就是用於婦好向妣癸的祭祀。

【妣某】

（1）貞：羌……求……

　　　㞢于妣□。　　　　　　　（《合集》18993 反，典賓）

（2）貞：其……㞢妣□……三人。

　　　貞：五羌，卯三宰。　　　（《合集》22565，出二）

【多妣】

丙戌卜，殼貞：三羌多妣。一　　（《合集》11498，典賓）

(二) 母類

【母】

壬辰卜，[出] 貞：翌癸巳㞢于母三宰、羌五。

(《合集》365，賓三)

【母庚】

己亥卜貞：叀羌用䇂。一

己亥卜貞：今日夕䓞母庚。　　　(《合集》460，賓三)

【母辛】

乙巳㞢于母辛宰㞢一牛。十月。

[乙] 卯㞢于母辛三宰簋一牛。羌十……

……[龏] 弜先酌翌……歲。十月。 (《合集》40912，出一)

【辛母】

丁亥卜貞：既雨。

貞：毋其既 [雨]。

㞢于辛母，妣己，羌。

勿㞢于妣己。　　　　　　　　(《合集》1784，賓一)

【母癸】

癸丑卜貞：母癸□其又 [羌]。

[癸] 丑卜，[貞]：母癸 [王] 其宜。(《合集》40918，出一)

【中母】

辛丑卜，中母钔小宰。
癸丑卜，畐甼中母羌屮友。　　　　　（《合集》22258，婦女類）

（三）后類
【后】

貞：翌辛□屮于后（司？）辛箙屮……羌十……
　　　　　　　　　　　　　　　　　（《合集》332，賓三）

【毓（后）】

……毓十羌卯三宰。
貞：勿令䖟。八月。　　　　　　　　　（《合集》346，賓三）

（四）奭類
【奭】

壬辰卜，㱿貞：帚良［其］屮子。
貞：帚良［不］其子。
□□［卜］，□貞：屮……奭羌……［多］……
　　　　　　　　　　　　　　　　　（《合集》13936正，典賓）

【黄奭】

□寅卜，爭貞：屮于黄奭二羌。
□□［卜］，爭貞：雪以牧芻十。　　　（《合集》409，典賓）

"奭"是配偶的意思，黄奭可能是黄尹的配偶，但韓江蘇認爲黄奭可能是黃尹的另一稱呼。①

四 用羌牲祭祀先臣

【黃尹】

(1) □寅卜……黃尹……不其羌。　　（《天理》155，賓一）
(2) 貞：……屮子勿屮羌［于］黃尹。
　　　貞：……勿屮羌于黃尹。（《合集》13647 反，典賓）
(3) ……一羌于黃尹。　　（《合集》411，典賓）
(4) 貞：令王隹黃。
　　貞：勿令王。
　　貞：屮于黃尹二羌。
　　貞：來丁酉屮于黃尹。
　　嵌僕。　　　　　　　　　　（《合集》563，典賓）

【伊尹】

(1) 丁丑卜，屮于伊［尹］。
　　辛卯卜，屮于伊尹一羌、一牢。一
　　　　　　　　　　　　　（《屯南》3612，典賓）
(2) 壬寅卜，我示𢆶，乙巳。一
　　甲申貞：其又彳歲于伊。一
　　其三羌，卯牢。
　　癸巳貞：其又彳伐于伊，其即。一
　　癸巳貞：又彳伐于伊，其又大乙彡。二
　　癸巳……二
　　其伐……𢀛方

---

① 韓江蘇、江林昌：《〈殷本紀〉訂補與商史人物徵》，中國社會科學出版社 2010 年版，第 251 頁。

□□貞：……令……二
己……卯……其……二
（《合補》10418 =《合集》32103 +《合集》32228，歷二）

這組卜辭，甲申日對"伊"進行"又（侑）"祭、"彳"祭、"歲"祭，癸巳日對"伊"進行"又（侑）"祭、"彳"祭、"伐"祭，在祭祀"伊"時，一同還祭祀"大乙"，可見"伊"的地位很高。祭祀"伊"時還用了三個羌人，并卯殺了牢，也說明"伊"的地位很高。從"其𫝉……汓方"，可以推測敬重"伊"的原因，是因為"伊"曾是重臣，祭祀者可能認為祭祀"伊"能影響到戰爭的勝負。

丁酉，[貞]：……王……于伊……
其一羌、一牛。
其三羌、三牛。　　　　　　　　　　（《合集》32107，歷二）

這組卜辭雖是殘辭，也可大致看出其反映的"王"對"伊"祭祀的重視，也說明"伊"的地位比較高。

第二節　用羌人祭祀的事由

一　為王、諸婦、諸子祭祀

（一）為王祭祀

弜又。
其又羌王受又。
十人五。　　　　　　　　　　　（《合集》41304，無名類）

（二）為諸婦祭祀

貞：用四十。

勿用。

　　[王]占曰：佳娩。

　　□一羌。　　　　　　　　　　　　　（《合集》416反，賓三）

　　雖然沒有出現諸婦的名字，但是通過同版卜辭之間的關聯信息，可知是為諸婦生育之事祭祀。

（三）為諸子祭祀

　　戊子卜，至巳御子庚羌牢。一 二 三
　　戊子卜，至巳御子庚羌，牢。一 二 三 四
　　　　　　　　　　　　　　　　　（《合集》22046，午組）

　　"御"在此是為動用法。喻遂生師認為："所謂為動用法，是指動詞具有'為賓語而動'的意思，賓語不是動作的受事，而是動作為之而發的對象或原因。如'文嬴請三帥'（《左傳·僖公三十三年》）即為三帥請求，'惟茲臣庶，女其於予治'（《孟子·萬章上》），'於予治'即為我治理。甲骨文動詞、介詞也有為動用法，如'禦王'（15149）、'禦于王'（10936反），王是生者，不可能是祭祀的對象，因此兩句都是為王而舉行禦祭。由此可推知，甲骨文'禦婦好'（2621）、'賓婦好'（2638）中的'婦好'，不一定是祭祀的對象即死者。但以前研究者認識不足，因此造成卜辭釋讀和商史研究的一些偏差。"① "御子庚羌牢"就是用羌牢為子庚進行御祭。

二　為大臣將領或國族祭祀

例1：為雀祭祀

　　甲申卜，御雀父乙一羌，一宰。　　　（《合集》413，賓三）

---

① 喻遂生：《語法研究與卜辭訓釋》，《綿陽師範學院學報》2007年第4期。

例2：為畢祭祀

(1) 貞：翌丁未㞢于丁三羌，卯三牢。
貞：翌［丁］未酚［畢］㞢報［于丁］。(《合集》385，賓三)
(2) 丙午卜，翌甲寅酚畢，御于大甲羌百羌，卯十牢。
(《合集》32042，歷草)
(3) ……酚畢，卯……百，卯十牢。(《合集》32043，歷草)

三　為生育、病夢祭祀
(一) 為生育而祭祀

辛未卜，殼貞：帚妦娩，嘉。王占曰：其隹庚娩，嘉。三月，庚戌娩，嘉。
辛［未］卜，殼貞：［帚］妦娩，［不］其嘉。
隹母庚壱子安。
隹萑壱子安。
貞：……㞢……隹囚。
貞：……㞢……
［癸］卯［卜］，㱿貞：令夕用羌。
貞：勿隹今日用羌。
貞：于翌甲辰用羌。允用。
勿于翌甲辰用羌。三月。　　(《合集》454 正，典賓)

(二) 為疾病而祭祀

(1) 甲午卜，㱿貞：畢□至□祾。
貞：無祾疾。九月。
不其……羌。十月。　　(《合集》39512，典賓)
(2) 壬辰卜，其禦疾于四方，三羌㞢九犬。三
(《屯南》1059，歷二)

四　為四方之安寧祭祀

乙未卜，其叀方羌一、牛一。　　　　（《合集》32022，歷二）

五　為風、雨、旱等自然現象祭祀

⎰乙未［卜，用羌］于［成］。
⎱乙未卜，勿用羌于成。
⎰［翌乙未其雨］。
⎱翌乙未不雨。一 二 三 四
⎰（［翌丁］酉其雨。三
⎱不雨。三
⎰［翌戊］戌雨。
⎱翌戊戌不雨。一 二 二告 三
⎰翌己亥其雨。［一 二］三 四
⎱不雨。一 二 三 四
⎰翌庚子其雨。一 二 三
⎱［翌庚］子不雨。一 二 三
⎰翌辛丑其雨。一 二 三
⎱翌辛丑不雨。一 二 三
⎰翌壬寅。一 二 三
⎱翌壬寅不雨。一 二 三
⎰癸卯其［雨］。
⎱翌癸卯不雨。

（《合集》423，賓組 類）

這是一版與祈雨有關的卜辭，乙未日用羌人向成祭告，然後用正反對貞的形式依次卜問乙未、丁酉、戊戌、己亥、庚子、辛丑、壬寅、癸卯八日是否會下雨。

"成"即成湯，之所以向成湯祭告，可能是因為成湯曾以己身為犧牲祈雨，當時的人可能認為向成湯祭告比較靈驗。

《呂氏春秋·順民》記載了成湯祈雨的詳情，"昔者，湯克夏而正天下，天大旱，五年不收。湯乃以身禱於桑林曰：'余一人有罪，無及萬夫，萬夫有罪，在余一人。無以一人之見不敏，使上帝鬼神傷民之命，'於是剪其髮，䥛其手，以身為犧牲，用祈福於上帝。民乃甚悅。雨乃大至。"《尚書大傳》曰："湯乃大旱七年，禱於桑林之社。"《太平御覽》卷八三引《尸子》曰："湯之救旱，素車白馬，布衣，身嬰白茅，以身為牲。當此時也，弦歌鼓舞者禁之。"《今本竹書紀年》："二十年，大旱。夏桀卒於亭山。禁弦歌舞。二十四年，大旱。王禱於桑林，雨。"這些記載說明成湯以己身為牲，禱於桑林以祈雨。有關成湯禱雨之事，《荀子》《尸子》《淮南子》《說苑》等書，所述各不相同，皇甫謐《帝王世紀》："（湯）使人持三足鼎祝於三川，曰：'慾不節耶？使民疾耶？苞苴行耶？讒夫昌耶？宮室營耶？女謁行耶？何不雨之極耶！'殷史卜曰：'當以人禱。'湯曰：'吾所為請雨者，民也。若必以人禱，無請自當。'遂齋戒剪髮斷爪，以己為牲，禱於山林之社，曰：……言未已而大雨至，方數千里。"

有關成湯禱雨之事，"歷來史家，有謂其不可信者，宋張南軒，明李九我，清崔述等是也。皆謂湯禱於森林，容或有之，然以身為牲，必無其事。近鄭振鐸持相反之論，撰《湯禱篇》一文，可參考。"① 韓江蘇認為："甲骨文中，求雨往往與'燎'人聯繫在一起，說明商代有以人為牲而祈雨的祭祀儀式，成湯以身為牲當為歷史事實。"②

用羌牲祭祀風、雨、旱等自然現象的卜辭，還有如：

(1) □丑卜，㱿貞：今來羌勿用于［龍］。［若］。
戊寅卜，爭貞：雨其蔑。　　　（《合集》250，典賓）

---

① 周鴻祥：《商殷帝王本紀》，香港 1958 年自印，第 71 頁注。
② 韓江蘇、江林昌：《〈殷本紀〉訂補與商史人物徵》，中國社會科學出版社 2010 年版，第 115 頁。

(2) 自今至庚寅帝不其令雨。/貞：……羌……

（《合集》14151，典賓）

癸卯卜，古貞：無羌曰。/雨。　（《合集》18992，典賓）

六　為意想不到的災禍而祭祀

庚寅［卜］，㱿貞：今日無來艱。一月。

□□［卜］，㱿，［貞］：……雨，其……我人……又羌。

（《合集》22577，出二）

第三節　用羌人祭祀的方式

一　用羌人祭祀的方式種類

【用羌】

(1) 用羌。　　　　　　　　（《合集》19762，白肥筆）

(2) 庚申［卜］……用羌……父……叶日……

（《合集》19764，師小字）

(3) 乙巳卜，宁貞：三羌用于祖乙。　（《合集》379，典賓）

(4) 貞：用羌。/用羌。/

ㄔ于祖辛。　　　　　（《合集》457 正，典賓）

(5) 貞：翌辛亥勿用羌。　　　（《合集》461，典賓）

(6) 翌乙巳用羌。　　　　　（《合集》458 正，典賓）

(7) 自上甲用羌。/……用。　（《合集》39502，典賓）

(8) □□卜，爭，［貞］：……以羌用。（《合集》290，賓三）

(9) □未［卜］貞：舞……羌用。二月。

三百羌用于丁。　　　　　（《合集》295，賓三）

(10) 戊子卜，于來戊用羌。

叀今戊用。

庚寅卜，于妣乙用。二　　　　　　（《合集》22045，午組）

(11) 丁未［卜］，□貞：叀……出于……用羌。

（《合集》22581，出二）

(12) 卯伐。／于祖乙用羌。　　　　（《屯南》887，歷二）

(13) ……貞：其舌小……用，乙巳五……

……用羌三……　　　　　　　（《懷特》1553，歷組）

　　吳其昌認為："'用'之夙義，本為刑牲以祭之專名。"① 饒宗頤："按'用'，卜辭以為用牲……亦有指用人用玉者……用亦訓行。"② 屈萬里："用，謂用之為牲以祭。"③ 李琰認為："'用'乃殺牲之通稱，畜與人無別，亦可同時並用。"④ 王平、顧彬《甲骨文與殷商人祭》認為："在人祭卜辭中作為殺人牲法之通稱的'用'字是指殺人以祭。"⑤

　　在傳世文獻中也有這種用法。《周書·召誥》："用牲於郊，牛二。"《左傳·昭公十年》："秋七月，平子伐莒，取郠。獻俘，始用人於亳社。"《左傳·昭公十一年》"楚師滅蔡，執蔡世子有以歸，用之"⑥，即用作犧牲。《史記·蔡世家》："隱太子友者，靈侯之太子，平侯立而殺隱太子。"《左傳·昭公十一年》："楚子滅蔡，用隱太子於岡山。"楊伯峻注："用，殺之以祭。"⑦

　　關於"用"，需要注意的幾個問題是：

1. "用"前有時加"勿蕾"

戊戌卜，方貞：乎取□卜秦。二

―――――――――
① 吳其昌：《殷虛書契解詁》，臺北藝文印書館影印本1959年版，第50—52頁。
② 饒宗頤：《殷代貞卜人物通考》（上、下冊），香港大學出版社1959年版，第158—159頁。
③ 屈萬里：《殷虛文字甲編考釋》，《中國考古報告集之二》，"中研院"歷史語言研究所影印本1961年版，第67、183頁。
④ 李琰：《殷墟矺頭坑髑髏與人頭骨刻辭》，《中國語文研究》第8期，第33—34頁。
⑤ 王平、［德］顧彬：《甲骨文與殷商人祭》，大象出版社2007年版，第79頁。
⑥ 楊伯峻：《春秋左傳注》，中華書局1990年版，第1322頁。
⑦ 同上書，第1327頁。

癸亥卜，㱿貞：勿䤒用百羌□。一　　　　（《合集》299，典賓）

孫詒讓《契文舉例》釋❀謂："此當為䀠字，《說文·䀠部》：'䀠，目不正也，从丫目，讀若末。'此丫即ㄚ，下❀者目之異文。"①

張政烺認為："孫說質樸可信，即以上舉䀠日一詞言之，䀠蓋讀為昧，昧日即昧，是日光不明之義……卜辭的䀠日和《周禮》的䀠當是一回事……䀠和蔑讀音相同，義亦相近，卜辭中的䀠字可讀為蔑。蔑是細小，是輕易即蔑視，都不是好字眼，故卜辭所見絕大多數是勿䀠二字連結成一個詞，有時則不䀠二字連結成一個詞，'勿'是不要，'不'是不曾，用否定詞'勿'或'不'擺在䀠前，否定的否定而產生積極的意思。……䀠有目不明，視不審諦之義，勿䀠是不要模糊，不要忽視，作為一個詞就有認真、注意之意。蔑有輕易、怠慢之義，勿䀠就會有重視、尊敬、嚴肅對待之意。蔑有細心、拭滅之義，勿䀠就會有不要減少，不要取消，保證質量之意。"②

張玉金認為"勿䀠"是"不應該"的意思③。"勿䤒用羌"就是貞問是否該用羌。

甲午卜，[爭]貞：翌乙[未]勿䤒用羌。一 二
貞：翌乙未用羌。一 二 三　　　　（《合集》456 正，典賓）

這組卜辭，正反對貞，一正一反，說明"勿䤒"表否定。

2. 有的"用"，是用辭，不一定表刑殺。

有些卜辭中的"用"，其作用相當於驗辭，"允用"就是"果然用"。黃天樹等學者稱其為"用辭"。例如：

[癸]卯[卜]，㱿貞：今夕用羌。
貞：勿佳今日用羌。

---

① 孫詒讓：《契文舉例》卷下，吉石盦叢書本一冊，1917 年，第九頁下。
② 張政烺：《殷契䀠字說》，《古文字研究》第 10 輯，中華書局 1983 年版，第 16—17 頁。
③ 張玉金：《甲骨文虛詞詞典》，中華書局 1994 年版，第 225 頁。

貞：于翌甲辰用羌。允用。
勿于翌甲辰用羌。三月。　　　　　　（《合集》454 正，典賓）

"允用"有時省略，只作"用"。例如：

(1) 甲午卜，爭貞：翌乙未用羌。用，之日陰。
　　　　　　　　　　　　　　　　（《合集》456 正，典賓）
(2) 乙巳卜貞：束于大甲亦于丁，羌三十，卯十宰，用。
　　　　　　　　　　　　　　　　（《合集》295，賓三）
(3) 戊戌卜，业歲父戊牛一，于官用不？
　　　　　　　　　　　　　　　　（《合集》22045，午組）

《合集》22045 中"用不"連用，貞問究竟是"用"，還是"不用"？

羌方囟其用王受又又。
弜用。
其用羌方囟于宗，王受又又。
弜用。　　　　　　　　　　　　　（《合集》28093，無名）

"用"與"弜用"，一個表肯定，一個表否定。這裏的"用"不一定表刑殺。

【伐羌】

甲骨卜辭中的"伐"寫作 ✲（合 248 正）、✲（合 22155）、✲（合 22178）、✲（合 920）等形。另外：

庚寅卜貞：叀丁酉酉✲。　　　　　（《合集》32268，師歷間）

"✲"可能是"伐羌"二字的合文。

《說文》："伐，擊也。从人持戈。"甲骨卜辭中的"伐"像以戈、鉞、斤殺人或砍伐人頭之形。

第四章　羌人祭牲

卜辭中的"伐"既可以表示砍伐人牲的祭法，也可以表示征伐活動。"伐羌"有的表示砍伐羌人的頭顱進行祭祀，有的表示征伐羌人的軍事行動。

(1) ……伐羌……［十］宰……　　　（《合集》470，賓三）

(2) □［亥］卜，行，［貞］：王賓父丁彡伐羌十又八。
　　　　　　　　　　　　　（《合集》22550，出二）

(3) 乙卯卜，行貞：王賓祖乙彡伐羌十又五，卯宰，亡尤。在十二月。
　　　　　　　　　　　　　（《合集》22551，出二）

(4) 甲寅卜，□，［貞：王賓］上甲彡伐羌十五，卯……亡尤。
　　　　　　　　　　　　　（《合集》22552，出二）

(5) 丁□［卜］，□貞：［王賓］□□彡［伐］羌十［又］五，卯□宰，［亡尤］。
　　　　　　　　　　　　　（《合集》22553，出二）

(6) 丁卯卜，旅貞：王賓小丁歲眔父丁，彡伐羌王。
　　　　　　　　　　　　　（《合集》22560，出二）

(7) 甲午卜，行貞：王賓羸甲彡伐羌三，卯牢，亡尤。
　　　　　　　　　　　　　（《合集》22569，出二）

(8) □□［卜］，即貞：王［賓］……彡伐羌……宰無［尤］。
　　　　　　　　　　　　　（《合集》22582，出二）

(9) 辛巳卜，行貞：王賓小辛彡伐羌二，卯二宰，亡尤。
　　　　　　　　　　　　　（《合集》23106，出二）

(10) 甲午［卜］，其又伐于［毓］祖乙十……
　　　甲午卜，毓祖乙伐十羌又五。茲用
　　　五十羌。　　　　　　　（《合集》41456，歷二）
　　　甲寅上甲彡伐羌十。五月　（《合集》41457，歷二）

(11) 乙卯［卜］，［貞］王賓……彡伐……羌……
　　　　　　　　　　　　　（《合集》35352，黃類）

(12) 己酉夕，伐羌一。才入。庚戌宜一牢。彈。一

己酉夕，伐羌一。才入。　　　　　　　　（《花東》178）
(13) 己酉夕，伐羌一。才入。庚戌宜一牢。彈。

（《花東》376）

以上這些卜辭中"伐羌"，根據卜辭中的關聯信息進行判斷，應該表示的是砍伐羌人的祭祀活動。

(1) 翌甲辰易日。
　　貞：[登]人？乎戬伐羌？
　　勿登人？乎伐羌？　　　　　　　　（《合集》6619，典賓）
(2) 壬辰卜，爭貞：我伐羌？　　　　　（《合集》6620，典賓）
(3) 其伐羌又囚？　　　　　　　　（《合集》20406，師小字）
(4) ……翌丁巳伐羌？
　　于庚申伐？　　　　　　　　（《合集》469，師賓間A）

這幾條卜辭中的"伐羌"應該表示的是征伐羌人的軍事行動。登人，就是徵集人。"登人乎伐羌"就是徵集人，命令（他們）攻伐羌人。

(1) 甲午[卜]貞：勿㞢羌。
　　乙卯。
　　乙卯㞢十伐。　　　　　　　　（《合集》447，典賓）
(2) 甲午卜，韋貞：[翌]丙申□㞢來[羌]……
　　丁酉卜，𡧊貞：伐九百，示不……
　　丙午[卜]，[古]貞：……　　（《合集》3852，典賓）

這兩組卜辭中的"伐"，從詞性上看，應該是表示人牲單位的量詞；從意義上看，根據同版卜辭提供的關聯信息，推斷是與砍伐羌人有關的人牲。

【㓞羌】

(1) 丁丑卜，旁貞：子雍其御王于丁妻二妣己，☆羊三，㓞羌十。
　　　　　　　　　　　　　　　　　　　（《合集》331，賓三）

(2) □丑［卜］，爭貞：……
　　……㓞……棘……
　　隹［羌］……
　　不［隹羌］……　　　　　　　　（《合集》3710，典賓）

(3) 乙巳卜，出貞：其兹王䁈五(?)牛，㓞五羌、五□。二
　　貞：令甾白于毫。　　　　　　　（《合集》40914，出一）

(4) 乙亥㓞父乙。
　　㓞羌，㓞……
　　㓞卯。　　　　　　　　　　　　（《合集》21472反，劣體類）

于省吾認為："㓞以冊為音符，應讀如刪，通作刊，俗作砍。""……其言㓞若干伐或㓞伐，以伐為名詞，伐指以戈斷頭的人牲為言。其既言伐又言㓞者，這是說，已被斷頭的人牲而又砍斷其肢體。㓞羌十，是說砍斷羌俘的肢體，與言㓞伐者有別。其於物牲言㓞者，則物牲的肢體也同樣被砍斷。其言㓞𠂤或㓞若干𠂤者，指砍斷降虜之肢體言之。"[1]

【伐羌】

(1) ……值用……伐羌允若刂……　（《合集》15408，師小字）

(2) 庚申卜，永貞：來。
　　貞：我□司伐羌若。　　　　　（《合集》113正甲，賓一）

(3) 癸亥卜，㱿貞：伐羌百，旊三肸［伇］……
　　癸亥卜，㱿貞：勿蕾伐羌……　　（《合集》303，典賓）

(4) ……［伐羌］百，旊三……　　　　（《合集》304，典賓）

(5) 甲子卜，㱿貞：勿伐羌百。十三月。（《合集》305，典賓）

---

[1] 于省吾：《甲骨文字釋林·釋㓞》，中華書局1979年版，第172—174頁。

（6）貞：令甲……勿［㱃］……羌于……

（《合集》463，典賓）

（7）貞：率㱃羌，若。　　　（《合集》464 正，典賓）

（8）㱃羌。　　　　　　　　（《合集》467，典賓）

（9）……［㱃］羌百。　　　（《合集》39497，典賓）

（10）□□卜，㱃，［貞］：百羌㱃。一　（《合集》306，賓三）

（11）壬寅卜貞：㱃一羌。　　（《合集》465，賓三）

甲骨文㱃字作𣪠、𣪘或𣪰、𣪝、𣪞。陳夢家釋㱃①，于省吾認為陳將㱃與殺混為一談②。于氏舊釋㱃，後改釋㱃，並認為"脆"乃㱃的後起字，"脆"有割裂腹腸之意，故從肉。于氏認為㱃的本義是以攴（朴）擊它（蛇），其引申義為剖解——乃後世淩遲之刑的起源。剖解，即剖腹肢解的意思。"㱃訓為剖腹肢解，是說既剖割其腹腸而又肢解其肢體。今驗之於甲骨文，不僅剖解牲畜，而且割解俘虜以為祭牲。"③

【卯羌】

社科院考古所認為："卯，用牲法，王國維疑為劉之假借字（戩考五一六頁）。亦可能是劋，《玉篇》：'劋，割也。'"④

姚孝遂："卜辭'卯'為用牲之法者，多施之於牛羊。以人為牲者亦或稱'卯'。……此種用牲之法，郭沫若因'因卯之字形取義，蓋言對剖也'。"（《卜辭通纂》三九篇考釋）

（1）貞：［禦］年于王亥，囲犬一，羊一，豭一，卯三小宰，卯九牛，三青，三羌。　　　　　（《合集》378，典賓）

（2）貞：卯［愛］□來羌，一牛。　（《合集》238，賓三）

（3）庚午卜貞：叀十羌卯宰。　　（《合集》345，賓三）

（4）……毓十羌卯三宰。　　　　（《合集》346，賓三）

---

① 北平燕京大學考古學社：《考古社刊》第 6 冊，1936 年版。
② 于省吾：《甲骨文字釋林·釋㱃》，中華書局 1979 年版，第 161 頁。
③ 同上。
④ 中國社會科學院考古研究所：《小屯南地甲骨》，中華書局 1980 年版，第 846 頁。

(5) □丑卜，□貞：卯三羌，一牛。　　（《合集》402，賓三）

(6) ……卯三羌……不……　　（《合集》403，賓三）

(7) 卯叀羌，又大雨。　　（《合集》26961，無名）

(8) 貞：其卯羌，伊宜。　　（《合集》26955，何二）

(9) 卯三羌，二牛。

　　卯五羌，三牛。　　（《合集》32093，歷二）

(10) 卯□羌，二牛。

　　□五［羌］、□牛。　　（《合集》32094，歷二）

(11) 卯五羌。　　（《合集》32096，歷二）

(12) 癸巳貞：卯二羌、一牛。　　（《合集》32108，歷二）

(13) 卯三牢、二羌于……　　（《合集》32109，歷二）

(14) ……四，［卯六］羌。在祖乙［宗卜］。

　　……虎，卯八羌。在大宗卜。　　（《合集》41458，歷二）

(15) 丙寅貞：丁卯酌，畢**又伐于父丁，卯三牢、羌十。

　　　　　　　　　　　　　　（《合補》10417，歷二）

(16) ……高祖亥，卯于上甲羌……祖乙羌五……牛，無尤。

　　　　　　　　　　　　　　（《屯南》665，歷二）

(17) 癸巳貞：卯二羌、一牛。　　（《屯南》3552，典賓）

(18) □卯卜……卯羌。茲［用］。　　（《懷特》1395，無名）

(19) 其卯㞢羌。／弜㞢羌。／……又五人。

　　　　　　　　　　　　　　（《懷特》1380，無名）

【寅羌】

(1) 貞：寅于［靳］三□用。

　　［貞］：……羌……尤。　　（《合集》488反，典賓）

(2) 庚……羌。

　　癸亥卜，又土寅羌一、小宰，宜。

　　　　　　　　　　　　　　（《合補》10643乙，歷一）

賁，即"尞"字。張政烺認為："尞是一種祭法，用篝火焚祭品。"①"賁羌"就是用篝火焚燒羌人。

【奉羌】

……羌……專……

（《合集》19002，賓一）

19002

圖 4.2 含有奉羌的卜辭
（《合集》19002）

" " 字，主要有四種釋法：

1. 釋為"燕"

羅振玉認為此字借為燕享之"燕"字②，王襄從之。屈萬里認為此字通"宴"，應解釋為"宴飨"。魯實先認為" "" "都是"燕"字。馬敘倫認為" "" "都像飛燕之形。③ 楊樹達讀為"晢"，義為快晴，溫少峰從之。李孝定也認為" "" "都是燕。葉玉森認為" "像飛燕之形，" "是異體。

2. 釋為"内"

饒宗頤認為" "字從"内"從"大"，讀為"内"和"納"。

3. 釋為"舞"

島邦男釋為舞蹈之祭儀。姚孝遂認為此字與"舞"有關，同意島氏觀點。朱歧祥也釋舞。④

4. 釋為"奉"

張玉金認為 （《花東》454）很可能就是"奉"（"奉"為"捧"的

---

① 張政烺：《殷契𦣻字說》，《古文字研究》第 10 輯，中華書局 1983 年版，第 20 頁。

② 羅振玉說以及下文所引的王襄、屈萬里、魯實先、楊樹達、李孝定、葉玉森、饒宗頤、島邦男以及《甲骨文字詁林》按語等說，均引自《甲骨文字詁林》第 1 冊，中華書局 1996 年版，第 261—263 頁。

③ 馬敘倫說以及下文所引溫少峰說，均出自《古文字詁林》第 9 冊，上海教育出版社 2004 年版，第 413—417 頁。

④ 朱歧祥：《殷墟甲骨文字通釋稿》，臺灣文史哲出版社 1989 年版，第 31—32 頁。

初文）。"奉"的的本義，表示奉獻，當動詞用。"奉"作名詞，指奉獻之物。①

下面以《合集》5280 為例，分析一下"奉"和"燕"兩個字形的差異。

　　　　壬子卜，史貞：王奉，惠吉，燕。　　　　（《合集》5280，賓三）

同一條卜辭中，出現相似的兩個字形"奉"和"燕"，二者字形差異點如下（圖4.4）：

α點，"燕"的上部像是一個燕子頭，前端還有嘴巴，"奉"的上部則像人的上半身；β點，"燕"的兩邊像是向後的一對翅膀，"奉"的兩邊像是兩只手捧東西的樣子，張玉金先生認為可能是"丙"字，不管是什麼，可以看出，"燕""奉"中間有很大差異；γ點，"燕"的下端呈剪刀形，像是燕子的尾巴，"奉"的下端像人的兩條腿。

圖4.3　含有奉和燕的卜辭
（《合集》5280）

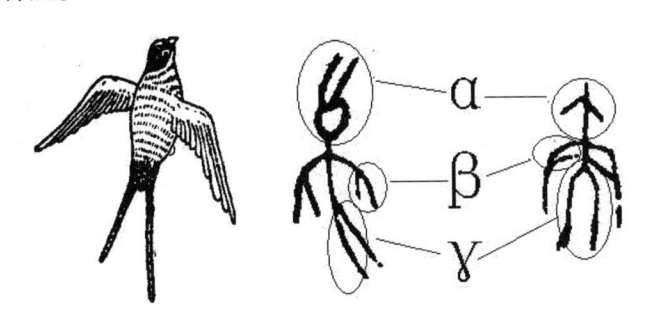

圖4.4　"奉"和"燕"字形差異點

"燕"是一個象形字，整體形象呈飛燕形，釋為"燕"，較可信。"奉"是一個會意字，表示一個人用兩手捧着某物，張玉金先生將其釋為

---

① 張玉金：《釋甲骨文中的"奉"》，《古文字研究》第 28 輯，中華書局 2010 年版，第 36—40 頁。

"奉",可從。另外,張先生認為"🈳"的中部是一個"丙"字,兼表聲,也有道理。

《合集》19002 中的"🈳羌"應為"奉羌",就是"奉獻羌人",可能是為某位神靈供奉羌人祭牲。

【帝羌】

(1) ……方帝三羌。　　　　　　　　　(《合集》405,賓三)
(2) 貞:方帝一羌,二犬,卯一牛。
　　貞:勿方帝。　　　　　　　　　　(《合集》418 正,典賓)
(3) 方帝羌卯牛。
　　勿方帝。　　　　　　　　　　　　(《合集》478 正,典賓)

"帝",在甲骨文卜辭中主要有兩種用法,一種表上帝或先祖神,另一種表祭名。

"帝"表上帝的,例如:

(1) 貞:隹帝壱我年。二月。
(2) 貞:不隹帝壱我年。　　(《合集》10124 正,典賓)
(3) □□卜,爭,[貞]:上帝降堇。(《合集》10166,賓三)
(4) 貞:帝不降大堇。九月。　　(《合集》10167,賓三)
(5) 庚戌卜貞:帝其降堇。　　　(《合集》10168,賓三)
(6) 癸酉巫帝才(在)漢。　　　(《屯南》4566,歷一)
(7) ……來戊,帝其降永。才祖乙宗,十月卜。
　　　　　　　　　　　　　　　(《屯南》723,歷二)
(8) 丙申,卜于北帝。　　　　　(《懷特》1565,歷二)

"帝"表先祖神的,例如:

(1) 貞:其自帝甲又逆。　　　　(《合集》27437,何一)
(2) □酉卜,貴[貞]:帝甲祊其宰。(《合集》27438,何一)
(3) 己卯卜,貴貞:帝甲𦎫□其眾祖丁……之……
　　　　　　　　　　　　　　　(《合集》27439,何一)

(4) 貞：其帝甲告其呂二牛。　　　　（《合集》41214，出二）

(5) 甲戌卜，王曰貞：勿告于帝丁，不㲋。

（《合集》24982，出二）

(6) 乙卯卜，其㞢歲于帝丁一牢。　　（《合集》27372，無名）

"帝甲""帝丁"，應該是先祖神。

羅振玉《增訂殷虛書契考釋》："卜辭中帝字亦用為禘祭之禘。"《說文·示部》："禘，諦祭也。从示，帝聲。"吳楚《說文染指》："禘為祭帝，即从示帝，為會意。"卜辭中有"帝示"連用的例子：

貞：帝示若。今我來祀。四月。　　（《合集》40528正，典賓）

"帝示"在當時是兩個字，後來合成一個字成為"禘"是有可能的，這就如同"不正為歪""日月為明""小土為塵"一樣。

段玉裁《說文解字注》："禘有三：有時禘，有殷禘，有大禘。"說明"禘"有三種類型。

第一種，大禘，即郊祭祭天。《詩·商頌·長髮序》："長髮，大禘也。"鄭玄箋："大禘，郊祭天也。"孔穎達疏："禘者，祭天之名。"《禮記·大傳》："禮，不王不禘。王者禘其祖之所自出，以其祖配之。"孔穎達疏："此禘謂郊祭天也。然郊天之祭，唯王者得行，故云不王不禘也。"又《祭法》："有虞氏禘黃帝而郊嚳。"孔穎達疏："有虞氏冬至祭昊天上帝于圜丘，大禘之時，以黃帝配祭。"

第二種，殷禘，宗廟五年一次的大祭，與"祫"並稱為殷祭。殷祭，盛大之祭。合高祖以上的神主祭於太祖廟，高祖以下分祭於本廟。三年喪畢之次年一禘，以後三年祫，五年禘。《周禮》曰："五歲一禘。"《爾雅·釋天》："禘，大祭也。"郭璞注："五年一大祭。"《論語·八佾》："（孔）子曰：'禘自既灌而往者，吾不欲觀之矣。'"《禮記·王制》："祫禘。"鄭玄注："魯禮，三年喪畢而祫於大祖。明年春禘於群廟。自爾之後，五年而再殷祭。一祫一禘。"

第三種，時禘。宗廟四時祭之一，每年夏季舉行。《禮記·王制》："天子諸侯宗廟之祭，春曰礿，夏曰禘，秋曰嘗，冬曰烝。"孔穎達疏：

"夏曰禘者，皇氏云，禘者，次第也。夏時物雖未成，宜依時次第而祭之。"從下列卜辭可以看出，商代的禘祭不一定是在夏天：

(1) 戊寅卜，九犬帝于西。二月。　（《合集》21089，師小字）

(2) 己亥卜貞：方帝一豕、一犬、二羊。二月。

（《合集》14301，賓三）

(3) □午卜，方帝三豕又犬，卯于土宰，㝢雨。三月。

（《合集》12855，典賓）

(4) ……王，帝東羊一，嚨一犬。三月。

（《合集》21087，師小字）

(5) 貞：方帝。七月。　　　（《英藏》1225，典賓）

(6) 甲辰卜，師，帝于東。九月。　（《合集》21084，師小字）

(7) □□卜貞：……帝。九月。　（《合集》15957，賓一）

(8) ［壬］申卜貞：方帝罖斂。九月。

（《合集》14370丙，賓三）

(9) 丁丑卜，王，勿帝虎。十月。
　　丁丑卜，王貞：叀豕，羊用，帝虎。十月。

（《合集》21387，師小字）

(10) 癸卯卜，帝自入。十一月。　（《合集》15973，典賓）

(11) 貞：勿帝。十二月。　（《合集》10001正，典賓）

這些卜辭中"帝（禘）"祭的月份有二月、三月、七月、九月、十月、十一月、十二月，說明《禮記·王制》中記載的"夏曰禘"不是殷商晚期的祭禮典制。

上舉這類卜辭大多都帶有表示地點方位的詞，例如方、西、東、罖、虎等，《合集》15973中的"入"應是地名①。甲骨卜辭中的"帝（禘）"祭大多是第一種大禘，即郊祭。這些卜辭中表示地點方位的詞，說明了郊祭的地方有時在東，有時在西，有時在罖，有時在入，有時在虎。"方"比較籠統，

---

① "入"表地名的其他卜辭，參見韓江蘇《殷墟花東H3卜辭主人"子"研究》，線裝書局2007年版，第363—394頁。

大致可能是指在四方或其中某一方進行郊祭。卜辭中類似的例子有：

(1) 叀于土宰，方帝。　　（《合集》11018 正，賓一/典賓）
(2) 辛亥卜，內貞：帝于北方曰伏，風曰𠬝，𢆉［年］。
　　辛亥卜，內貞：帝于南方曰𡴀，風尸，𢆉年。
　　貞：帝于東方曰析，風曰劦，𢆉年。
　　貞：帝于西方曰夷，風曰丰，𢆉年。
　　　　　　　　　　　　　（《合集》14295，師賓間 A）
(3) ……帝于北，二犬，卯……（《合集》14332，賓一）
(4) 帝于南犬。　　　　　　（《合集》14323，賓一）
(5) 勿乎雀帝于西。　　　　（《合集》10976，賓一）
(6) 帝于西。　　　　　　　（《合集》14325，典賓）
(7) 貞：勿帝于西。　　　　（《合集》14328 正，典賓）
(8) 帝于西十牛。　　　　　（《合集》39560 反，典賓）
(9) 乙亥卜，爭，帝于西。　（《英藏》1228，賓一）
(10) 貞：涉，帝于東。　　（《合集》15950，賓一）
(11) 帝東巫。　　　　　　（《合集》5662，賓一）
(12) 戠于西南帝介卯。　　（《合集》721 正，賓一）

有具體祭祀地點的"帝（禘）"祭的例子還有：

(1) 貞：帝于心。／［勿］帝［于］心。
　　　　　　　　　　　　　（《合集》905 正，典賓）
(2) ［庚］戌卜，虎，勿帝于瀧，雨。（《合集》14363，賓一）
(3) 帝于昌。　　　　　　　（《合集》14686 反，典賓）
(4) ［貞］：帝［于］𠂤。／勿帝于𠂤。（《合集》368，賓三）
(5) 于㳄帝乎禦羌方，于之𢦒。（《合集》27972，無名）

下面幾條卜辭說明"帝（禘）"祭的對象不一定是天，也可能是河、岳①

---

① 韓江蘇、江林昌等認為河、岳是祖先神的名字，也有人認為河、岳是自然神。

或其他先公先王，或先臣，還有可能是天上"令"神（上帝手下的令使）。

(1) ……帝于河。　　　　　　　　　（《合集》14531，賓一）
(2) 丙辰卜，㱿貞：帝于岳。　　　　（《合集》1143，賓一）
(3) [貞]：帝于王亥……　　　　　　《合集》14748，典賓）
(4) 戊戌[卜]，帝[于]黃奭二犬。一
　　　　　　　　　　　　　　　　　（《合集》3506，賓一）
(5) 戊戌卜，帝于黃。　　　　　　　（《合集》3504，典賓）
(6) 貞：帝于令。/貞：帝于令。　　（《合集》40447，典賓）
(7) 貞：帝于令。　　　　　　　　　（《合集》14320，典賓）

"令"可能是指能呼風喚雨、發號施令的神。下列卜辭中的"帝臣""帝史風""帝云"與"令"類似，"帝史風"可能就是帝的使者風。

(1) 王㞢歲于帝五臣，正，隹無雨。
　　……蒸，㞢于帝五臣，㞢大雨。（《合集》30391，無名類）
(2) 庚午貞：龏大隻于帝五玉臣，血□。才祖乙宗卜。茲用
　　　　　　　　　　　　　　　　　（《合集》34148，歷二）
(3) 貞：其𡨦龏于帝五玉臣，于日告。　（《屯南》930）
(4) 于帝臣，㞢雨。　　　　　　　　（《合集》30298，無名類）
(5) ……于帝史風，二犬。　　　　　（《合集》14225，典賓）
(6) ……于帝史風，二犬。　　　　　（《東洋研》1144，典賓）
(7) 貞：煑于帝云。　　　　　　　　（《合集》14227，典賓）

另外：

(1) 癸巳卜，其帝于巫。　　　　　　（《合集》32012，歷二）
(2) 癸亥貞：今日小帝于巫豜一、犬一。
　　　　　　　　　　　　　　　　　（《合集》34155，歷二）

將"帝"與"小帝"比較，可推測，"帝"表示大祭，"小帝"表示小祭。

卜辭中表示第二種大祭（宗廟五年一次）的例子很少，例如：

　　……帝宗，正，王受又又。　　　　　　　（《合集》38230，黃類）

通過以上分析，可以看出，甲骨卜辭中的"帝（禘）"祭主要是郊祭，有的在王都近郊，有的則在遠郊。

《合集》405 用三個羌人進行"帝（禘）"祭，《合集》418（正）用一個羌人，兩只犬，並卯殺一頭牛，進行"帝（禘）"祭，《合集》478（正）用羌人並卯殺牛的方式進行"帝（禘）"祭。

【歲羌】

　　(1) 庚辰卜，□，［貞］：來丁亥，□帝㞢㞢歲羌三十，卯十［牛］。十二月。

（《合集》319，賓三）

　　(2) ［乙］未卜，旅貞：祖乙歲其又羌。在六［月］。

（《合集》22573，出一）

　　(3) ……父丁歲五宰，羌十［人］亡尤。在□［月］。

（《合集》22555，出二）

甲骨文中"歲"字寫作 𢆶（《合集》22573）等形。

于省吾認為："近年來出土之商器斧鉞（例如《古銅器精華》第七冊第九六頁）屢見。其闊刃處作弧形，有類於近世武術家所用之月牙斧，其上下刃尾卷曲迴報。由是可知，歲字上下兩點，即表示斧刃上下尾端迴曲中之透空處，其無點者，乃省文也。"歲，唐蘭讀為劌，又為割。

【左（祐）】

　　貞：王左三羌于宜（宜），不左，若。一
　　貞：王左三羌于宜（宜），不左，若。一

（《合集》376 正，典賓）

【又（祐）】

  （1）丁巳卜，又羌。   （《合集》19768，師小字）
  （2）己亥卜，又羌㱿。   （《合集》32994，歷二）
  （3）又羌。／弜又羌。／十牛。 （《合集》41462，歷二）
  （4）［乙］未卜，旅，貞祖乙歲其又羌。在六［月］。
              （《合集》22573，出一）
  （5）□□［卜］，旅，［貞］……其又羌。在二月。
              （《合集》40917，出二）
  （6）……祖丁舌又羌，王［受又］。 （《合集》26932，何一）
  （7）……翌日大乙，王其舌祖乙又羌。（《合集》26935，何一）
  （8）于宗又羌。   （《合集》30317，無名）
  （9）又羌。一／勿又羌。一   （《花東》345）

【逆羌】

  （1）癸亥卜，弜逆羌。
    示□先……副。
    王于宗門逆羌。
    辛□，貞王其逆［羌］。   （《合補》10421，歷二）
  （2）王于南門逆羌。   （《合集》32036，歷二）

  于省吾認為"逆羌"謂以羌為牲而迎之也[①]。"屰（屰）羌"就是通過迎接儀式迎接羌牲。

【舌（音）】

  貞：王勿入。
  貞：［勿］舌。
  貞：用羌于祖乙［正］。
  貞：用羌于祖乙正。   （《合補》5512正，典賓）

[①] 于省吾：《釋逆羌》，《雙劍誃殷契駢枝（三編）》，臺灣藝文印書館翻印1965年版。

"🅂"字，于省吾等學者釋為"舌"①，沈建華認為應讀為"音"，表示祭祀合樂。②《禮記·郊特牲》："殷人尚聲，臭味未成，滌蕩其聲，樂三闋，然後出迎牲。聲音之號，所以詔告於天地之間也。"

【宜】

(1) 貞：冒我羌□宜……　　　　　　（《合集》476，典賓）
(2) 癸卯，宜于義京羌三人，卯三牛。

（《合集》6068 正，典賓）
(3) 乙卯媚子竇入宜羌十。　　　（《合集》10405 正，典賓）
(4) 己未宜［于］義京羌□人，卯十牛。左。

（《合集》386，賓三）

宜，即俎，《說文》："俎，禮俎也，从半肉在且上。"姚孝遂認為"俎"這種用牲之法，應該是全牲。③

【酻】

(1) ……龟……酻……羌。　　　　　（《合集》477，典賓）
(2) □□［卜］……酻父□一羌。二　（《合集》414，賓三）
(3) ［丙］辰卜，爭貞：來□□酻……丁……羌……

（《合集》14370 丙，賓三）

"酻"，姚孝遂："其作酻者，亦为祭名，古代祭名多来源于用牲之法，故祭名与祭法均可通作。"④

---

① 于省吾：《甲骨文字詁林》第 1 冊，中華書局 1996 年版，第 689—694 頁。
② 沈建華：《卜辭中的"聽"與"律"》，《東岳論叢》2005 年第 3 期，第 9 頁。
③ 姚孝遂：《商代的俘虜》，《古文字研究》第 1 輯，中華書局 1979 年版，第 337—390 頁。
④ 于省吾：《甲骨文字詁林》第 3 冊，中華書局 1996 年版，第 2702—2707 頁。

【射】

(1) 戊午卜，內，貞乎射弗羌。一 二

(《合集》7076 正，賓一)

(2) 貞射伐羌。　　　　　　(《合集》6618 正，典賓)

(3) 己卯卜，㱿，貞翌甲申用射甶以羌自上甲。八月。

(《合集》277，賓三)

(4) 癸卯，貞射甶以羌其用□父丁。 (《合集》32026，歷二)

(5) 癸卯，貞射甶以羌其用更乙。二。
甲辰，貞射甶以羌其用自上甲汛至于……

(《屯南》9，歷二)

"甶以羌"就是甶致送的羌人。這條卜辭的大意可能是卜問，是否射殺甶致送的羌人來祭祀自上甲開始的先公。《周禮·地官·大司徒》："三曰六藝：禮、樂、射、御、書、數。"鄭玄注："射，五射之法。"《說文·矢部》："躲，弓弩發於身而中於遠也。射，篆文躲。"《左傳·桓公五年》："祝聃射王中肩。"

下列卜辭中的"射"應該都表示"射殺"義：

(1) 乎射鹿，獲。　　　　　(《合集》10276，典賓)

(2) 貞：其射鹿，獲？二　　(《合集》10320 正，典賓)

(3) 辛亥卜，爭貞：王不其獲丨射兕？(《合集》10419，典賓)

(4) 丙戌卜，史貞：令□射豕？一　(《合集》10248，賓三)

【弢】

(1) 己巳卜，其遘萑……
馭燮。
……羌弢五十。　　　　　(《合集》26909，無名)

(2) 羌十人又五，王受又。

弝，王受又。

……又。　（《合集》26917，無名）

"弝"即"弹"，姚孝遂認為"弹有击义，谓击杀之。"①

【㞢】

(1) 㞢羌……于父……

　　　　　（《合補》18，典賓）

(2) 癸亥［卜］貞：㞢羌……二。八月

　　　　　（《合集》39504，典賓）

(3) 癸未……王㞢……羌。

　　　　　（《合集》39505，典賓）

(4) ［乙］卯……㞢羌……

　　　　　（《合集》448，賓三）

(5) □辰……㞢……羌……□月。

　　　　　（《合集》450，賓三）

(6) ……其帶酉于丁，㞢百羌，卯十……

……㞢報于丁，于南室酓……　（《合集》22543，出一）

(7) 丙午卜，出貞：翌丁未其㞢于丁，勿㞢羌。

　　　　　（《合集》22580，出一）

(8) 其又羌。三月。　（《合集》41305，歷一）

(9) ……㞢羌……　（《屯南》166，歷二）

圖 4.5　含有弝字的卜辭
（《合集》26917）

姚孝遂認為"㞢"字和"用"字一樣。都是用牲之通稱。②

---

① 姚孝遂：《商代的俘虜》，《古文字研究》第 1 輯，中華書局 1979 年版，第 337—390 頁。
② 同上。

【㞢】

(1) □□卜，𠨘，［貞］：㞢于……三十羌……十……
(《合集》322，賓三)
(2) 戊辰［卜］，□貞：翌庚□用子……㞢羌于□。十三月。二
戊辰［卜］，□，貞翌庚□用子……㞢羌于□。十三月。二
……羌……十三月。 (《合集》6612，賓三)

㞢，姚孝遂："在卜辭多為祭名，相當於《說文》之禦。祀也。㞢祭之內容極為廣泛。"①

【卯】

(1) ……貞：卯羌百…… (《合集》307，賓三)
(2) 貞：卯百羌。 (《合集》308，賓三)

【彳】

(1) 丁……［于］……彳……羌……五［牢］……五□。
(《合集》481，賓三)
(2) 辛丑貞：羌其彳用羌十又…… (《合集》33693，歷二)
(3) □□［卜］，□，［貞］：……［又］彳歲毓祖乙，又羌。
(《合集》22574，出二)
(4) □□卜，其又彳……又羌…… (《合集》26928，何一)
(5) ……于宗……彳羌。 (《合集》26929，何一)
(6) 乙卯［卜］，［貞］王𠫑……彳伐……羌……
(《合集》35352，黃類)

"彳"字，葉玉森、陳邦懷、柯昌濟、李孝定、饒宗頤皆認為是古

---

① 于省吾主編：《甲骨文字詁林》第1冊，中華書局1996年版，第391—406頁。

"升"字，詹鄞鑫認為是"久"字，姚孝遂認為釋"升"、釋"久"皆不可據，只能存疑，卜辭為祭名。吳其昌認為"彡者，亦殷代祀典之一種"，"彡為侑食之祭，祭時概須刑牲，故與'哉''伐'同稱；其祭或為特祭，如特祭於武乙、母庚、示壬，或為祫祭，如合祭於小宗，自大乙起如衣自上甲至於多毓是也"。①

【斷】

(1) □□〔卜〕，방貞：翌丁丑其斷屮羌十人。一月。

（《合集》336，賓三）

(2) 甲寅卜貞：翌乙卯斷十牛，羌十人用。一

貞：勿屮羌叀牛。八月。

乙卯卜貞：斷十牛，羌十人用。八月。

（《合集》339，賓三）

(3) □□卜貞：……斷……羌。一 （《合集》472，賓三）

《墨子·備蛾傳》："後上先斷，以為法程。"《逸周書·世俘》："斷牛六，斷羊二。"《漢書·淮南衡山濟北王傳》："幸臣有罪，大者立斷。"顏師古注："斷謂斬也。"

【荀】

(1) 貞：翌辛□屮于司辛，荀……羌十……

（《合集》332，賓出）

(2) ……荀十羌。 （《合集》18474，典賓）

(3) 丁亥卜，□辛卯屮……三宰，荀羌。（《合集》473，賓三）

(4) 乙巳屮于母辛宰屮一牛。十月。

〔乙〕卯屮于母辛三宰、荀一牛、羌十……

（《合集》40912，出一）

---

① 以上說法出自于省吾主編《甲骨文字詁林》第 4 冊，中華書局 1996 年版，第 3398—3400 頁。

葡，在卜辭中用作杀牲之法，姚孝遂先生謂："当是劈开牲熊，取出內臟。風干以祭。"①

【𢿢】

  貞：戊……其𢿢羌……卯三牢。 （《合集》471，賓三）

"𢿢"字未釋，但根據卜辭中的關聯信息，推斷其可能是一個祭祀動詞。

【酘】

  癸亥示先羌入。
  示弜先酘羌。 （《合集》41465，歷二）

"酘"字未釋，根據字形，可能是與酒有關的一種祭祀儀式。《說文·廾部》："廾，持也。"段玉裁注："持，握也。"酘字可能是手裏持著酒的意思。

【刃】

  叀刃羌……受。 （《合補》10316，無名）

刃，有"殺"的意思。《韩非子·姦劫弒臣》："公請自刃於廟。"《史記·廉頗藺相如列傳》："左右慾刃相如。""刃羌"就是用刀、劍等有鋒刃的兵器殺羌。

【祰】

  □□卜，劦日祖甲祰［羌］…… （《合集》27338，何一）

---

① 姚孝遂：《商代的俘虜》，《古文字研究》第1輯，中華書局1979年版，第337—390頁。

【祝】

辛亥卜貞：其祝一羌，王受又。　　　（《合集》26954，何二）

《尚書·洛誥》："王命作冊，逸祝冊。"孔穎達疏："譴策告神謂之祝。"

【鬳】

乙卯卜，狄貞：鬳羌，其用妣辛祓。　　　（《合集》26954，何二）

鬳，鬲類炊具。《說文·鬲部》："鬳，鬲屬。""鬳羌"可能是用鬲類炊具蒸煮羌牲的意思。"鬳"在這裏係名詞活用。

【毄】

叀䂙，王受又。
又毄羌，王受又。　　　（《合集》26956，無名類）

《說文·殳部》："毄，相擊也。从殳，豆聲。古文役如此。"王筠釋例："遙擊也者，如荀營投之以几之投，遙而擊之則必摘，摘是物者，不必有所擊也。"《玉篇·殳部》："毄，古為投。"

【塼】

……塼羌……人，卯一卣，卯牢又一牛。

（《合集》35350，黃類）

【正】

乙丑卜，貞王其又彳于文武帝升，其以羌，其五人正，王受又又。一

（《合集》35356，黃類）

通過以上梳理，可以看出，當時用羌人祭祀的方式有"用、伐、酉、㲃、卯、尞、奉、帝、歲、祏、又、逆、舌（音）、宜、酌、射、㚸、出、卬、剮、彳、斷、葡、囟、酳、刃、祰、祝、虜、殳、陴、正"，共計達三十二種之多。據姚孝遂先生的研究，殷人殺戮俘虜的方法有十五種[1]，據王慎行的研究當時用之於羌人者有十二種之多，[2]其實遠不止十二種。另外，姚、王二人說的"汎"，陳劍認為不是祭名，而是副詞"皆"[3]。

下面將這些祭祀方式分組分類整理成表4.2。從表裏，可以看出：

第一，不同時期用羌人祭祀的方式並不一樣，武丁時期有22種，祖庚、祖甲時期有13種，廩辛、康丁時期有10種，武乙之後只有2種。

表4.2　　　　　　　　　　祭祀方式分組整理

歷史時期	武丁								祖庚—祖甲		廩辛—康丁			武乙之後
卜辭組類	師肥筆	師小字	師賓間	賓一	典賓	賓三	師歷間	歷一	非王卜辭	出一	出二	歷二	歷草	何一	何二	無名類	黃類
用	●	●		●	●		●	●		●	●	●				●	
伐		●	●		●	●	●		●		●						
酉					●	●			●	●							
㲃		●		●	●												
卯					●							●			●	●	
尞					●		●										
奉					●												
帝					●												
歲						●				●	●						
祏					●												

---

[1] 姚孝遂：《商代的俘虜》，《古文字研究》第1輯，中華書局1979年版，第337—390頁。
[2] 王慎行：《卜辭所見羌人反壓迫鬥爭》，《考古與文物》1992年第3期。
[3] 陳劍：《甲骨文舊釋"𤉢"和"次"的兩個字及金文"𩱛"字新釋》，《甲骨金文考釋論集》，線裝書局2007年版，第189—218頁。

續表

歷史時期	武丁									祖庚—祖甲				廩辛—康丁			武乙之後
卜辭組類	師肥筆	師小字	師賓間	賓一	典賓	賓三	師歷間	歷一	非王卜辭	出一	出二	歷二	歷草	何一	何二	無名類	黃類
又		●							●	●	●	●		●		●	
逆												●					
舌(音)					●												
宜					●	●											
肜					●	●											
射				●	●	●						●					
弜																●	
㞢			●		●	●		●									
卯						●							●				
剮																	
彳					●					●	●			●			
斷																	
耗					●	●				●							
⊕						●											
酌												●					
刃																●	
祏														●			
祝															●		
虜															●		
毀																●	
隓																	●
正																	●
小計	1	4	2	3	14	17	1	3	4	5	5	9	3	3	3	6	2
	22									13				10			2

第二，典賓和賓三類卜辭用羌人祭祀的方式最多，典賓類卜辭有13

種，賓三類有 17 種。這說明，在武丁中期和晚期（武丁在位長達 59 年）很重視祭祀活動，而且祭祀的禮儀比較複雜。這種複雜狀況，一方面說明武丁中晚期，權力很集中，國家實力也比較強，戎祀乃國家大事，祭祀活動很莊重複雜；另一方面也說明，這個時期羌人的力量比較弱小，商王朝對羌人的捕獲、虐殺達到了驚人的程度。

第三，祖庚之後，用羌人祭祀的方式明顯減少，一方面說明了商王朝的力量在削弱，祭祀活動已經不像武丁時期那麼頻繁；另一方面也說明了羌人的力量正在逐步壯大，捕獲羌人的難度越來越大。

第四，有的祭祀方式，只在某一階段出現，說明在某一階段盛行某一種祭祀方式，隨著社會的發展，祭祀方式也在不斷發生變化。

第五，換個角度思考，用羌人祭祀的方式逐步減少，也反映了"禮崩樂壞"的變化過程，這種"禮崩"其實"崩"的是一種陋俗惡習，是一種社會文明進步的反映。一套舊的禮儀逐漸崩塌，一套新的禮儀正在逐漸孕育。這樣一個變化過程，為後來西周禮樂社會的形成作了一個鋪墊。

二 用羌人祭祀時祭祀方式的選擇與組合

（一）祭祀方式的選擇

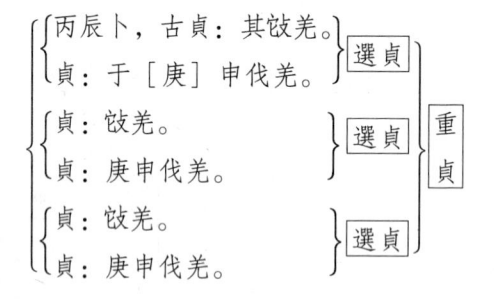

$$\left\{\begin{matrix}\left\{\begin{matrix}\text{丙辰卜，古貞：其㱿羌。}\\ \text{貞：于［庚］申伐羌。}\end{matrix}\right\}\text{選貞}\\ \left\{\begin{matrix}\text{貞：㱿羌。}\\ \text{貞：庚申伐羌。}\end{matrix}\right\}\text{選貞}\\ \left\{\begin{matrix}\text{貞：㱿羌。}\\ \text{貞：庚申伐羌。}\end{matrix}\right\}\text{選貞}\end{matrix}\right\}\text{重貞}$$

（《合集》466，典賓）

這版上共有六條卜辭，從文例上看，是三組選貞形成一組重貞，其內容主要是在反覆貞問究竟"㱿羌"，還是"伐羌"，也就是在選擇祭祀方式，究竟用"㱿"祭，還是用"伐"祭。于省吾認為這組卜辭是說：

"割解羌俘以祭還是砍掉羌俘的頭顱以祭,兩種用人牲的作法,哪一種能獲得祖先的福佑呢?"①

從羌牲的角度考慮,"伐(砍掉頭顱)"可以快速死去,而"斻(剖腹解肢)"則會慢慢死去,前者受的痛苦小,而後者受的痛苦多。從神靈的角度考慮,也許在當時人的想象中,對祭牲剖腹解肢讓其慢慢死去的過程,就是神靈慢慢享用的過程。祭祀者希望能獲得神靈的福佑,所以希望選擇一種神靈喜歡的方式來處理祭牲。

(二) 祭祀方式的組合

用羌人祭祀的時候,常將多種祭祀方式相結合,例如:

【射+伐】

贞:射伐羌。　　　　　　　　(《合集》6618 正,典賓)

【舞】+【用】

□未〔卜〕貞:舞……羌用。二月。　(《合集》455,賓三)

【酉彡+報】

……〔酉彡〕報于上甲九羌,卯一牛……(《合集》356,賓三)

【酉彡+宜】

丁未卜,酉彡宜伐百羌□□。三
癸丑夕卜,聿日出酉彡宜羌。三
癸丑卜,叀聿□□酉彡宜羌。
……伐……〔乙〕亥。　　　　(《合集》41303,歷一)

---

① 于省吾:《甲骨文字釋林》,中華書局 1979 年版,第 167 頁。

【盉】+【彳+伐】+【卯】

（1）乙卯卜，行貞：王盉祖乙彳伐羌十又五，卯宰，亡尤。在十二月。

（《合集》22551，出二）

（2）甲寅卜，□，[貞：王盉]上甲彳伐羌十五，卯……無。

（《合集》22552，出二）

（3）丁□[卜]，□貞：[王盉]□□彳[伐]羌十[又]五，卯□宰，[亡尤]。

（《合集》22553，出二）

（4）□□[卜]，王，[貞：翌辛]，其又彳伐于[祖辛]，羌三人，卯□。十一月。　　（《合集》22567，出二）

【叒】+【彳+歲】

□□卜，旅，[貞]：翌乙叒祖乙，其冓彳歲一宰，羌十人。

（《合集》22556，出二）

【彳+歲】+【㞢】

（1）□戌卜……彳歲……羌……夕㞢……上甲。

（《合集》420，賓三）

（2）癸亥卜，旅貞：翌甲子又彳歲上甲，其又羌九。

（《合集》22558，出二）

（3）□□[卜]，[旅]，[貞：翌]□戌[其又]彳歲于……又羌。

（《合集》22576，出一）

【歲+㞢】

　　□□〔卜〕，方貞：翌丁丑其歲㞢羌十人。一月。

（《合集》336，賓三）

【歲】+【用】

　　甲寅卜貞：翌乙卯歲十牛，羌十人用。一
　　貞：勿㞢羌，叀牛。八月。
　　乙卯卜貞：歲十牛，羌十人用。八月。

（《合集》339，賓三）

【㞢+刏+歲】

　　庚辰卜，大貞：來丁亥寇帝㞢刏歲羌三十，卯十牛。十二月。二三

（《合集》22548，出二）

多種祭祀方式相結合，進行組合式祭祀，說明當時的祭祀活動儀式很複雜。

第四節　用羌人祭祀時祭牲的組合與選擇

一　祭牲的組合

甲骨卜辭中，用羌人祭祀時，有時只用羌人，有時把羌人與其他祭牲組合起來進行祭祀，組合祭祀情況比較複雜，下面對其進行整理。

說明：下面在整理這些組合時，"V＋羌＋牢" 就記作【羌＋牢】，"V1＋羌＋V2＋牢" 就記作【羌】＋【牢】，其餘的依次類推。這樣分類的原因是：有的用同一種祭祀方式，處理幾種不同的祭牲，而有的祭牲的處理，祭祀方式各不相同。不過，這只是一個大致的分類，具體情況

比較複雜。每類先列意思比較確定的完整卜辭，再列舉殘辭。對於殘辭，根據語感酌情附在不同類的後面。

【羌】+【牛】

(1) 貞：［尞］于［王］亥。
　　貞：登王亥羌。
　　貞：尞九牛。
　　貞：九羌，卯九牛。　　　　　　　（《合集》358，典賓）

(2) 戊申卜，㱿貞：五羌，卯五牛。一
　　　　　　　　　　　　　　　　　　（《合集》369，典賓）

(3) □申卜，㱿貞：五羌，卯五牛。六
　　　　　　　　　　　　　　　　　　（《合集》370，典賓）

(4) 丁卯宜于義京［羌］三人，卯十牛。［中］。
　　　　　　　　　　　　　　　　　　（《合集》387，典賓）

(5) 己未宜于義京羌三，卯十牛。中。　（《合集》388，典賓）

(6) 丁酉［宜于］義京羌三［人］，卯十牛。中。
　　　　　　　　　　　　　　　　　　（《合集》389，典賓）

(7) 癸卯宜于義京羌三人，卯十牛。右。一 二告 一 小告
　　　　　　　　　　　　　　　　　　（《合集》390正，典賓）

(8) □寅宜［于］義京羌三［人］，卯十牛。右。
　　　　　　　　　　　　　　　　　　（《合集》391，典賓）

(9) 癸巳宜［于］義京［羌□人］，卯牛。
　　　　　　　　　　　　　　　　　　（《合集》392，典賓）

(10) 癸［巳宜于］義京［羌□人］，卯［十牛］。
　　　　　　　　　　　　　　　　　　（《合集》393，典賓）

(11) 癸酉宜于義京羌三人，卯十牛。右。
　　　　　　　　　　　　　　　　　　（《合集》394，典賓）

(12) 丁未宜［于］義京，［羌□人，卯□牛］。
　　　　　　　　　　　　　　　　　　（《合集》395，典賓）

(13) ……羌三人……牛……　　　　　（《合集》397，典賓）

(14) 方帝羌卯牛。／ 勿方帝。　　　（《合集》478 正，典賓）

(15) ……羌……九牛。　　　　　　　（《合集》479，典賓）

(16) ……十羌，二十牛。　　　　　　（《合集》348，賓三）

(17) 貞：十羌……五牛。　　　　　　（《合集》351，賓三）

(18) 癸酉［卜］……出于……羌十……卯三牛……
　　　　　　　　　　　　　　　　　（《合集》352，賓三）

(19) 貞：九羌，卯九牛。　　　　　　（《合集》359，賓三）

(20) □丑卜，□貞：卯三羌，一牛。　（《合集》402，賓三）

(21) 癸酉卜，爭貞：……羌……二牛。一
　　　貞：……羌……二牛。一　　　（《合集》13563，賓三）

(22) 癸酉卜，爭貞：□羌三牛。一
　　　貞：一羌三牛。一　　　　　　（《合補》1714，賓三）

(23) 貞：五羌，卯一牛。［八］月。
　　　　　　　　　　　　　　　　　（《合集》22562，出一）

(24) 己未，王貞：攸……羌眾牛……丁。
　　　　　　　　　　　　　　　　　（《合集》22585，出二）

(25) ［癸］巳貞：［二］羌一牛。一
　　　　　　　　　　　　　　　　　（《合集》41459，歷二）

(26) 戊午貞：其……羌……牛。二
　　　　　　　　　　　　　　　　　（《屯南》1111，歷二）

【羌＋牢】或【牢＋羌】

(1) 貞：出牢三羌十……　　　　　　（《合集》341，賓三）

(2) 戊子卜，至巳卯子庚羌牢。一 二 三
　　　至□卯父丁。一 二 三
　　　戊子卜，至巳卯子庚羌，牢。一 二 三 四
　　　　　　　　　　　　　　　　　（《合集》22046，午組）

(3) ……于丁……牢羌……二　　　　（《合集》432 正，賓三）

(4) ……大牢、三羌。　　　　　　　（《屯南》2310，歷二）

(5) ……牢㞢羌十。　　　　　　　　（《合集》342，賓三）

(6) ……牢㞢羌卅。在襄。　　　　　（《合集》343，賓三）

【羌】+【牢】

(1) 貞：三十羌，卯十牢㞢五。三　　（《合集》321，賓三）

(2) 貞：翌丁未㞢于丁三羌，卯三牢。

（《合集》385，賓三）

(3) 癸……［羌］……一［牢］……／二牢

（《屯南》4487，典賓）

【羌】+【牢】+【牛】

(1) 貞：羌三人，卯牢㞢一牛。　　　（《合集》400，典賓）

(2) ……伐于……丁，羌……三十，卯三牢，㞢三牛。

（《蘇德》354，歷二）

【羌+宰】或【宰+羌】

(1) 丁卯卜，爭貞：㞢彳于祖乙宰，羌三人。

（《合集》380，典賓）

(2) 丁卯卜貞：㞢于祖乙宰，羌三人。二

（《合集》501，典賓）

(3) 貞：三宰，羌五人。　　　　　　（《合集》22566，出二）

(4) ……［羌］、宰。　　　　　　　　（《英藏》879，典賓）

【羌】+【宰】或【宰】+【羌】

(1) 己亥［卜，囗貞］：㞢……十…………

十宰……羌。　　　　　　　　　（《合集》485，典賓）

(2) 㞢彳于祖辛。
　　 𡧊祖辛三羌□二宰。
　　　　　　　　　　（《合集》39500 +《合集》8996 正①，典賓）
(3) ……□于……韋一羌……卯宰。
　　　　　　　　　　（《合集》39501，典賓）
(4) ［貞］：三十羌卯十宰。八月。　　（《合集》316，賓三）
(5) ……庚……㞢于……羌十……宰……
　　　　　　　　　　（《合集》344，賓三）
(6) 貞：㞢年于岳，尞三小［宰］，卯三牛。
　　 貞：一羌卯一宰。　　（《合集》385，賓三）
(7) ……伐羌……［十］宰……　　（《合集》470，賓三）
(8) ……［羌］，二宰。一　　（《合集》482，賓三）
(9) ……宰十……羌。一月。　　（《合集》484，賓三）
(10) 貞：五羌，卯三宰。　　（《合集》22565，出二）
(11) 庚午……羌……宰。三　　（《合補》22，典賓）
(12) 貞：……十［宰］……乙……羌……
　　　　　　　　　　（《英藏》874，典賓）

【羌】+【宰】+【牛】

【牛】+【宰】+【羌】

【牛】+【羌】+【宰】

(1) 庚辰卜貞：㞢于岳三羌，三小宰，卯三牛。
　　　　　　　　　　（《合集》377，師賓間A）
(2) 甲午卜貞：翌乙未㞢于［祖乙］羌十人，卯宰一㞢一牛。
　　 甲午卜貞：翌乙未㞢于祖乙羌十㞢五，卯宰㞢一牛。五月。
　　　　　　　　　　（《合集》324，賓三）
(3) ……丁，㞢一牛，十宰㞢九，羌五。九月。
　　　　　　　　　　（《合集》366，賓三）

---

① 黃天樹主編：《甲骨拼合續集》，學苑出版社2011年版，第136—137、382—383頁。

(4) ……于……三羌，三小宰，三牛。

（《合集》406，賓三）

(5) □丑……㞢自……至于……一牛……一羌，卯宰。九月。二

（《合集》417，賓三）

(6) 申卜貞：畢尊歲羌三十，卯三宰，簸一牛，于宗用。六月。

（《合集》320，賓三）

(7) 丙午卜貞：畢尊歲羌三十，卯三宰，簸一牛，于宗用。八月

（《東洋研》2，賓三）

【羊】+【牛】+【羌】

乙巳㞢于母辛宰㞢一牛。十月。

［乙］卯㞢于母辛三羊，簸一牛、羌十……

（《合集》40912，出一）

【犬+羊+豴】+【宰】+【牛+青+羌】

貞：［菜］年于王亥，囲犬一、羊一、豴一，尞三小宰，卯九牛、三青、三羌。

（《合集》378，典賓）

【羌】+【牛】+【青】

貞：尞于王亥五牛新青。

貞：尞于王亥。

貞：尞九牛。

貞：九羌，卯九牛，新青。 （《合集》360，賓三）

【羌】+【㘭】或【羌】+【㘭】

……［于］……羌三人，三……三㘭。　（《合集》399，典賓）
癸丑卜，畐㘭中母羌㞢双。　（《合集》22258，婦女類）

【宰】+【羌】+【㘭】

乙卯［卜］……翌辛［巳］……酌㞢禦……于帚……宰，三羌……三㘭。五□。　（《合集》384，賓三）

【豕】+【羌】

己亥……豕……羌……　（《合集》533，賓三）

【䎃】+【羌】

庚戌［卜］，□貞：翌……䎃……羌十……
（《合集》353，賓三）

"䎃（𦐇）"從字形上分析，是一個從羽從肉的字；據形索義，該字應表示的是一種與鳥肉有關的祭牲。

【羌】+【圂】

……羌……𢉖……　（《合集》524，典賓）

從字形分析，圂（𢉖）從囗從豖，可能是把豖（野豬）關禁在一個圍欄裏；據形索義，圂可能表示畜養的豖牲，就如同牢、宰一樣，把豖逮住，經過一段時間畜養後，需要的時候可以做祭牲使用。

(1)　……我囚帚好……𢉖弗……　（《合集》2674，典賓）
(2)　……𢉖。　（《合集》11278反，典賓）
(3)　……來……𢉖。　（《合集》11279，典賓）

這幾條卜辭中的圖，都有可能表示的是祭牲。

《合集》524 這條卜辭是殘辭，但大致推斷，此處的圖可能表示的是畜養的犧牲。

【羌】＋【兔＋畐牛】

癸丑卜，內貞：五十羌。
貞：勿尞。
貞：示兔、畐牛。
勿示兔畐……　三　四　　　　　　（《合集》309 正甲、乙，賓三）

這四條卜辭，形成兩組對貞，兩組對貞之間又是什麼關係呢？

若按"選貞"理解，意思為：究竟用五十個羌人祭祀，還是用兔和畐牛祭祀？這樣理解的話，五十個羌人與兔和畐牛的差距太大了，要在兩種方案中選一種，不太合乎情理。

如果按"補貞"理解，則意思為：是否用五十個羌人祭祀？是否還獻祭兔和畐牛？根據前面的整理，可以看出，用羌人祭祀時，往往還同時用其他祭牲與其相配合，這組卜辭按"補貞"理解更合乎情理。四條卜辭之間的關係，如圖4.6所示：

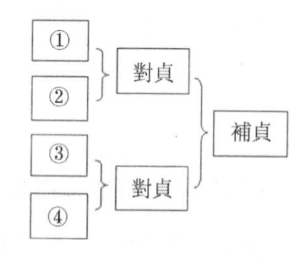

圖4.6　《合集》309 四條卜辭之間的關係

這說明，用羌人祭祀時，可以與"兔、畐牛"進行組合祭祀。

下面將這些祭牲組合方式列表整理如表4.3所示：

表 4.3   祭牲組合方式整理

	祭牲組合方式	羌	牛	羊	牢	宰	豕	犬	豭	青	麑	圂	豖	䝅	兔	畐牛	
1	羌＋牛	★	★														2
2	羌＋牢	★			★												2
3	羌＋牢＋牛	★	★		★												3
4	羌＋宰	★				★											2
5	羌＋宰＋牛	★	★			★											3
6	羌＋牛＋羊	★	★	★													3
7	羌＋牛＋羊＋宰＋犬＋豭＋青	★	★	★		★		★	★	★							7
8	羌＋牛＋青	★	★							★							3
9	羌＋豖	★											★				2
10	羌＋宰＋豖	★				★							★				3
11	羌＋豕	★					★										2
12	羌＋䝅	★												★			2
13	羌＋圂	★										★					2
14	羌＋兔＋畐牛	★													★	★	3
		14	6	2	2	4	1	1	1	2	0	1	2	1	1	1	

通過表 4.3 可以看出：

第一，用羌人作祭牲祭祀時，常與其他祭牲組合起来進行祭祀，共有 14 種組合方式。

第二，祭牲使用種類最多的組合，同時使用 7 種祭牲，佔表中所列 15 種祭牲的 46.7%。另外，同時用 3 種祭牲的有 6 種組合；同時用 2 種祭牲的有 7 種組合。

第三，在這些組合中，除羌人外，使用頻率最高的祭牲是牛，共參與了 7 種組合的祭祀，佔所有組合的 41.7%。其次是宰（專門飼養用作祭牲的羊），參與了 4 種組合的祭祀；接下來分別是羊、牢、青、豖，參與了 2 種組合的祭祀；豕、犬、豭、圂、䝅、兔、畐牛，只參與了 1 種組合的祭祀。

第四，麑，一般不參與組合祭祀，若參與，需要將其畜養一段時間，使其變成"圂"（經過馴養的彘）方能進行組合祭祀。這說明，像"彘"這種帶有野性的動物一般不能參與組合祭祀，而兔、嚚牛、鬪雖然也不是家養的，卻可以參與組合祭祀，其原因可能是因為兔、牛、鳥性情比較溫和，大家從心理上很容易接受它們（甚至是喜愛它們），所以可以參與組合祭祀。從某個角度看，這其實是一種心理投射，往往人們喜愛什麼；就想象神靈也喜愛什麼，人們討厭什麼，就以為神靈也討厭什麼。

需要說明的是，以上歸納整理的只是有羌人做祭牲時的祭牲組合狀況，若沒有羌人祭牲時，其組合狀況和使用頻率不一定是這樣。另外，單獨祭祀與組合祭祀的用牲情況也不一樣，例如"羊"單獨做祭牲時，使用頻率較高，但是在與羌人進行組合祭祀時，則顯得使用頻率很低。

下面將這些祭牲組合方式分組分類整理成表4.4。

表4.4　　　　　　　　祭牲組合方式分組分類整理

歷史時期	武　丁							祖庚—祖甲				廩辛康丁			武乙之後
祭牲組合	師肥筆	師小字	師賓間	典賓	賓三	師歷間	歷一	非王卜辭	出一	出二	歷二	歷草	何一	何二	無名類	黃類
羌+牛				◆	◆				◆	◆	◆					
羌+牢				◆				◆								
羌+牢+牛				◆							◆					
羌+宰				◆	◆					◆						
羌+宰+牛		◆														
羌+牛+羊								◆								
羌+牛+羊+宰+犬+豭+青				◆												
羌+牛+青					◆											
羌+卣				◆			◆									
羌+宰+卣					◆											
羌+豕					◆											
羌+鬪					◆											

續表

歷史時期	武丁							祖庚—祖甲			廩辛康丁			武乙之後
祭牲組合	師肥筆	師小字	師賓間	典賓	賓三	師歷間	歷一	非王卜辭	出一	出二	歷二	歷草	何一	何二	無名類	黃類
羌+圂				◆												
羌+兔+匎牛				◆												
小計	0	0	1	0	8	8	0	0	2	2	2	2	0	0	0	0
				13						4				0		

通過以上整理，我們得知如下信息：

第一，不同時期用羌人祭祀的祭牲組合方式並不一樣，武丁時期有13種，祖庚、祖甲時期有4種，廩辛之後為0。

第二，典賓和賓三類卜辭祭牲組合方式最多，典賓類卜辭有8種，賓三類有8種。這說明，在武丁中期和晚期祭祀的禮儀比較複雜。

第三，"羌+牛"的組合方式，持續時間最長，從武丁時期持續到祖庚時期。這說明，在這段時期，羌人和牛是比較常用的祭牲。同時也說明，在當時部分羌人和牛的地位幾乎相當。

二 祭牲的選擇

（一）對羌牲的選取

　　丁卯卜，王令取勿羌泜旂。才祖丁宗［卜］。
　　……取……用。　　　　　　　　　（《屯南》3764，典賓）

這組卜辭，在祖丁的宗廟里卜問，是否選取羌泜旂幾種祭品。黃天樹認為"取"有"選取"之義。例如：

　　貞：乎取舞臣ⅠⅠ。　　　　　　　　（《合集》938正，典賓）

"乎取舞臣"就是命令选取舞祭奴隸的意思。"丨丨"字可能是"二十"的合文。整條卜辭的意思可能是：命令選取二十名奴隸參加舞祭。

另有：

(1) ▨乎取羌以。一 二　　　　　　　　（《合集》891 正，賓一）

(2) 庚寅卜，爭貞：㞢及，今三月至。取羌。
　　　　　　　　　　　　　　　　　　　　（《合集》256，典賓）

(3) ……東……取……羌。　　　　　　　（《蘇德》116 反，典賓）

當時的人把祭祀看得很莊重、神聖，可能他們有一套自己的選取標準，並不是所有的羌人都可以做祭牲。不光羌人，其他用作祭祀的人牲也要經過選取，例如：

　　翌丁亥酚大丁。
　　勿酚大丁。
　　乎人入于雀。
　　乎人不入于雀。
　　曰雀取乎人。
　　勿雀取。
　　丁巳。
　　雀入三十。　　　　　　　　　　　　（《合集》190 反，賓一）

這組卜辭的大意是將于丁亥日祭祀大丁，命令把人貢入到雀那裏，雀經過選取，最後貢入了三十人。

（二）對羌牲數量的選擇

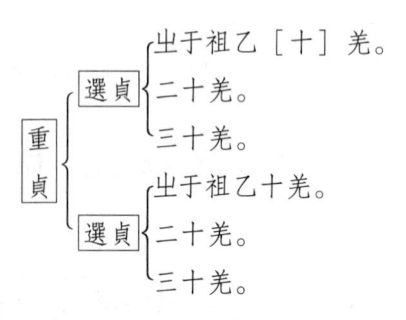

重貞 ┬ 選貞 ┬ 出于祖乙［十］羌。
　　 │   ├ 二十羌。
　　 │   └ 三十羌。
　　 └ 選貞 ┬ 出于祖乙十羌。
　　 ├ 二十羌。
　　 └ 三十羌。

　　　　　　　　　　　　　　　　　　　（《合集》39498 反，典賓）

這六條卜辭，從文例上看，是兩組選貞組成一組重貞，其內容主要是對祭祀祖乙時所用羌人數量選擇的反復貞問。最後可能根據卜兆情況，對其做出選擇。

（三）對羌牲來源的選擇

　　壬寅卜，㱿貞：興方以羌，用自上甲至下乙？
　　……［龍既］不溼。　　　　　　　　（《合集》270 正，典賓）

第一條卜辭的大意是，用興方送來的羌人祭祀自上甲至下乙，"……［龍既］不溼"有省略，大意是龍方送來的羌人就不用了。

關於龍方致送羌人的記載，例如：

　　貞：龍方以羌，自上甲，王用至于下乙，若。
　　䖒用自［上甲］至于下乙。
　　勿䖒。　　　　　　　　　　　　　　（《合集》271 反，典賓）

（四）對羌牲與其他犧牲的選擇

選貞 { 屮羌。
　　　弜屮羌。　　對貞
　　　牛。　　　　　　　　　　　　　　（《合集》41462，歷二）

這組卜辭先正反對貞，是否用羌進行屮祭，又卜問是否用牛，說明想在羌與牛二者中做出選擇。

　　甲戌卜，又妣庚牝。乙。一 三
　　妣庚用燎羌。
　　妣庚。一
　　妣庚𦣞。一　　　　　　　　　　　　（《合補》6916，婦女類）

這組卜辭在祭祀妣庚時，要在𢻫、燚羌、牢三種祭牲中做出選擇。

（五）組合式祭牲的選擇

選貞 ｛丁卯卜貞：㞢于祖乙牢，羌三人。
　　　貞：牢㞢一牛。　　　　　　　　　（《合集》501，典賓）

這是一組選貞卜辭，卜問是用牢和三個羌人祭祀祖乙，還是用牢和一頭牛祭祀祖乙。這裏把牢作為必用祭牲，而把羌人和牛作為備選對象，可能是因為牢（專門飼養的羊）比較經濟常見，羌人和牛則相對比較貴重。祭牲的選擇，一方面要經濟，另一方面還要滿足神靈的需要。很多情況下，神靈究竟需要什麼，大家可能並不知情，這種情況下，在選擇祭牲時，就會猶豫不決，反復思考。

《合集》41462、《合集》501這兩組卜辭，其實也說明，作為祭牲，羌人比牢相對貴重，但與牛的價值、地位相當。某些少數民族娶老婆用牛做比較，例如，傈僳族"十五頭牛的媳婦"（電影《碧羅雪山》2011）。將人的價值與牛的價值進行比較，這種觀念和甲骨文時代的觀念非常相似。

（六）對祭牲種類、數量的綜合選擇

選貞 ｛選貞 ｛七羌。
　　　　　　　大甲九羌，
　　　　　　　……羊三，麀……㞢四犬。　　（《英藏》23反，典賓）

這組卜辭的意思是：祭祀大甲，究竟用羌人做祭牲，還是用羊、麀、犬做祭牲？若用羌人，究竟用七個羌人，還是用九個羌人？

第五節　羌人祭牲的數量統計

下面對羌人祭牲的數量予以統計。統計時首先將帶有羌牲具體數字的卜辭進行分組（見表4.5），其次把除選貞以外的卜辭進行統計（見表4.6），再次把選貞卜辭清理出來進行單獨統計（見表4.7），最後再進行總計（見表4.8）。

需要加以說明的是：

第一，很多卜辭，沒有刻寫"驗辭"或"用辭"，不能確定最終是否殺害羌人，筆者在統計時，將這類卜辭默認為最終實施了殺伐行為。最後所統計數字，只是一個參考並不能看作確切結論。

第二，歷類甲骨的時期歸屬問題，爭議分歧很大，筆者在表4.8的統計中採用新派說法，將其歸入前期，並且採用黃天樹的研究成果，將歷一歸入武丁時期，歷二、歷草歸入祖庚時期。[①]

表4.5　　　　　　　　羌人祭牲数量分组分類

序號	片號	數量	祭祀對象	組別	辭例
1	H19761	2	祖乙	師肥筆	癸丑卜，王彳二羌祖乙。
2	H15427	100		師賓間	辛亥卜……蔑用百［羌］□牢□用。
3	H709反	1	妣庚	賓一	勿屯于妣庚一羌弗……
4		1	扆	賓一	王占曰：吉，三御一羌，扆。
5	H914反	10	父乙	賓一	（登）父乙十羌。
6	H1027正	6	河	賓一	（1）癸卯卜，殻，业于河三羌，卯三牛，寮一牛。（2）癸卯卜，殻，寮河一牛，业三羌，卯三牛。
7	H1041	100		賓一	……貞：……畢……羌……百人……用。

[①] 黃天樹：《殷墟王卜辭的分類與斷代》，科學出版社2007年版，第9頁。

續表

序號	片號	數量	祭祀對象	組別	辭例
8	H19000	5		賓一	……伐五羌。十牢。
9	H156	10		典賓	貞：屮羌［十］。
10	H257	10	丁	典賓	丁亥卜貞：用雋以羌十［于］丁。
11	H299				癸亥卜，宁貞：勿莧用百羌□。
12	H300	100	唐、大甲、大丁、祖乙	典賓	（1）貞：御自唐、大甲、大丁、祖乙，百羌、百宰。（2）貞：御，叀牛三百。
13	H301	100	大丁、大甲、祖乙	典賓	丁亥卜，殻貞：昔乙酉籩旋御……［大丁，大甲，祖乙］百鬯，百羌，卯三百［宰］。
14	H302	100	大丁、大甲、祖乙	典賓	……貞：昔乙酉，籩旋御□［大丁，大甲，祖乙］百鬯，百羌，卯三百。
15	H303	100		典賓	（1）癸亥卜，殻貞：歧羌百，旅三斿［伇］……（2）癸亥卜，殻貞：勿莧歧羌……
16	H304	100		典賓	……［歧羌］百，旅三……
17	H305	100		典賓	甲子卜，殻貞：勿歧羌百。十三月。
18	H317	30		典賓	……［于］磬京羌三十，卯□牛……
19	H318+11150①	30		典賓	丁亥，宜于磬京羌三十，卯……牡……
20	H333	10	庚宗	典賓	庚［辰］□于庚宗十羌，卯二十牛，酚……
21	H334	10	庚宗	典賓	……［斷］于庚宗十羌，卯二十牛……
22	H335	10		典賓	□□［卜］，□貞：翌……子畢其……子十……羌十牢……
23	H349+358	9/10	王亥	典賓	（1）貞：登王亥羌。（2）貞：九羌卯九牛。（3）貞：十羌卯十牛。

---

① 黃天樹主編：《甲骨拼合續集》，學苑出版社2011年版，第299、450頁。

第四章　羌人祭牲

續表

序號	片號	數量	祭祀對象	組別	辭例
24	H357	9	王亥	典賓	……翌辛亥酌……王亥九羌。
25	H369	5		典賓	戊申卜，殻貞：五羌，卯五牛。
26	H370	5		典賓	□申卜，殻貞：五羌，卯五牛。
27	H376正	6		典賓	(1) 貞：王左三羌于（宜），不左若。(2) 貞：王左三羌于（宜），不左若。
28	H377	3	岳	典賓	庚辰卜貞：屮于岳三羌，三小宰，卯三牛。
29	H378	3	王亥	典賓	貞：[桒]年于王亥，囲犬一，羊一，豭一，尞三小宰，卯九牛，三青，三羌。
30	H379	3	祖乙	典賓	乙巳卜，宁貞：三羌用于祖乙。
31	H380	3	祖乙	典賓	丁卯卜，爭貞：屮于祖乙宰，羌三人。
32	H388	3		典賓	己未宜于義京羌三，卯十牛。中。
33	H389	3		典賓	丁酉[宜于]義京羌三[人]，卯十牛。中。
34	H390	3		典賓	癸卯宜于義京羌三人，卯十牛。右。
35	H391	3		典賓	□寅宜[于]義京羌三[人]，卯十牛。右。
36	H394	3		典賓	癸酉宜于義京羌三人，卯十牛。右。
37	H397	3		典賓	……羌三人……牛……
38	H399	3		典賓	(1) ……[于]……羌三人，三……三豐。(2) 丁……
39	H400	3		典賓	貞：羌三人，卯牢屮一牛。
40	H408	2	祖乙	典賓	甲辰卜，爭貞：翌乙巳屮[于]祖乙二羌，襪……
41	H409	2	黃奭	典賓	□寅卜，爭貞：屮于黃奭二羌。
42	H410	1	昌	典賓	□□[卜]，殻貞：尞昌一羌。

續表

序號	片號	數量	祭祀對象	組別	辭例
43	H411	1	黃尹	典賓	……一羌于黃尹。
44	H418 正	1	方	典賓	貞：方帝一羌，二犬，卯一牛。
45	H430	10	丁		丙辰卜貞：翌丁巳屮羌于丁十。
46	H438 反	7		典賓	(1) 勿㱃羌。(2) 羌七。
47	H447	10		典賓	(1) 甲午〔卜〕貞：勿屮羌。(2) 乙卯屮十伐。
48	H501	3	祖乙	典賓	丁卯卜貞：屮于祖乙宰，羌三人。二
49	H563	2	黃尹	典賓	貞：屮于黃尹二羌。
50	H734 反	10		典賓	貞：□十羌屮㐱。
51	H1097	10		典賓	……羌。王占〔曰〕……屮二日癸〔酉〕……十羌係……十丙〔屮〕……
52	H3852	900		典賓	(1) 甲午卜，韋貞：〔翌〕丙申□屮來〔羌〕……(2) 丁酉卜，凹貞：伐九百，示不……
53	H6068 正	3		典賓	癸卯，宜于義京羌三人，卯三牛。
54	H10405 正	10		典賓	乙卯媚子賓入宜羌十
55	H11498	3	多妣	典賓	丙午卜，㱿貞：三羌多妣。一
56	H18474	10		典賓	……箙十羌。三
57	H39497	100		典賓	……〔㱃〕羌百。
58	H39498 反	10/20/30	祖乙	典賓	(1) 屮于祖乙□羌。(2) 二十羌。(3) 三十羌。(4) 屮于祖乙十羌。(5) 二十羌。(6) 三十羌。(重複選貞)
59	H39499	10		典賓	庚辰卜，□〔貞〕：……十羌，卯……
60	H39500	3	祖……	典賓	……〔告〕祖……三羌……三宰。
61	H39501	1		典賓	……□于……韋一羌……卯宰。
62	B27	10		典賓	……其乎……十羌……
63	D270	3		典賓	己未宜于義京羌三，卯十牛，中。
64	D272	10		典賓	……羌十……于左……

續表

序號	片號	數量	祭祀對象	組別	辭例
65	D974 正	10	大甲	典賓	……祐大甲㞢十羌。
66	D1142	3/3	父……	典賓	（1）……卜……羌三，父…… （2）……羌三，父……（重貞）
67	D1248	50		典賓	……其五十羌……
68	W167	1	乙	典賓	……乙……用一羌……
69	L76	100		典賓	甲子卜，殻貞：勿啟羌百。十三月。
70	SD121	10	大甲	典賓	彳伐大甲十羌，卯□牛。
71	《存補》4.1.1	9/10	王亥	典賓	（1）貞：登王亥羌。（2）貞：九羌卯九牛。（3）貞：十羌卯十牛。
72	H227	7	夫（大）甲①	賓三	辛亥卜貞：伕侯來七羌，翌甲寅㱿用于夫甲。十三月。
73	H228	2	丁	賓三	丁酉卜，□貞：在丂，妥來羌二人，㱿丁用。
74	H293	300	丁	賓三	戊子卜，㱿貞：叀今夕用三百羌于丁，用。[十二月]。
75	H294	300	丁	賓三	□丑卜，㱿貞：□三百羌于丁。
76	H295	300	丁	賓三	（1）三百羌用于丁。（2）乙巳卜貞：束于大甲亦于丁，羌三十，卯十宰，用。（3）乙巳卜貞：束[于大]甲亦[于丁]，羌三十，[卯十]宰。
		30	大甲、丁		
77	H296	300	祖乙	賓三	（1）三百羌于……（2）貞：勿取祖乙㠱。（3）貞：勿共㞢示既葬逆來歸。
78	H297	300	祖……	賓三	（1）貞：御……百（2）□□卜貞：……羌三百……于祖……
79	H298	100		賓三	戊午[卜]，□貞：五十……百羌……
80	H306	100		賓三	□□卜，㱿，[貞]：百羌啟。一

---

① 古文字中大、夫經常相混，參見劉釗《古文字構形學》，福建人民出版社2006年版，第338頁；郭沫若《郭沫若全集·考古編》第2卷《卜辭通纂》，科學出版社1983年版，第312—313頁。

續表

序號	片號	數量	祭祀對象	組別	辭例
81	H307	100		賓三	……貞：劓羌百……
82	H308	100		賓三	貞：劓百羌。
83	H309 正	50		賓三	癸丑卜，丙貞：五十羌。
84	H310	50	上甲	賓三	……上甲五十羌。八月。
85	H311	50		賓三	……五十羌……
86	H312	50		賓三	……貞：……羌……五十……
87	H313	30	唐	賓三	貞：翌乙亥㞢彳歲于唐三十羌，卯三十牛，六月。
88	H314	30	祖乙	賓三	丁□［卜］，□，［貞］：……乙……祖［乙］……三十羌……卯……宰。
89	H315	30	丁	賓三	丙［戌］卜，□貞：翌］丁亥其……丁，㞢三十羌……
90	H315	30		賓三	［貞］：三十羌卯十宰。八月。
91	H319	30		賓三	庚辰卜，□，［貞］：來丁亥，□寢㞢牸歲羌三十，卯十［牛］。十二月。
92	H320	30		賓三	丙申卜貞：畢尊歲羌三十，卯三宰，俎一牛，于宗用。六月。
93	H321	30		賓三	貞：三十羌，卯十宰㞢五。
94	H322	30		賓三	□□卜，宁，［貞］：钔于……三十羌……十……
95	H323	30		賓三	……羌三十……卲……牛。
96	H324	10/15	祖乙	賓三	(1) 甲午卜貞：翌乙未㞢于［祖乙］羌十人，卯宰一㞢一牛。 (2) 甲午卜貞：翌乙未㞢于祖乙羌十㞢五，卯宰一㞢一牛。五月。
97	H325	15		賓三	……十羌㞢五。
98	H326	10		賓三	丙午卜貞：尞于河五宰，沉十牛，宜宰㞢羌十㞢……二
99	H327	10	大甲	賓三	……祐大［甲］㞢十羌。
100	H328	10	丁	賓三	□□卜貞：御……于丁三宰……羌十。

第四章　羌人祭牲　157

續表

序號	片號	數量	祭祀對象	組別	辭例
101	H329	10	丁	賓三	……丁十羌……〔十〕牛。
102	H330	10	丁	賓三	□□〔卜〕……亥……丁宰……羌十。
103	H331	10	丁妻 二妣己	賓三	丁丑卜貞：子䧹其钔王于丁妻二妣己，血羊三，用羌十。
104	H332	10	后（司?）辛	賓三	貞：翌辛□屮于后（司?）辛䉉屮……羌十……
105	H336	10		賓三	□□〔卜〕，宁貞：翌丁丑其斷屮羌十人。一月。
106	H337	10		賓三	羌十人。九月。
107	H339	20		賓三	（1）甲寅卜貞：翌乙卯斷十牛，羌十人用。一（2）貞：勿屮羌叀牛。八月。（3）乙卯卜貞：斷十牛，羌十人用。八月。
108	H340	10		賓三	丙午卜貞：昊尊歲羌十，卯□宰于亳用。八月。
109	H341	10		賓三	貞：屮牢三羌十……
110	H342	10		賓三	……牢屮羌十。
111	H343	30		賓三	……牢屮羌卅。在襄。
112	H344	10		賓三	……庚……屮于……羌十……宰……
113	H345	10		賓三	庚午卜貞：叀十羌卯宰。三
114	H346	10	……毓	賓三	……毓十羌卯三宰。
115	H347	10		賓三	貞：十羌，五□，三宰……
116	H348	10		賓三	……十羌，二十牛。
117	H350	10		賓三	……十羌，卯十……
118	H351	10		賓三	貞：十羌……五牛。
119	H352	10		賓三	癸酉〔卜〕……屮于……羌十……卯三牛。
120	H353	10		賓三	庚戌〔卜〕，□貞：翌……閼……羌十。
121	H354	10		賓三	□子卜……羌十……
122	H355	10		賓三	……十羌……三

續表

序號	片號	數量	祭祀對象	組別	辭例
123	H356	9	上甲	賓三	……[酚]報于上甲九羌,卯一牛……
124	H359	9		賓三	貞:九羌,卯九牛。
125	H360	9		賓三	貞:九羌,卯九牛,新南。
126	H361	7		賓三	……七羌……
127	H362	6		賓三	用六羌卯宰。
128	H363	6		賓三	……六羌……
129	H364	5	祖……	賓三	……于祖……五羌……
130	H365	5	母	賓三	壬辰卜,[出]貞:翌癸巳屮于母三宰、羌五。
131	H366	5		賓三	……丁,血一牛,十宰屮九,羌五。九月。
132	H368	3/5		賓三	(1) 三羌。(2) 五羌。
133	H371正	3/5		賓三	(1) 三羌。(2) 五羌。
134	H372	5		賓三	□申[卜]貞:六□,五羌,□宰。七月。
135	H373	5		賓三	貞:五羌。
136	H374	5		賓三	……五羌。
137	H375	4		賓三	……四羌……
138	H381	3	丁	賓三	貞:翌丁未子弘其屮于丁三羌。□宰……
139	H382	3	父辛	賓三	……于父辛三羌。十一月。
140	H383	3	小乙	賓三	乙酉卜,爭貞:……小乙于㡿……羌三人。
141	H384	3	帚	賓三	己卯[卜]……翌辛[巳]……酚屮御……于帚……宰,三羌……三邕。五□。
142	H385	4	丁	賓三	(1) 貞:一羌卯一宰。(2) 貞:翌丁未屮于丁三羌,卯三宰。
143	H401	3		賓三	……貞:翌丁巳用侯告歲羌三,卯牢。
144	H402	3		賓三	□丑卜,□貞:卯三羌,一牛。

續表

序號	片號	數量	祭祀對象	組別	辭例
145	H403	3		賓三	……卯三羌……不……
146	H404	3		賓三	……貞：三羌……
147	H405	3	方	賓三	……方帝三羌。
148	H406	3		賓三	……于……三羌，三小宰，三牛。
149	H407	3		賓三	三羌。一
150	H412 正	1	羌甲	賓三	……而于祖丁……羌甲一羌……[于]祖甲。
151	H413	1	父乙	賓三	甲申卜，御雀父乙一羌，一宰。
152	H414	1	父□	賓三	□□[卜]……酉父□一羌。
153	H415	1	兄……	賓三	……于兄……一羌……
154	H416 反	1		賓三	□一羌。
155	H417	1		賓三	□丑……屮自……至于……一牛……一羌，卯宰。九月。
156	H465	1		賓三	壬寅卜貞：伐一羌。
157	W50	10	祖乙	賓三	甲午卜貞：翌乙未屮于祖乙羌十人，卯……牛。
158	W95	1		賓三	……行貞：叀……屮一……一羌……
159	SD117	10	河	賓三	丙午卜，貞尞于河五宰，沈十牛，宜宰。屮羌十屮□。
160	Y23 反	7/9	大甲	賓三	(1) 七羌。(2) 大甲九羌。
161	D2	30		賓三	丙午卜貞：畢尊歲羌三十，卯三宰，簸一牛，于宗用。八月
162	HD56	2	祖庚、祖辛	子組	辛丑卜，御丁于祖庚至[牡]一，酉羌一人、二宰。至牡一祖辛御丁，酉羌一人、二宰。
163	HD178	1/1（重貞）		子組	(1) 己酉夕，伐羌一。才入。庚戌宜一宰。彈。(2) 己酉夕，伐羌一。才入。
164	HD376	1		子組	己酉夕，伐羌一。才入。庚戌宜一宰。彈。
165	H22543	100	丁	出一	……其置醫于丁，屮百羌，卯十……

續表

序號	片號	數量	祭祀對象	組別	辭例
166	H22546	30	唐	出一	□□［卜］，出貞：出于唐三十羌，卯三十牛。
167	H22547	30	唐	出一	……于唐三十羌，卯三十牛。
168	H22559	5	哥	出一	癸丑卜，大貞：子出于哥，羌五。
169	H22562	5		出一	貞：五羌，卯一牛。［八］月。
170	H40912	10	母辛	出一	［乙］卯出于母辛三宰艀一牛。羌十……
171	H40914	5		出一	乙巳卜，出貞：其茲王盥五（？）牛，凶五羌、五□。
172	H40915	3/5	毓祖乙	出一	（1）甲寅卜，□貞：翌乙卯其舌于毓祖乙，其又羌三人。（2）五人。
173	Y補35	10	妣庚	出一	□□卜，出，貞……大史……于妣庚……十羌。
174	H22544	50	唐	出二	□□［卜］，旅，［貞］：……上甲歲……于唐歲五……［用］羌五十，無［尤］……
175	H22545	50		出二	丙□［卜］，出，［貞］：……御□……五牛……羌五十……卯五十……
176	H22548	30		出二	庚辰卜，大貞：來丁亥寇寢出栽歲羌三十，卯十牛。十二月。
177	H22549	30	父丁	出二	丁巳卜，尹貞：王寅父丁彳伐羌三十，卯五宰，［無］尤。
178	H22550	18	父丁	出二	□［亥］卜，行［貞］：王寅父丁彳伐羌十又八。
179	H22551	15	祖乙	出二	乙卯卜，行貞：王寅祖乙彳伐羌十又五，卯宰，亡尤。在十二月。
180	H22552	15	上甲	出二	甲寅卜，□，［貞：王寅］上甲彳伐羌十五，卯……亡尤。
181	H22553	15		出二	丁□［卜］，□貞：［王寅］□□彳［伐］羌十［又］五，卯□宰，［亡尤］。

續表

序號	片號	數量	祭祀對象	組別	辭例
182	H22554	10	祖乙	出二	［甲］辰卜，即貞：翌乙［巳］協于祖乙，其葬又［彳歲］羌十，卯五宰。
183	H22555	10	父丁	出二	……父丁歲五宰，羌十［人］亡尤。在□［月］。
184	H22556	10	祖乙	出二	□□卜，旅，［貞］：翌乙協祖乙，其葬彳歲一宰，羌十人。
185	H22557	10		出二	貞：五人。貞：十羌。
186	H22558	9		出二	癸亥卜，旅貞：翌甲子又彳歲上甲，其又羌九。
187	H22560	5	小丁、父丁	出二	丁卯卜，旅貞：王宜小丁歲眔父丁，彳伐羌五。
188	H22563	5		出二	貞：五羌。
189	H22564	5		出二	貞：五羌。
190	H22565	5		出二	貞：五羌，卯三宰。
191	H22566	5		出二	貞：三宰，羌五人。
192	H22567	3	祖辛	出二	□□［卜］，王，［貞：翌辛］，其又彳伐于［祖辛］，羌三人，卯□。十一月。
193	H22569	3	羌甲	出二	甲午卜，行貞：王宜羌甲彳伐羌三，卯牢，亡尤。
194	H22570	3	父戊	出二	［戊］辰卜，［旅］貞：王［宜］父戊［彳伐］羌三……無［尤］。
195	H22605	30	妣庚	出二	己巳卜，行貞：翌庚午其又彳伐于妣庚［羌］三十，其卯三宰。四
196	H23106	2	小辛	出二	辛巳卜，行貞：王宜小辛彳伐羌二，卯二宰，亡尤。
197	H26907	30	河	何一	(1) 己巳卜，彭貞：御于河。羌三十人。在十月又二卜。一 (2) 貞：五十人。
198	H26926	2		何一	……羌二人。

續表

序號	片號	數量	祭祀對象	組別	辭例
199	H27456 正	10	小乙奭妣庚	何一	（1）丁未卜，何貞：羌十，人其之□豕。（2）丁未卜，何貞：御于小乙奭妣庚，其㝨鄉。
200	H26925	2	祖丁、父甲	何二	□亥卜，羌二方白其用于祖丁，父甲。
201	H26954	1		何二	辛亥卜貞：其祝一羌，王受又。
202	H26968	3	大庚	何二	貞：其□大庚三羌，王［受又］。
203	H32097	3	上甲	何二	（1）庚辰卜，又彳伐于上甲三羌，九小牢。（2）庚辰［卜］，又彳［伐］于上甲□［羌］，十小［牢］。
204	H22152	5	王㚔	師歷間 B	㞢伐五羌王［㚔］……
205	H32072	10	自祖乙	師歷間 B	（1）己巳卜，又伐［自］祖乙……（2）辛未卜，又伐十羌，十牢。
206	H33321	1	祖乙	師歷間 B	癸酉貞：甲戌又伐祖乙［羌］一。
207	H32051	30		歷一	己亥貞：庚子酚宜于就，羌三十，十牢。
208	H32052	30	成	歷一	癸亥卜，宗成又羌三十，歲十牢。
209	H32063	15	自上甲	歷一	（1）乙酉卜，帝伐自上甲。用。（2）丁酉卜，五示十羌又五。不。
210	H32100	3	三示	歷一	……三示三羌……
211	H32101	3	大乙	歷一	（1）丁巳卜，三羌、三牢于大乙。（2）□巳卜，□羌、□牢［于］大乙。
212	H32102	3		歷一	其三羌、卯三牢。
213	H32110	1		歷一	其一羌、三牛。
214	H32111	1		歷一	其一羌、三牛。
215	H32120	1	土	歷一	癸亥卜，又土尞羌一、小牢，宜。
216	H32171	1	祖乙	歷一	甲子夕卜，又祖乙一羌，歲三牢。
217	H34047	3	自上甲	歷一	□亥卜，［在］大宗又彳伐三羌、十小牢自上甲。

第四章 羌人祭牲 163

續表

序號	片號	數量	祭祀對象	組別	辭例
218	H41303	100		歷一	丁未卜，酚宜伐百羌□□。
219	T739	5	大乙	歷一	（1）甲午，貞酚彳伐乙未于大乙羌五，歲五牢。（2）丙申貞：酚彳伐大丁羌五，歲五□。
		5	大丁		
220	T2104	15	祖乙	歷一	（1）己巳卜，屮伐祖乙，乙①亥。（2）辛未卜，屮十五羌、十牢。
221	T3612	1	伊尹	歷一	辛卯卜，屮于伊尹一羌、一牢。
222	T3640	4		歷一	羌四。茲用。
223	T3782	5	大乙	歷一	庚申卜，五羌、五牢于大乙。
224	T4541	3		歷一	□子卜，□𤉲、三[羌]。茲用。
225	HB10417	10	父丁	歷二	丙寅貞：丁卯酚，畢煉又伐于父丁，卯三牢、羌十。
226	H32012	1	土	歷二	（1）癸巳卜，其帝于巫。（2）癸巳卜，钔于土。（3）癸巳卜，乎于亞𠯟……一羌、三牛。
227	H32022	1	方	歷二	乙未卜，其寧方羌一、牛一。
228	H32030	1	大甲	歷二	辛亥卜，犬延以羌一用于大甲。
229	H32045	50		歷二	丁丑貞：其[五十]羌，卯三牢。
230	H32046	50		歷二	（1）□□，[貞]：其五十羌。（2）……[羌]。
231	H32047	30/50		歷二	（1）舌三十羌。（2）五十羌。
232	H32050	30	司䂄	歷二	丙寅卜，又伐于司䂄三十羌，卯三十豕。三
233	H32054	30	父丁	歷二	丙子貞：丁丑又父丁，伐三十羌，歲三牢。茲用。
234	H33526 + H32057②	60	父丁	歷二	（1）癸卯貞：其三十羌。（2）癸卯貞：王又彳歲三牢，羌十又五。（3）乙巳貞：王又彳歲于父丁三牢。羌十又五。若茲卜，雨。

① 此版上的"乙"字兩讀。
② 黃天樹主編：《甲骨拼合集》，學苑出版社2010年版，第218、451頁。

續表

序號	片號	數量	祭祀對象	組別	辭例
235	H32055	30	父丁	歷二	庚寅卜，辛卯又伐于父丁羌三十，卯五牢。茲用。
236	H32058	30		歷二	又歲羌三十，牛十。
237	H32059	30		歷二	丁丑卜，戊寅……用羌三十……
238	H32060	30		歷二	(1) 弜彳。(2) 三十羌。
239	H32061	30		歷二	(1) 羌三十。(2) □牢。
240	H32062	30		歷二	……三十［羌］……五［牢］。
241	H32064	30	祖乙	歷二	(1) 己巳貞：王又彳伐于祖乙，其十羌又［五］。(2) 庚午貞：叀歲于祖乙。(3) 其又羌十又五。
242	H32065	15		歷二	其又羌十又五。
243	H32066	15		歷二	□丑貞：王其□十羌又五，□巳酚叔。
244	H32067	3/5/10/15		歷二	(1) 三羌。(2) 五羌。(3) 十羌。(4) 十又五羌。
245	H32068	10	祖乙	歷二	甲辰貞：又祖乙伐羌十。
246	H32069	10	父丁	歷二	父丁羌十。
247	H32070	10	父丁	歷二	□□貞：丁酉王……于父丁十羌，卯二……
248	H32071	10	父丁	歷二	庚子又伐于父丁，其十羌。
249	H32074	10		歷二	……歲牢，羌十。
250	H32075	10		歷二	(1) 又伐羌十……(2) ……羌。茲用。
251	H32076	10		歷二	……于父丁卯三牢。羌十。
252	H32078	10		歷二	(1) 十羌。(2) 二［牢］。
253	H32079	10		歷二	十［羌］。
254	H32080	10/20		歷二	(1) 癸丑卜，十羌……(2) 又伐上甲二十。（"伐"字缺刻）
255	H32081	3/5/10		歷二	(1) 三羌。(2) 五羌。(3) ［十羌］。

續表

序號	片號	數量	祭祀對象	組別	辭例
256	H32082 + H34236①	9		歷二	癸卯貞：又彳伐于河九羌沉三牛卯三牢。
257	H32083	5/9	上甲	歷二	（1）甲辰貞：來甲寅又伐上甲羌五，卯牛一。（2）甲辰貞：又伐于上甲九羌，卯牛。
258	H32084	8	丁	歷二	丁丑貞：昇丁……［羌］八……牛一。
259	H32085	3/6		歷二	（1）其三羌，卯一牛。（2）六羌。
260	H32086	5		歷二	（1）乙卯貞：彳伐䨻示五羌，三牢。（2）……牢。
261	H32087	13	大乙、祖乙、小乙、父丁	歷二	甲午貞：乙未酚高祖亥……大乙羌五，牛三，祖乙［羌］……小乙羌三，牛二，父丁羌五，牛三，無䈞。茲［用］
262	H32088	5	夒	歷二	……叀四羊四豕五羌。
263	H32089	5	祖乙	歷二	庚午貞：王又彳伐于祖乙，其五羌。
264	H32090	5/3/2	自上甲大示	歷二	（1）己丑貞：又彳伐自上甲大示五羌，三牢。（2）其三羌、二牢。（3）其二羌、一牢。
265	H32091	5		歷二	乙亥，［貞］：其五羌。
266	H32092	3/5		歷二	（1）三羌，卯牢。（2）五羌，卯牢。
267	H32093	3/5		歷二	（1）卯三羌，二牛。二（2）卯五羌，三牛。
268	H32094	5		歷二	（1）卯□羌，二牛。（2）□五［羌］、□牛。
269	H32095	5		歷二	五羌。
270	H32096	5		歷二	（1）卯五羌。（2）弜又羌。
271	H32098	3	上甲	歷二	□酉貞：……［上甲］三羌……不用。

---

① 黃天樹主編：《甲骨拼合集》，學苑出版社 2010 年版，第 226、455 頁。

續表

序號	片號	數量	祭祀對象	組別	辭例
272	H32099	4	自上甲六示，小示	歷二	庚寅貞：酻彳伐自上甲六示三羌、三牛，六示二羌、二牛，小示一羌、一牛。
273	H32103	3	伊	歷二	(1) 甲申貞：其又彳歲于[伊]…… (2) 其三羌，卯牢。
274	H32104	3		歷二	三羌、二牢、二……
275	H32107	1/3	伊	歷二	(1) 丁酉，[貞]：……王……于伊…… (2) 其一羌、一牛。(3) 其三羌、三牛。
276	H32108	2/3		歷二	(1) 癸巳貞：卯二羌、一牛。(2) ……三[羌]□牛。
277	H32109	2		歷二	卯三牢、二羌于……
278	H32112	1	方	歷二	甲寅卜，其帝方一羌、一牛、九犬。
279	H32113	2	上甲、大乙、大甲	歷二	甲子貞：又伐于上甲羌一，大乙羌一，大甲羌。茲用 三
280	H32114	2	上甲、大乙、大甲	歷二	甲子貞：又伐于上甲羌一，大乙羌一，大甲羌。自。
281	H32127	10		歷二	(1) 二牢。(2) 三牢。(3) 十羌。
282	H32150	10		歷二	弜十羌又……其□羌。
283	H33250	20		歷二	……[羌]又二十。
284	H33314	9		歷二	……羌九，氾自……
285	H33693	10		歷二	辛丑貞：羌其彳用羌十又
286	H41456	10/15/50	毓祖乙	歷二	(1) 甲午[卜]，其又伐于[毓]祖乙十…… (2) 甲午卜，毓祖乙伐十羌又五。茲用。(3) 五十羌。
287	H41457	10	上甲	歷二	甲寅上甲伐羌十。五月
288	H41458	6	祖乙	歷二	(1) ……四[卯六]羌。在祖乙[宗卜]。
		8	大宗		(2) ……虎卯八羌。在大宗卜。

第四章　羌人祭牲　167

續表

序號	片號	數量	祭祀對象	組別	辭例
289	H41459	2		歷二	［癸］巳貞：［二］羌一牛。
290	T51	20	大乙	歷二	癸酉貞：又歲于大乙羌二十。
291	T343	25	祖乙	歷二	（1）其五羌。（2）癸酉貞：乙亥王又彳于□祖乙十［羌］，卯三牛。（3）□□貞：……王又……伐于……十羌。
292	T586	6	大乙、祖乙	歷二	甲午貞：㱃侯……茲用。大乙羌三，祖乙羌三，卯三［牛］，乙未酚。
293	T665	5	上甲、祖乙	歷二	……高祖亥，卯于上甲羌……祖乙羌五……牛，無𡧊。
294	T781	3	大乙	歷二	甲午，貞㱃舞疾……茲用。大乙羌三……
295	T874	10	小乙	歷二	（1）弜歲。（2）舌于小乙。（3）一牢。（4）二牢。（5）十羌。
296	T1005	5	祖丁	無名	丙子卜，祖丁莫祴，羌五人。吉
297	T1059	3	四方	歷二	壬辰卜，其寧疾于四方，三羌屮九犬。
298	T1091	3	自祖乙	歷二	（1）甲午貞：屮彳伐自祖乙羌五，歲三牢。（2）甲午貞：屮彳伐自祖乙三羌，□牢……牛。茲用
299	T1111	100	父丁	歷二	己未，貞畢其御……用牡一，父丁羌百屮……
300	T1113	50	自上甲大示	歷二	……［伐］自上甲大［示］……五十羌，小示廿……
301	T1115	70		歷二	伐其……七十羌……
302	T1310	3		歷二	□□貞：今日其［寧］［疾］……三羌、九犬。
303	T1486	15		歷二	……［羌］十又五……
304	T1540	7		歷二	……七羌于……
305	T2142	30	祖乙	歷二	……于祖乙……羌三十，歲五牢。
306	T2293	10/15/30	大乙	歷二	（1）大乙伐十羌。（2）大乙伐十羌屮五。（3）大乙伐三十羌。

續表

序號	片號	數量	祭祀對象	組別	辭例
307	T2310	3		歷二	……大牢、三羌。
308	T2792	20/70		歷二	（1）己亥……示五十……二十羌……（2）伐其七十羌。
309	T2869	3		歷二	……其剛……［寢］三羌。
310	T3552	2		歷二	癸巳，貞卯二羌、一牛。
311	T3562	18	自上甲十示［出］囗	歷二	甲午貞：畢［來］……其用自上甲十示［出］囗，羌十又八。乙未……
312	T3633	3		歷二	三羌，卯牢。
313	T3670	2		歷二	……二［羌］、二［牛］……
314	T3739	10/15		歷二	（1）庚……（2）［羌］十。（3）［羌］十又五。
315	T4538	3	祖乙	歷二	壬辰貞：甲午又伐于［祖］乙羌三。
316	W1553	3		歷二	……用羌三……
317	W1558	10/15	大乙	歷二	（1）大乙伐十羌。（2）大乙伐十羌出五。
318	W1584	10/15		歷二	（1）十羌。（2）十羌出五。
319	L460	2	大宗	歷二	囗亥卜，［才］大宗，出彳伐二羌，十小牢，上甲……
320	H32042	100	大甲	歷草	丙午卜，翌甲寅酚畢，御于大甲羌百羌，卯十牢。
321	H32048	30	司祠	歷草	……司祠三十羌。卯三十豕。
322	H32049	30	司祠	歷草	（1）丙寅，又伐。（2）于司祠三十羌，卯三十豕。
323	H32053	30	父丁	歷草	乙巳貞：丁未又伐于父丁羌三十，卯三囗。
324	H32056	30		歷草	［庚］子，［貞］：……用羌三十，十牢。允……
325	H32116	1	匒甲	歷草	于匒甲伐一羌。
326	H26908	50	大乙	無名	其又彳大乙羌五十人。
327	H26909	50		無名	……羌發五十。

第四章　羌人祭牲

續表

序號	片號	數量	祭祀對象	組別	辭例
328	H26910	10/20/30		無名	(1) 其又羌十人，王受又。(2) 二十人，王受又。(3) 三十人王受又。
329	H26911	10/15/20		無名	(1) 羌其十人。吉 (2) 其十人又五。大吉 (3) 其二十人。
330	H26912	30		無名	(1) 羌三十人。(2) 卯五牢王又受。
331	H26913	10		無名	羌十人，王受又。
332	H26914	15		無名	貞：羌十人又五，卯五宰。
333	H26915	5/10/15		無名	(1) 弜又羌。(2) 五人，王受又。吉 (3) 十人，王受又。大吉 (4) 十人又五，王受又。(5) 卯牢又一牛，王受又。
334	H26916	10/15		無名	(1) 弜〔又〕羌。(2) 其又羌十人，王受又。(3) 十人又五，王受又。
335	H26917	15		無名	羌十人又五，王受又。
336	H26918	10		無名	其又羌十人。
337	H26919	10		無名	其又羌十人，王受又。
338	H26920	5/10		無名	(1) 五人，王受又。(2) 十人，王受又。
339	H26921	5		無名	其又羌五人。
340	H26922	5/10	小乙	無名	(1) 王其又于小乙羌五人，王受又。(2) 十人，王受又。
341	H26923	3	上甲	無名	……彳上甲羌三人，王〔受又〕。
342	H26924	3	妣庚	無名	□□卜，其又羌妣庚三人。吉。
343	H26962	2		無名	……羌二人，于□□用，王〔受又〕。
344	H32077 正	10		無名	(1) 湄寮十羌。(2) ……〔湄〕寮，引。
345	B8708	10		無名	……眔……羌十。
346	T1003	5/10/10		無名	(1) 其㞢羌五。(2) 十人，王受㞢。(3) □〔十〕〔人〕，王受㞢。

續表

序號	片號	數量	祭祀對象	組別	辭例
347	T1005	5	祖丁	無名	丙子卜，祖丁莫祗，羌五人。吉。
348	T2343	10/15/20/30	祖甲	無名	(1) 癸丑□，□舌祖甲升，叀□□牢屮一牛用。(2) 其發三牢。(3) 其五牢。(4) 羌十人。(5) 十人屮五。(6) 二十人。(7) 三十[人]。
349	T3947	3		無名	乙亥[卜]，才大……屮□……三羌……
350	W1380	5		無名	(1) 其卯屮羌。(2) 弜屮羌。(3) ……又五人。
351	H35351	3		黃類	……往……[邑]一卣，羌三……十，卯牢又一[牛]。
352	H35356	5	文武帝	黃類	乙丑卜貞：王其又彳于文武帝升，其以羌，其五人正，王受又又。

表 4.6　　用羌人祭祀先祖神情況分組分類統計（不含選貞）

祭祀對象		師組	師賓間	賓組	出組	何組	師歷間	歷類	無名類	黃類	子組	合計	
自然神	方			4				2				6	60
	四方							3				3	
	岳			3								3	
	河			16		30						46	
	土							2				2	
远祖先公	王亥			12								22	23
	夒							5					
	王夒					5							
	昌			1									
近祖先公	上甲			59	15	3		27	3			107	107
前期先王	大乙（唐）			30	110			116	50			306	311
	大丁							5				5	
中期先王	大甲			37				101				138	141
	父戊？				3							3	

續表

祭祀對象		師組	師賓間	賓組	出組	何組	師歷間	歷類	無名類	黃類	子組	合計	
後期諸王	祖乙	2		341	35		1	125				504	2034
	祖辛				3							3	
	羌甲			1								1	
	祖丁							5	5			10	
	龟甲							1				1	
	庚宗？			20								20	
	小辛			3								3	
	父辛				2							2	
	毓祖乙							15				15	
	小乙			3				10				13	
	父乙			11								11	
	乙			1								1	
	父丁			10	58			290				358	
	丁			979	100			8				1087	
	文武帝									5		5	
合祭先公先王	大宗							10				10	523
	三示							3				3	
	自上甲……							58				58	
	自上甲大示							50				50	
	自上甲六示，小示							4				4	
	自上甲十示［土］□							18				18	
	上甲、大乙、大甲							4				4	
	上甲、祖乙							5				5	
	唐、大甲、大丁、祖乙			100								100	
	大乙、祖乙、小乙、父丁							13				13	
	大丁、大甲、祖乙			200								200	
	大甲、丁			30								30	

續表

祭祀對象		師組	師賓間	賓組	出組	何組	師歷間	歷類	無名類	黃類	子組	合計	
合祭先公先王	大乙、祖乙							6				6	
	自祖乙						10	3				13	
	祖丁、父甲				2							2	
	小丁、父丁			5								5	
	祖庚、祖辛										2	2	
女性神	丁妻二妣己		10									10	97
	小乙奭妣庚				10							10	
	妣庚		1	40					3			44	
	多妣		3									3	
	后（司？）辛		10									10	
	母		5									5	
	母辛			10								10	
	帚		3									3	
	黃奭		2					1				2	
先臣	伊尹							3				1	7
	伊											3	
	黃尹		3									3	
身份不明	扆		1									1	3530
	扆甲			3								3	
	司饲								90			90	
	矧			5								5	
祭祀對象不明		0	100	2261	144	4	0	742	175	3	2	3421	
總計		2	100	4160	533	49	16	1725	236	8	4	6833	

需要加以說明的是《合集》32063 和《合集》3852 未計入。

乙酉卜，帝伐自上甲。用
丁酉卜，五示十羌又五。不　　　　　（《合集》32063，歷一）

因為該片第一條卜辭後單獨加"用"字，第二條卜辭後單獨加"不"

字。"用"和"不"相互對照,可知第二條卜辭中的十羌又五並沒有殺。

甲午卜,韋貞:[翌]丙申□㞢來[羌]……
丁酉卜,㔾貞:伐九百示。不　　　（《合集》3852,典賓）

該片第二條的"伐九百"並不能確定所殺的是羌人,另外卜辭後加"不"字,與《合集》32063的用法相似,應表示最終結果沒有殺伐九百個祭牲。

另外,《屯南》1091,由於第二條卜辭後有"兹用"二字,故按該條卜辭"三羌"計算。

表4.7　　用羌人祭祀先祖神情況分組分類統計（選貞）

	賓組	出類	歷類	無名類	總計（下限/上限）
王亥	9/10（H349+358+14737）9/10（《存補》4.1.1）				18/20
上甲			5/9（H32083）		5/9
自上甲大示			2/3/5（H32090）		2/5
大乙			10/15/30（T2293）10/15（W1558）		20/45
大甲	9/10（Y23反）				9/10
祖乙	10/20/30（H39498反）10/15（H324）				20/45
毓祖乙		3/5（H40915）			3/5
小乙				5/10（H26922）	5/10

174 上編　甲骨刻辭羌人研究

續表

	賓組	出類	歷類	無名類	總計（下限/上限）
祖甲				10/15/20/30（T2343）	10/30
伊		1/3（H32107）		1/3	
不明	3/5（H368） 3/5（H371 正）		30/50（H32047） 3/5/10/15（H32067） 10/20（H32080） 3/5/10（H32081） 3/6（H32085） 3/5（H32092） 3/5（H32093） 2/3（H32108） 20/70（T2792） 10/15（T3739） 10/15（W1584）	10/20/30（H26910） 10/15/20（H26911） 5/10/15（H26915） 10/15（H26916） 5/10（H26920） 5/10/10（T1003）	148/324
總計	53/85	3/5	125/276	60/140	241/506

　　需說明的是《合集》41456 未計入。這組卜辭是選貞，卜問究竟用十個，十五個，還是五十個羌人祭祀［毓］祖乙。在第二條卜辭左側，單獨刻有"茲用"，說明最後的結果是選擇了第二種方案，也就是"伐十羌又五"，本版刻辭中所殺羌人數是確定的，而表 4.7 中所列的選貞，所殺羌人數都不確定，因此本版在計算時不歸入這一類，而歸入表 4.6。

表 4.8　　用羌人祭祀先祖神情況分組分類統計表（總表）

	師組	師賓間	賓組	子組	師歷間	歷一	歷二歷草	出組	何組	無名類	黃類	總計
羌牲數量	2	100	4160	4	16	229	1496	533	49	236	8	6833
佔總數百分比	0.03%	1.46%	60.88%	0.06%	0.23%	3.35%	21.89%	7.80%	0.72%	3.45%	0.12%	
選貞中的羌牲數量			53—85			0	125—276	3—5		60—140		241—506
下限數總計	2	100	4213	4	16	229	1621	536	49	296	8	7074
佔總數百分比	0.03%	1.41%	59.56%	0.06%	0.23%	3.24%	22.91%	7.58%	0.69%	4.18%	0.11%	
上限數總計	2	100	4245	4	16	229	1772	538	49	376	8	7339
佔總數百分比	0.03%	1.36%	57.84%	0.05%	0.22%	3.12%	24.14%	7.33%	0.67%	5.12%	0.11%	
分期小計			4564—4596				2157—2310		345—425		8	7074—7339
			64.52%—62.19%				30.49%—29.39%		4.88%—4.70%		0.11%	
			64.97%—62.62%				32.65%—31.48%		6.01%—5.79%		0.11%	
			主要是武丁時期				主要是祖庚、祖甲時期		主要是廩辛、康丁、武乙時期		主要是文丁、帝乙、帝辛時期	
年份①			BC1250–BC1192 59年				BC1191–BC1113 79年				BC1112–1046 67年	

---

① 夏商周斷代工程專家組：《夏商周斷代工程 1996—2000 年階段成果報告》（簡本），世界圖書出版公司 2000 年版。

通過以上的統計，可以得到如下結論。

（1）根據卜辭所記，殺害的羌人數為7074—7339個。

（2）記載殺害羌人最多的是賓組卜辭，4213—4245個，占總羌牲數的57.84%—59.56%，其次是歷類，1850—2001個，佔總羌牲數的26.15%—27.27%。各組用羌數所佔的比例如圖4.7所示。

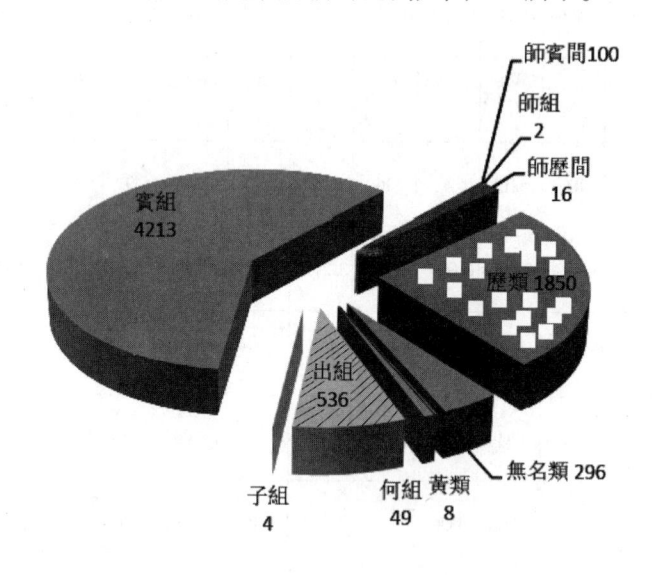

圖4.7 甲骨刻辭各組中用羌数比例

（3）若將各組卜辭與歷史時期對照，武丁時期，殺羌人4564—4596個，佔總羌牲數的62%—65%；祖庚、祖甲時期殺羌人2157—2310個，佔總羌牲數的29%—33%；廩辛、康丁、武乙時期殺羌人345—425個，占總羌牲數的4%—6%；武乙之後，殺羌人8個，約佔總羌牲數的0.1%。其總的趨勢是殺害羌人的數量越來越少（見圖4.8）。

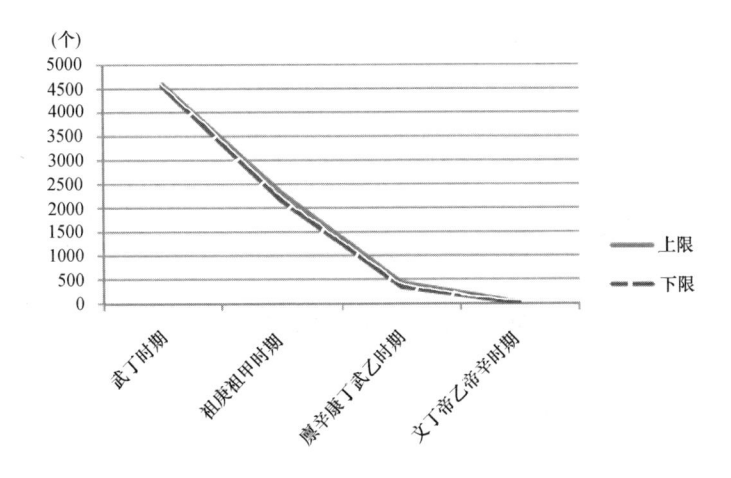

圖 4.8 殷商晚用於祭祀的羌牲數量變化趨勢

需要說明的是，各組類之間可能有交叉、共存期，無法將其完全清晰地劃歸為某個時期，筆者將其按四個時期劃分，並不是主張甲骨分四期，只是為了統計描述的方便。

另外，通過表 4.3 和表 4.4，可以發現，在武丁以前的先公先王中，單獨祭祀用羌牲比較多的主要是上甲、大乙、大甲、祖乙，若按用羌牲數排名，則依次為：祖乙（504）、大乙（306）、大甲（138）、上甲（107）。單獨祭祀這四位先公先王，累計用羌人祭牲 1055 個。

表 4.9　　　　用羌牲單獨祭祀上甲、大乙、大甲、祖乙情況

	上甲	大乙	大甲	祖乙	合計	排名
師組	0	0	0	2	2	6
賓組	59	30	37	341	467	1
師歷間	0	0	0	1	1	7
歷類	27	116	101	125	369	2
出組	15	110	0	35	160	3
何組	3	0	0	0	3	5
無名類	3	50	0	0	53	4
合計	107	306	138	504	1055	
排名	4	2	3	1		

將"上甲""大乙""大甲""祖乙"四位用羌牲數較多的先祖神作以比較,會發現在不同時期,他們所受祭的數量和受重視的程度各不相同。賓組和歷類卜辭中,受祭羌牲最多的是祖乙;出組和無名類卜辭中,受祭羌牲最多的是大乙。

第六節　羌人祭牲的來源

羌牲的來源有四種。

一　田獵時獲取

（1）［丙］寅卜,［子］效［臣］田,不其獲羌。

(《合集》194,典賓)

（2）丙寅卜,子效臣田,不其［獲］羌。丙寅卜,子效臣田獲羌。一 二 三

(《合集》195,典賓)

二　出行時獲取

（1）己丑卜貞:今出羌無囚。一 二告 一 二告

(《合集》6602,賓一)

（2）己丑卜貞:［今］出羌無囚。二 三　(《合集》6605,賓一)

（3）己丑卜,今出羌㞢獲征。二 二告　(《合集》6605,賓一)

（4）己丑卜,今出羌㞢獲征。七［月］。三

(《合集》6606,賓一)

（5）□□卜,今出羌㞢［獲征］。　(《合集》6607,賓一)

（6）……今出羌,㞢獲征。　(《合集》39901,典賓)

"出羌"可能就是出行到羌人生活的地方去。"獲征"相當於一個偏

義複詞，其意義重在"獲"。"出羌虫獲征"就是卜問出行到羌人生活的地方去，有沒有收獲。收獲的對象既有可能是羌人，也有可能是羌人的財物等。

三　戰爭等武力手段獲取

用戰爭等武力手段獲取羌人，是獲取羌牲的一個重要途徑。關於對羌人戰爭征伐活動，參見第五章第一節和第二節。

四　將領部族或友邦貢納

將領部族或友邦貢納是獲取羌牲的一條主要途徑，下面予以整理（見表4.10）。

表4.10　　　　　　　　羌牲獲取貢納情況（部分）

類別	人名國族名	獲取羌人		貢納羌人	
		獲羌	得、係	以羌	來羌
	般			乎般以囗。/……羌。（《合集》14173反）	
	雀	己酉卜，㱿貞：射雀獲羌。（《合集》165）		己卯卜，宁貞：翌甲申用雀以羌自上甲。（《合集》277）	貞：用雀來羌。（《合集》244）
	望乘	比望乘，戈獲羌。（《合集》173）			庚子卜，宁貞：翌甲辰用望乘來羌。（《合集》236）
重臣將領	戈	囗囗卜，殻貞：戈獲羌。（《合集》171）			
	畢	畢獲羌。（《合集》196、197、198）		辛丑卜貞：畢以羌，王于門尋。（《合集》261）	囗囗貞：畢來一羌一牛。（《合集》32013）
	㚔				壬子卜貞：㚔以羌☤于丁用。六月。（《合集》264）

續表

類別	人名國族名	獲取羌人		貢納羌人	
		獲羌	得、係	以羌	來羌
重臣將領	犬延			辛亥卜，犬延以羌一用于大甲。（《合集》32030）	辛亥卜貞：犬延來羌，用，于□甲。（《合集》240）
	侯告		侯告羌得。（《合集》517正）	乙亥卜，宁貞：告以羌眢［用］自……（《合集》280）	
群方國	光	貞：光獲羌。（《合集》182）丁未卜貞：令戉，光出獲羌芻五十。（《合集》22043）		……旬出二日乙卯允出來自光，以羌芻五十。小告。（《合集》226正，典賓）	……光來羌。（《合集》245）
	犬侯			辛巳貞：犬侯以羌其用自？（《屯南》2293）	
	窒		丙午卜，爭貞：窒其係羌。（《合集》495）		
	囟			……［令］囟……□以羌……而二十（《合集》286）	
	小（伯）				乙丑卜，宁貞：小來羌汛用。（《合集》241）
	疋	丁丑卜，宁貞：疋獲羌。貞：疋不其獲羌。（《合集》190正）			貞：叀疋來羌用。（《合集》232）
	興方			壬寅卜，殼貞：興方以羌，用自上甲至下乙。（《合集》270正）	

續表

類別	人名國族名	獲取羌人		貢納羌人	
		獲羌	得、係	以羌	來羌
群方國	龍方			貞：龍方以羌，自上甲，王用至于下乙，若。(《合集》271 反)	
	達				己卯貞：達來羌其用于(《合集》41461)
婦類	妘			妘其以羌。(《合集》282)	
子類	子寅			乙卯媚子寅入宜羌十。(《合集》10405 正)	
	目				辛巳[卜]，宁貞：[翌]甲申用目來羌自……(《合集》229)
貞人卜官	盧			貞：勿用盧以羌。(《合集》259)	
	㫃㱿			辛丑卜，宁貞：㫃㱿以羌。/貞：㫃㱿不其以羌。(《合集》267 正)	
類別不詳	毘			……毘以……其來羌……(《合補》7 正)	
	𠂤			貞：𠂤以羌，彳自高妣己、妣庚于毓(后)。(《合集》279)	

從表 4.10 可以看出，為商王貢納羌人的有重臣將領、屬國、與國、諸

婦、諸子，還有貞人卜官。有的人（或族）雖然沒有獲取羌人，卻為商王貢納羌人，他們的羌牲來源，既有可能是別的人（或族）贈送的，也有可能是通過買賣或實物交換得來的，當然也有可能是卜辭裏沒有記載下來。

　　甲骨卜辭中的"以"字釋法眾多。姚孝遂："甲骨文𠂤、𠂤同字，𠂤即𠂤之簡省，諸家皆以詳加論證，可以作為定論。"① 在諸家的說法中，字形釋為"以"的佔多數，字義方面，胡厚宣、王貴民、陳煒湛、屈萬里、魯實光五位學者釋讀的"致"意②，比較符合大多數卜辭的實際情況。裘錫圭認為甲骨文常見𠂤字，有時當攜帶、帶領講，有時當致送講，"致送"也可以說就是帶來或帶去的意思。③其餘學者的其他釋義有的只適用於部分比較特殊的卜辭，可根據情況酌情採納。

　　"某以羌"就是"某致送羌人"的意思。在下面這版卜辭中，可以明顯看出來：

　　　　囗乎取羌以。
　　　　貞：于龐。
　　　　貞：勿［于］龐。　　　　　　　　　（《合集》891 正，賓一）

　　第一條卜辭的"取羌以"就是獲取羌人並且致送，第二、三條卜辭接著卜問是否到了龐地，"于"在這裏是"到"的意思。

　　　　（1）……以羌……用。　　　　　　　（《合集》289，賓三）
　　　　（2）囗囗卜，爭，［貞］：……以羌用。（《合集》290，賓三）
　　　　（3）丙午［卜，即］貞：又［以羌］翌丁未［其用］。
　　　　　　　貞：弜用。二月。
　　　　　　　丙午卜，即貞：又以羌翌丁未其用。
　　　　　　　　　　　　　　（《合集》22542 +《合補》7362④，出二）

---

① 于省吾主編：《甲骨文詁林》第 1 冊，中華書局 1996 年版，第 63 頁。
② 諸家說法，參見于省吾主編《甲骨文詁林》第 1 冊，中華書局 1996 年版，第 44—63 頁。
③ 裘錫圭：《說"以"》，《古文字論集》，中華書局 1992 年版，第 106—110 頁。
④ 黃天樹主編：《甲骨拼合續集》，學苑出版社 2011 年版，第 93、365—366 頁。

這幾條卜辭卜問，致送的羌人是否刑殺來祭祀。

"取—以—用"形成一個連續的過程，先獲取羌人，再致送羌人，最後再刑殺羌人以饗神靈。

需要加以特別說明的是貞人"旃"和"殼"也為商王貢納羌人。

辛丑卜，方貞：旃眔殼以羌。一
貞：旃眔殼不其以羌。一 二 三 四　　（《合集》267 正，賓一）

"旃"和"殼"都是武丁時的貞人，"旃眔殼以羌"說明"旃"和"殼"兩位貞人也都為商王致送了羌人。《合集》267 正中的"旃"寫作 ⚇，另外⚇（《粹》743 = 《合》11760）、⚇（《乙》6962 = 《合》12051 正）二字，陈梦家等將其隸定為"侎"，"旃"和"侎"都是武丁時的貞人，可能係同一個人。《合集》9049 反：⚇以百。這裏的⚇，可能與旃、侎都是同一個字的不同寫法。關於"殼"的卜辭很多，其身份是貞人這一點可以確定無疑，此處不贅述。下面將與貞人"侎"有關的卜辭作以整理。

第一組：

(1) 庚午卜，侎貞：雨。　　　　　　（《合集》11760，賓一）
(2) 甲辰卜，侎貞：今日其雨。
　　甲辰卜，侎貞：今日不其雨。
　　甲辰卜，侎貞：翌乙巳其雨。（《合集》12051 正，賓一）
(3) □□［卜］，侎貞：……陳。　　（《合集》3935，賓一）
(4) □□［卜］，侎貞：……［日］。（《合集》13230，典賓）

這組卜辭，表明武丁時期"侎"是一個貞人。

第二組：

(1) 己酉卜，方貞：［乎］比丘侎。

己酉卜，㱿貞：勿卒乎比丘倗。

(《合集》8591，賓一)

(2) 貞：叀倗乎同丘。一　　(《合集》10171 正，典賓)

(3) □□〔卜〕，□，〔貞：旬無〕囚。丙戌甗、倗、晉。二月。

(《合集》6063 正，典賓)

(4) □〔未卜〕，□貞：……〔王占〕曰：㞢求。四日……甗、倗、晉……

(《合集》7150 正，典賓)

(5) □□〔卜〕，〔永〕貞：旬無囚。〔王〕固曰：其㞢來嬉……丙戌允㞢來嬉……倗……己……　　(《合集》7149 正，典賓)

(6) 己酉〔卜〕，旃出。　　(《合集》4379，賓三)

(7) ……四日丙申……〔倗〕……

(《合集》8088 反，典賓)

(8) 辛卯卜貞：旃其先冓戎。五月。　(《合集》39967，賓一)

(9) 甲戌貞：令旃。　　(《合集》32926，歷二)

這組卜辭與戰爭有關，"乎（呼）"表明丘和"倗"是被命令的對象，甗、晉與"倗"都是人名，可能是王命令這三個人去做某事。

第三組：

……〔倗〕家伐……　　(《合集》13589，典賓)

這組卜辭大意是曾為"倗"家舉行伐祭。

貞：牛畀倗……一 二告 二 三 四 五 六 七

(《合集》15929，賓一)

"畀"有"給予"義，表明把牛賜給"倗"，說明在商王心中，"倗"有比較重要的地位。

［己］酉卜，亞，［窒?］佣其隹臣。
　　　己酉卜，亞，窒［佣不］其隹臣。　　　（《合集》22301，亞組）

表明曾為"佣"舉行"窒"祭。

第四組：

（1）貞：王［其］戍佣……疾不……　（《合集》28040，何一）
（2）戍佣，其……　　　　　　　　　（《合集》28042，何一）
（3）貞：弜……佣，其每。　　　　　（《合集》31258，何二）
（4）佣其以……尹雨……于□……岀。（《合集》28074，無名）

"戍佣"表明第三期（廩辛、康丁時期）"佣"族擔任戍守任務。

　　通過以上分析，可以大致看出"佣"在武丁時期是一個貞人，到廩辛、康丁時期，"佣"族擔任戍守任務。這表明"佣"有自己的封地，這就不難理解"佣"為什麼會有羌人貢獻給商王。依次類推，"㱿"也有自己的封地，因此才會有羌人致送給商王。一個純粹的貞人，手中的羌人從何而來？凡是給商王貢納羌人或其他祭牲的貞人，一般來說，或者可能是族群方國的首領，或者可能是因占卜祭祀有功而獲得了屬於自己的封地，也有可能是其他族群方國贈送，這說明貞人具有特殊的地位。

第 五 章

羌人與商王朝的關係

第一節　商王朝對羌征戰活動的类型

一　征伐、抵禦類：伐羌、征羌、獲征羌、禦羌

【伐羌】

(1) 　□□卜……／　其伐羌又囚。

　　　　　　　　　　　　（《合集》20406，師小字）

(2) 　……翌丁巳伐羌。

　　于庚申伐。　　　　　（《合集》469，師賓間 A）

(3) 　……得四羌……在秉。十二月。

　　乙亥卜貞：伐羌。　　　　（《合集》519，典賓）

(4) 　翌甲辰易日。

　　貞：〔登〕人乎戎伐羌。

　　勿登人乎伐羌。　　　　　（《合集》6619，典賓）

(5) 　壬辰卜，爭貞：我伐羌。　（《合集》6620，典賓）

(6) 　叀王伐羌。

　　叀王□羌。

　　叀雀伐羌。　　　　　　（《合集》20403，出類）

【征羌】

……弗……亦……征羌。　　　　　　（《合集》18986，典賓）

【獲征羌】

……曰：其獲征羌。　　　　　　　　（《合集》6608，典賓）

【禦羌】

(1) □□［卜］，㱿貞：乎🕱……
　　□□［卜］，㱿貞：乎禦羌……　　（《合集》6613，典賓）
(2) 戊午卜，㱿貞：勿乎禦羌于九🕱，弗其獲。
　　　　　　　　　　　　　　　　　（《合集》6614正，典賓）
(3) 戊午卜，㱿貞：勿乎禦羌于🕱，弗其獲。
　　　　　　　　　　　　　　　　　（《合集》6615，典賓）
(4) 丙辰卜，㱿貞：禦羌于河。　　　（《合集》6616正，典賓）
(5) □□卜，□，［貞］：乎禦羌示🕱。一 二告 二 二告 一 二告
　　　　　　　　　　　　　　　　　（《合集》39900，典賓）

"乎🕱禦""乎禦羌"就是呼令🕱抵禦羌人的意思。

二　緝拿、抓捕類：追羌、𡨦羌、執羌、孔羌

【追羌】

(1) 己未卜，㱿貞：𠚼以。
　　貞：乎追羌及。二告　　　　　　（《合集》490，典賓）
(2) □午卜，□追羌獲。　　　　　　（《合集》491，典賓）
(3) ……今日［畢］……往追羌。一
　　貞：……無…… 一

　　　　貞：勿……犬徂……一

　　　　貞：……曰……　　　　　　　　　（《合集》492，典賓）

(4)　癸未卜，㱿貞：車畢往追羌。一

　　　戌戌卜，㱿貞：牧勾□令冓以愛。一

　　　　　　　　　　　　　　　　　　　（《合集》493，典賓）

(5)　……畢……追羌。一　　　　　（《合集》494，典賓）

【卒羌】

(1)　……卒羌十人……　　　　　　（《合集》496，典賓）

(2)　……[宔]丁丑……卒羌……　　（《合集》497，典賓）

(3)　□□卜，殼貞：戠卒羌。王占曰：㞢……

　　　　　　　　　　　　　　　　　　　（《合集》498，典賓）

(4)　……龟卒羌，獲二十㞢五，而二。（《合集》499，典賓）

(5)　□巳卜，□貞：[龟]以三十馬，允其卒羌。二 二告 三 四 五 六 七 八

　　　貞：龟三十馬弗其卒羌。二 二告 三 四 五 六 七 八

　　　　　　　　　　　　　　　　　　　（《合集》500 正，典賓）

(6)　貞：弗其卒羌。二月。

　　　丁卯卜貞：㞢于祖乙宰，羌三人。二

　　　貞：宰㞢一牛。二　　　　　　　（《合集》501，典賓）

(7)　丙子夕豊……／……正卒羌。（《合集》39495 反，典賓）

(8)　……卒羌……貝……　　　　　　（《懷特》447，典賓）

(9)　……卒羌，其……在四月。　（《合集》40913，出一）

【執羌】

　　　壬午卜，㱿貞：令龟執羌。　　　（《合集》223，典賓）

【丮羌】

□巳卜，丮羌……日其……　　　　　　　（《合集》18987，典賓）

《說文·丮部》："丮，持也。"段玉裁注："持，握也。"《漢語大字典·乙部》："甲骨文丮，像一人側面蹲踞，伸出兩手有所作為的形狀。小篆形體略有變易，許慎說解可從。"①

三 翦滅類：戠羌、蔑羌

【戠羌】

（1）貞：……戠……羌。　　　　　　　　（《合集》6609，典賓）
（2）貞：弗戠羌。　　　　　　　　　　　（《合集》39904，典賓）

【蔑羌】

（1）貞：㞢于祖乙告。
　　　戉㞢蔑羌。
　　　貞楙：戉于祖乙。　　　　　　　　 （《合集》6610 正，典賓）
（2）貞：尞三豭。
　　　貞：戉無其蔑羌。　　　　　　　　 （《合集》6611，典賓）

甲骨文中的"蔑"，寫作 (《合集》6653 正)、 (《合集》14804)、 (《合集》33960) 等。《說文》："蔑，勞，目無精也。從苜，人勞則蔑然，從戍。"朱駿聲通訓定聲："按許說此字誤也。當云從苜，伐聲，結字似戍耳。"甲骨文像以戈击人頭，朱說有一定道理。

---

① 徐中舒主編：《漢語大字典》第 3 卷，四川辭書出版社、湖北辭書出版社 1988 年版，第 51 頁。

甲骨卜辭中的"蔑"可以表示下列幾個意思：

1. 表舊先臣的名字，如：

　　其又蔑眔伊尹。　　　　　　　　　（《合集》30451，無名）

大意是向"蔑"和"伊尹"進行侑祭，可見"蔑"與"伊尹"身份相當。"伊尹"是舊先臣，因輔湯伐桀有功而受到後代祭祀，"蔑"也應是舊先臣。

"蔑"受到祭祀的還有下列卜辭：

　　（1）戊戌卜，㞢蔑。二告　　　　（《合集》12843 正，賓一）
　　（2）貞：出于蔑十豕、羊。　　　　（《合集》14801，賓一）
　　（3）勿酒出于蔑。
　　　　勿出于蔑。　　　　　　　　　（《合集》1773 反，典賓）
　　（4）貞：王出匚于蔑，隹之出祭。　（《合集》6653 正，典賓）
　　（5）辛亥卜，殼貞：出于蔑召二犬，卯五牛。
　　　　　　　　　　　　　　　　　　（《合集》14807 正，典賓）
　　（6）貞：出于蔑。　　　　　　　　（《合集》14808，典賓）
　　（7）□□卜，亙，[貞]：……出蔑……
　　　　　　　　　　　　　　　　　　（《合集》14809 正，典賓）
　　（8）勿酒出于蔑。　　　　　　　　（《合集》14810，典賓）
　　（9）[己]卯卜，余㞢于蔑三牛，允正。
　　　　　　　　　　　　　　　　　　（《合集》14811，典賓）
　　（10）貞：出于蔑。　　　　　　　　（《合集》17302，典賓）
　　（11）……出歲于蔑卅羊。　　　　　（《屯南》2361，歷二）

2. 表地名，如：

　　（1）貞：于蔑？　　　　　　　　　（《合集》14813，典賓）
　　（2）貞：于蔑？　　　　　　　　　（《蘇德》美6，典賓）

"于蔑",既有可能是向蔑進行祭祀,也有可能是貞問某人是否已到蔑地。

春秋時魯國有地名曰"蔑",即姑蔑,地在今山東省泗水縣東。《春秋·魯隱公元年》:"公及邾儀父盟於蔑。"杜預注:"蔑,姑蔑,魯地,魯國卞縣南有姑城。"

3. 表微小,如:

(1) 戊寅卜,爭貞:雨其蔑。　　　　　(《合集》250,典賓)
(2) 今……蔑雨。　　　　　　　　　　(《合集》33960,歷一)
(3) 戊午雨蔑。　　　　　　　　　　　(《合集》24901,出二)

"雨其蔑"就是雨變小。"蔑雨"就是"小雨""細雨"。在陝南洋縣方言中,至今還保留有這個詞,如"蔑[miA⁴¹]蔑雨"。

《方言》卷二:"木細枝謂之杪,江、淮、陳、楚之內謂之蔑。"郭璞注:"蔑,小兒也。"《易·剝》:"六二,剝牀以辨,蔑貞凶。"唐孔穎達疏:"蔑謂微蔑,物之見削則微蔑也。"《法言·學行》:"視日月而知眾星之蔑也。仰聖人而知眾說之小也。"《資治通鑑·漢靈帝光和元年》:"松、覽等皆出於微蔑,斗筲小人。"胡三省注:"蔑者,微之甚,幾於無也。"

4. 表消滅意,如:

癸卯卜,王,缶蔑征𢦏執,弗其蔑印。三日丙[午]冓方,不獲。十二月。　　　　　　　　　　(《合集》20449,師小字)

這是一條與戰爭、征伐有關的卜辭,此處的"蔑"應為"消滅"之意。下面幾條卜辭中的"蔑"可能也表"滅"意。

(1) 隹蔑。　　　　　　　　　　　　　(《合集》116反,典賓)
(2) ……我其蔑……弗其……　　　　(《合集》5021,典賓)
(3) 貞:無其蔑。　　　　　　　　　　(《合集》17359正,典賓)

(4) 我其㞢蔑。　　　　　　　　　　　（《合集》17358，典賓）

《易·剝》："初六，剝牀以足，蔑貞凶。"王弼注："蔑，猶削也。"陸德明釋文："荀（爽）作滅。"《國語·周語中》："今將大泯其宗祊，而蔑殺其民人，宜吾不敢服也！"韋昭注："蔑，猶滅也。"辛棄疾《美芹十論》："宋、齊、梁、陳之間，其君臣又皆以一戰之勝蔑其君而奪之位。"

"戉"是武丁時期的武將，《合集》6610 正、《合集》6611 中的"蔑羌"當理解為"蔑羌"，"戉㞢蔑羌"的意思是：戉是否又會消滅羌人？（或可理解為：為滅羌之事進行侑祭）"棄戉于祖乙"的意思是：為戉向祖乙進行棄祭。"戉無其蔑羌"的意思是：戉有沒有消滅羌人？

第二節　商王朝對羌的征戰活動

一　商王亲自參與對羌的征戰活動

（一）王親自伐羌

(1) 叀王伐羌。
　　叀王□羌。
　　叀雀伐羌。　　　　　　　　　　　（《合集》20403，㞢類）
(2) 乙卯卜，爭貞：王□伐馬羌。　　（《合集》6624，典賓）
(3) 己酉卜，殼，王叀北羌伐。一
　　　貞：叀羌。一　　　　　　　　（《合集》6626，賓一）
(4) 己酉卜，殼貞：王叀北羌伐。　　（《合集》6627，賓一）

（二）王在將領的協助下獲取羌人

　　貞：王［叀］沚戜比。
　　貞：□不［其］獲羌。　　　　　　（《合集》221，典賓）

"比"有"輔助"的意思，《爾雅·釋詁下》："比，俌（輔）也。"《易·比》："比，輔也。"孔穎達疏："由比者，人來相輔助也。"《詩·唐風・杕杜》："嗟行之人，胡不比焉？"郑玄箋："比，輔也。"《國語・齊語》："桓公召而與之語，訾相其質，足以比成事。"韋昭注："比，輔也。"

"沚聝"是商王的武將，這組卜辭的大意是：沚聝是否會輔助王，是否會獲取羌人。

  貞：尞。
  貞：戊不其獲羌。
  貞：王叀沚聝比。   （《合集》39488，典賓）

這組卜辭的大意是：沚聝輔助王，戊日是否會獲取羌人。

（三）王帶領軍隊獲取羌人

 （1）己丑卜，永貞：戊其㞢。
   丁巳卜，㱿貞：𠂤獲羌。十二月。
   ［乙酉］卜，［方］貞：［王］往［出］。
        （《合集》178 +《合集》7700，① 典賓）
 （2）貞：𠂤不獲羌囗。   （《合集》179 正，典賓）
 （3）癸酉卜，㱿貞：今日王步。一
   辛丑卜，㱿貞：翌乙巳王勿步。一
   貞：𠂤不其獲羌。一   （《合集》180，典賓）
 （4）乙酉卜，方貞：王往出。
   己丑卜，永貞：戊其［出］。
   丁巳卜，㱿貞：𠂤獲羌。 （《合集》39489，典賓）

"𠂤"即"師"的初文，"師"是商代的常設軍事組織，例如：

 （1）丁酉貞：王乍三師又（右）中左。
          （《合集》33006，歷二）

---

① 黃天樹主編：《甲骨拼合集》，學苑出版社 2010 年版，第 108、410 頁。

(2) 乙未［卜］，□貞：［立史］于南，右［从我］，中从𢀛，左从曾。三

(《合集》5504，師小字)

(3) 乙未卜，□，［貞］：宰立史［于南］，右从我，［中］从𢀛，左从曾。十二月。　　　(《合集》5512 正，賓一)

(4) 甲□［卜］貞：方來入邑，今夕弗震王師。

(《合集》36443，黃類)

"㠯獲羌"就是軍隊捕獲羌人。《合集》180 的"王步"，《合集》39489 的"王出"，說明可能是王親自出征，帶領軍隊捕獲羌人。

貞：㠯不其獲羌。十月。二
甲辰卜，亘貞：屮于河。一　　　(《合補》4 正，典賓)

這組卜辭說明，向"河"神舉行屮祭，卜問㠯是否獲羌？

(四) 王命令捉拿羌人

丁子(巳)卜，王乎執羌其……

(《合集》41312＋41320＋26950，[①] 無名類)

二　大臣將領對羌的征戰活動

【雀】

(1) □□［卜］，殻貞：射雀……［王占］曰：叀既，己卯……獲羌十。

(《合集》163，典賓)

[①] 蔡哲茂綴 A、B，莫伯峰加綴 C。黃天樹主編：《甲骨拼合續集》，學苑出版社 2011 年版，第 48—49、346—347 頁。

(2) 己酉卜，㱿貞：射雀獲羌。　　　　（《合集》165，典賓）

(3) 己酉卜，㱿貞：雀獲羌。　　　　　（《合集》166，典賓）

(4) 雀獲羌。　　　　　　　　　　　　（《合集》167，典賓）

(5) ……雀［獲］羌。　　　　　　　　（《合集》168，典賓）

(6) ［貞］：雀［不］其［獲］羌。　　（《合集》169，典賓）

(7) 雀獲。/不其獲羌。/乎取。　　　　（《合集》170，典賓）

(8) 貞：用［雀］來羌。二　　　　　　（《合集》244，典賓）

(9) □□［卜］，㱿，［貞］：……雀……羌。三

（《合集》4207，典賓）

【沚㦰】

戊午卜，㱿貞：令戉弋沚其冓……

貞：戉不其獲羌。

其獲羌。

令戉弋沚。

貞：戉不其冓戈。

貞：翌乙丑㞢于祖乙。　　　　（《合集》174＋175 遙綴，典賓）

【甫】

癸卯卜，宁貞：叀甫［乎］令沚啚羌方。七月。

（《合集》6623，典賓）

【雀】

(1) ……雀……羌……　　　　　　　　（《合補》2256）

(2) 叀雀伐羌。　　　　　　　　　　　（《合集》20403，出類）

【戉】【望乘】

(1) 戊午卜，㱿貞：戉不其獲［羌］。二（《合集》174，典賓）
(2) 不［隹］多……祖。
貞：戉獲羌。
不其獲羌。
貞：戉不其獲羌。
貞：戉不其獲［羌］。　　　　　（《合集》176，典賓）
(3) 貞：戉不其獲羌。
戉獲羌。　　　　　　　　　　（《合集》177，典賓）
(4) □□卜，㱿貞：戉無其㱽?
丁亥卜，㱿貞：……［王］占曰：叀［既］……獲羌十人
出□。
　　　　　（《合集》338 +《京人》1065 +《京人》971，典賓）
(5) 不隹多祖。
貞：戉獲羌。
貞：戉不其獲羌。
貞：戉不其獲羌。
不其獲羌。　　　　　　　　　（《天理》150，師賓間）

卜辭中雖未見"望乘"獲羌的直接記載，但是這幾版上記載有"戉比望乘""戉獲羌"，其潛在意思是戉協助望乘捕獲羌人，暗含的意思是望乘也參與了捕獲羌人的行動。例如：

(1) □□卜，㱿貞：戉獲羌。
□□卜，㱿貞：令望乘……
□□［卜］，□貞：王鼎比望乘……（《合集》171，典賓）
(2) ［令望乘］。
比望乘。
戉獲羌。　　　　　　　　　　（《合集》172，典賓）

第五章 羌人與商王朝的關係

(3) 比望乘。
戈獲羌。 （《合集》173，典賓）

【𢦒】

(1) ［𢦒］獲羌。 （《合集》196，典賓）
(2) ［𢦒獲］羌。 （《合集》197，典賓）

【吳】

(1) 吳戈［羌］。 （《合集》6629，賓一）
(2) □戌卜，㱿貞：吳戈羌龍。 （《合集》6630正，賓一）
(3) 貞：吳戈羌龍。十三月。 （《合集》6631，賓一）
(4) 貞：吳弗其戈羌龍。 （《合集》6633，典賓）
(5) 貞：吳弗其戈羌龍。 （《合集》6634，典賓）
(6) 貞：吳㞢羌龍。二告 （《合集》6635，典賓）
(7) 丙辰卜，㱿貞：吳㞢羌龍。 （《合集》6636正，典賓）
(8) ［貞］：吳弗其㞢羌［龍］。 （《合集》6637正，典賓）

【𠂤】

(1) 辛丑卜，王貞：□𠂤戈羌。 （《合集》20402，師小字）
(2) 庚申卜，王，𠂤獲羌？ （《合集》186，師賓間）
(3) 乙丑卜，𠂤獲征羌？□月。 （《合集》187，師賓間）

三 諸子對羌的征戰活動

【子效】

(1) ［丙］寅卜，［子］效［臣］田，不其獲羌。
（《合集》194，典賓）

（2）丙寅卜，子效臣田不其［獲］羌。丙寅卜，子效臣田獲羌。一二三

(《合集》195，典賓)

【㐭】

叀㐭行用，𢦏羌□。大吉　　　(《合集》27978，無名類)

"廩"也寫作"㐭"。武丁時期的㐭，為商王室貴婦婦妥所生。

帚妥子曰㐭。　　　　　　　　(《合集》21727，子組)

第三節　商王朝與"羌方"的征戰活動

一　武丁、祖庚時期

在賓組卜辭中就有關於"羌方"的記載：

（1）辛……［羌］方……受［祐］。(《懷特》425，賓一)
（2）癸卯卜，㱿貞：叀甫乎令沚𢦏羌方。七月。

(《合集》6623，典賓)

這說明，在武丁時期，就已經有"羌方"的存在了。李學勤認為："在殷代，'羌'與'羌方'涵義有廣狹的不同。商人泛稱西方的異族人為'羌'，而'羌方'專指居於羌地的一個方國，與東方異族人'夷'相對。凡卜辭中殺羌若干人或俘羌若干人，均是廣義的'羌'。"[①]

裘錫圭認為"虫"是"害"的本字。[②] "害"通"遏"，表阻止。朱駿聲《說文通訓定聲·泰部》："害，叚借為遏。"《管子·七法》："莫當

[①]　李学勤：《殷代地理簡論》，科學出版社1959年版，第80頁。
[②]　裘錫圭：《釋"虫"》，《古文字論集》，中華書局1992年版，第11—16頁。

其前，莫害其後。"于省吾新證："害、遏古字通。"《淮南子·覽冥》："誰敢害吾意者。"王念孫雜志："害，讀為曷。曷，止也，言誰敢止吾意也。《爾雅》：'曷，遏，止也。'""害羌方"就是阻止羌方的意思。

"叀甫乎（呼）令沚䖒羌方"是個賓語前置句，正常語序應為"呼甫令沚䖒羌方"，意思是通知甫命令沚阻止羌方。之所以"呼甫令沚"，可能是因為"甫"的地位比較高，"沚"歸其統領，也可能是由於交通的原因，王先把命令傳到甫那裏，由甫再對沚發佈命令。韓江蘇認為"甫"大約在蒲河沿岸的蒲縣，即今山西省昕水河流域。"沚"的位置，陳夢家認為在今河南陝縣①，孫亞冰認為"沚方"在舌方以東，土方以西，應在晉陝高原。② 命令甫、沚阻止羌方，說明羌方入侵的地方離二地不遠，大約在晉陝高原。

羌方的地望，陳夢家以為在晉南地區③，島邦男認為在舌方以南，④鐘柏生認為羌是"商人對後來戎狄之人的稱呼，以其姓氏來代表其族類"⑤。孫亞冰認為"羌"族人的活動範圍較廣，而羌方的具體地望，由《合集》36528反可知，與𢀛方、羞方、䜌方相距不遠，䜌方曾受到舌方的侵略（《合集》6352），距舌方不遠，島氏之說更為合理。⑥

　　·庚寅貞：王令䇂伐商。三
　　庚寅貞：叀禽令伐商。三
　　庚寅貞：叀禽令［伐］□。
　　［癸］卯貞：妻才□，羌方弗㞢。三
　　□□貞：利才井，羌方弗㞢。
　　……上甲……十人，㞢雨。　　　　　（《屯南》2907，歷二）

---

① 陳夢家：《殷虛卜辭綜述》，中華書局1988年版，第295—296頁。
② 孫亞冰、林歡：《商代地理與方國》，中國社會科學出版社2010年版，第266頁。
③ 陳夢家：《殷虛卜辭綜述》，中華書局1988年版，第281—282頁。
④ ［日］島邦男：《殷墟卜辭研究》，溫天河、李壽林譯，鼎文書局1975年版，第401—403頁。
⑤ 鍾柏生：《殷商卜辭地理論叢》，藝文印書館1989年版，第177頁。
⑥ 孫亞冰：《商代地理與方國》，中國社會科學出版社2010年版，第270頁。

這版卜辭，說明大約在武丁晚年、祖庚時期，"妻"和"利"曾經與羌方發生過戰爭，其中"利"在"井"地與羌發生過較大規模的战争。"井"的位置，郭沫若、胡厚宣認為在今陝西地區[①]，李學勤認為井方位置應在商西甚遠[②]。陳夢家認為在今山西河津縣[③]。島邦男認為井方與沚地相近，位在西北[④]。楊文山、李民、孟世凱等認為在今河北邢臺[⑤]。孫亞冰認為，井方應在今山西地區，陳夢家河津說可從[⑥]。

二 廩辛、康丁時期

廩辛、康丁時期，羌方曾與商王朝發生過大規模的戰爭。

(1) 戍其遲毋歸，于之若，𢦏羌方。
戍其歸，呼騎，王弗悔。
其呼戍禦羌方于義沮，𢦏羌方，不喪众。
于汙帝，呼禦羌方于之，𢦏。
……[方]其大出。
其卯羌方𥁕人，羌方異…… 大吉
（《合集》27972＋27973，無名類）
(2) 于汙帝乎禦羌方，于之𢦏。　　（《合集》41341，何一）

這兩版卜辭說明，在汙地舉行"帝（禘）"祭，目的是命令將士在汙地抵禦羌方，並在此殲滅羌方。

若以參戰部隊分，商王朝曾先後派出四類部隊與羌方作戰。

---

① 郭沫若：《卜辭通纂》，第354片；胡厚宣：《封建制度考》，《甲骨學商史論叢》初集第1冊，成都齊魯大學國學研究所專刊，1944年3月。
② 李學勤：《殷代地理簡論》，科學出版社1959年版，第94頁。
③ 陳夢家：《殷虛卜辭綜述》，中華書局1988年版，第288頁。
④ [日]島邦男：《殷墟卜辭研究》，溫天河、李壽林譯，鼎文書局1975年版。
⑤ 楊文山：《商代的"井方"與"祖乙遷於邢"考》，《河北學刊》1985年第3期；李民、朱楨：《祖乙遷邢與卜辭井方》，《鄭州大學學報》1989年第6期；孟世凱：《甲骨文中井方新考》，《邢臺歷史文化論叢》，河北人民出版社1990年版。
⑥ 孫亞冰：《商代地理與方國》，中國社會科學出版社2010年版，第312—313頁。

(一)"戍"類部隊

(1) ……又彳……羌……〔王〕受又又。
闌羌方，克闌𡆥。　　　　（《合集》26927，何一）

(2) 戍其永，毋歸。
戍其歸，乎騽，王弗每。
其乎□禦羌方，于義𠂤，𢦏羌眾。
于洍帝乎禦羌方，于之𢦏。　　　　（《合集》41341，何一）

(3) 戍其遲毋歸，于之若，𢦏羌方。
戍其歸，呼騽，王弗悔。
其呼戍禦羌方于義沮，𢦏羌方，不喪眾。
于洍帝，呼禦羌方于之，𢦏。
……〔方〕其大出。
其卬羌方𥃭人，羌方異……大吉
　　　　（《合集》27973＋27972，無名類）

王貴民認為"戍是戍守部隊或戍官之署"①。"戍其永，毋歸"就是卜問讓戍守部隊長久在那裏駐守，還是讓其歸來。"其遲毋歸，于之若，𢦏羌方"，卜問戍守部隊遲遲未歸，在那裏是否順利，是否戰勝了羌方。"于洍帝"就是在洍地舉行帝（禘）祭，目的是命令戍守部隊在洍地抵禦羌方，並在此戰勝羌方。林歡認為"洍"在獲嘉（修武）、淇縣一帶，"義"地應在修武附近。② 說明，在廩辛時，羌方曾進犯到河南修武附近。

……叀入，戍屖立于□，〔自〕之垔羌方，不〔雉人〕。
……〔叀入〕，戍屖立于尋，自之垔羌方，不雉人。〕
　　　　（《合集》26895，何二）

---

① 王貴民：《申論契文"雉眾"為陳師說》，《文物研究》1985年第1期。
② 孫亞冰、林歡：《商代地理與方國》，中國社會科學出版社2010年版，第72—78頁。

羅振玉最早將■字釋為"雉"。陳邦懷《殷虛書契小箋》引段玉裁的考據證明古代"雉"字和"夷"字讀音相同，二字通用。後在《殷代社會史料徵存》中將"雉"釋為"迭"，意為"侵突"，謂"其雉眾者貞問敵人侵突我軍之眾士乎"。① 于省吾《殷契駢枝三編》採取《小箋》所引段氏的解釋，進而論述雉眾的意義。後在《甲骨文字釋林》中認為："甲骨文雉眾或雉人，雉字應讀夷，訓為傷無。前引諸辭是貞問戍守或征伐時眾人有無傷無之義。"② 李學勤《殷代地理簡論》中將"雉"釋為"夷傷"③。陳夢家《殷虛卜辭綜述》認為"雉"可能是部別編理人眾。李孝定《甲骨文字集釋》認為"雉眾"的解釋"以陳（夢家）說為長"。王貴民《申論契文"雉眾"為陳師說》基本認同陳夢家之說，並將陳的解釋進一步引申為"陳列師旅"④。

"戍犀立于尋，自之再羌方，不雉人"的意思是，擔任戍守任務的犀族到尋地，從尋地再伐羌方，是否整編軍隊。尋字寫作"■"，這個字唐蘭釋"尋"，林小安釋"迎"，鄭傑祥認為是"宿"字之別體，■地可能就是後世所稱作的宿胥津，位置在河南省浚縣西南和淇縣交界的淇門鎮。⑤

……其令戍再羌方于𠅃、于利，征又𠱥，■戈羌方。吉

（《合集》27974，無名類）

這條卜辭中的惡"𠅃""利""𠱥"都是戍守部隊再伐翦滅羌方的地點。"𠅃（敦）"地，林泰輔《甲骨文地名考》認為即《詩·衛風》"送子涉淇，至于頓丘"之頓丘，地在今河南省清豐縣西南。董作賓《殷曆譜·帝辛日譜》以為當在今山東泰山以西地帶，陳夢家《殷虛卜辭綜述·方國地理》以為在沁阳附近⑥。鄭傑祥認為頓丘在今河南省浚縣西北

---

① 陳邦懷：《殷代社會史料徵存》卷上，天津人民出版社1959年版，第8頁。
② 于省吾：《甲骨文字釋林》，中華書局1979年版，第62—63頁。
③ 李學勤：《殷代地理簡論》，科學出版社1959年版，第77頁。
④ 王貴民：《申論契文"雉眾"為陳師說》，《文物研究》1985年第1期。
⑤ 鄭傑祥：《商代地理概論》，中州古籍出版社1994年版，第137—138頁。
⑥ 陳夢家：《殷虛卜辭綜述》，中華書局1988年版，第281頁。

約10公里一帶中①,"利"地可能就是後世的黎地,在今浚縣東北,北距敦地10餘公里。②

"戍犀""戍中"都是擔任戍守任務的部隊。

(二)"行"類部隊

(1) 貞:弜用祼[行],叀阞行用,㞢羌人,于之,不雉人。
……方……其……　　　　　　　　(《合集》26896,何二)

(2) ……戍叀鹵行……
……用㞢方。吉
叀向行用,㞢羌□。大吉
……戍。吉　　　　　　　　(《合集》27978,無名類)

(3) 戍叀義行用,遘羌方,又㞢。
弜用義行,弗遘方。
㞢。　　　　　　　　　　　(《合集》27979,無名類)

寒峰《甲骨文所見的商代軍制數則》認為"行"是指百人組成的軍隊行列。③ 羅琨、張永山《夏商西周軍事史》指出"行"是商人基層作戰單位,在實戰中往往以三個軍行分左、中、右組合編隊,即卜辭所見"東行"(《懷特》1464)、"中行"(《懷特》1504)等,合左、中、右三行的三百人團稱為"大行"(《懷特》15081)。④ "祼行""阞行""鹵行""向行""義行",說明"祼"地、"阞"地、"鹵"地、"向"地、"義"地是軍事據點,駐紮有軍隊,也說明羌方曾進犯到這些地方。鄭傑祥認為"祼"即春秋時鄭地"林",在今新鄭縣東北10公里的大泛莊一帶,林歡認為在今河南沁陽。"阞"地,林歡認為在沁水上源,也即今山西武鄉縣西北。林歡還認為"鹵行"是當時羌方周邊的一個商人軍事組織,"向"

---

① 鄭傑祥:《商代地理概論》,中州古籍出版社1994年版,第81—85頁。
② 同上書,第91頁。
③ 寒峰:《甲骨文所見的商代軍制數則》,載胡厚宣主編《甲骨探史錄》,生活·讀書·新知三聯書店1982年版,第400—404頁。
④ 羅琨、張永山:《夏商西周軍事史》,《中國軍事通史》第1卷,中國軍事科學出版社1998年版,第131—133頁。

地大概在修武以西的殷西地區。①

(三)"族"類部隊

  (1) 王叀次令五族戍羌方。　　　　　(《合集》28053,無名類)
  (2) 弜令次,其悔。
    戍屰弗雉王眾。
    戍𦎫弗雉王眾。
    戍肩弗雉王眾。
    戍逐弗雉王眾。
    戍何弗雉王眾。
    五族其雉王眾。
    戍屰弗雉王眾。　　　　　　(《合集》26879,無名類)
  (3) □丑卜,五族戍弗雉王[眾]。吉。
　　　　　　　　　　　　　　　　　　(《合集》26880,無名類)
  (4) 癸巳卜,王其令五族戍雨……伐𢦏。
　　　　　　　　　　　　　　　　　　(《合集》28054,無名類)

這幾版卜辭相互參閱,可知"五族"是指屰、𦎫、肩、逐、何五個族群。

(四) 屬國部隊

  卣□大乙□。
  叀商方步,立于大乙,𢦒羌方。　　(《合集》27982,何二)

"商方"並不是指商王朝,而是商王朝下屬的一個屬國,鄭傑祥認為卜辭中的"丘商"應當在今河南省濮陽縣以南的古濮陽城區。②

《合集》27982中的▨,《甲骨文校釋總集》《甲骨文合集釋文》《摹釋總集》都釋為"大乙",但"立于大乙"語意不通,若理解為"大乙

---

① 孫亞冰、林歡:《商代地理與方國》,中國社會科學出版社2010年版,第82—83、101—105、80頁。

② 鄭傑祥:《商代地理概論》,中州古籍出版社1994年版,第22—23頁。

的宗廟"也不通。筆者以為此字應是從水從大的"汰"字。甲骨卜辭中，"水"旁常有刻寫為"𝍃"狀的。《說文·水部》："汰，淅灡也。"段玉裁注："凡'沙汰'、'淘汰'，用淅米之義引申之。或寫作汱，多點作者，誤也。若《左傳》'汰侈''汰輈'字皆'泰'字之叚借。寫作'汱'者，亦誤。"《集韻·㚜韻》："汰，或從太。""汱"是"汰"字之本字，"汰"系"泰"字之假借。"立于汱"就是"蒞臨汰（泰）地"的意思。《史記·殷本紀》："湯歸至於泰卷（陶）"，錢穆認為"泰卷"在今定陶①（山東菏澤西南）。《合集》27982 整條卜辭的大意是：商方軍隊蒞臨汱（泰）地，翦滅戰勝羌方。

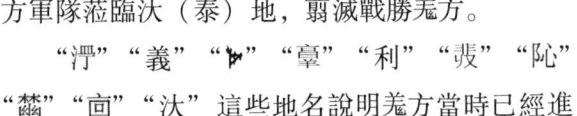

"洿""義""𐅁""亳""利""斐""阢""齒""向""汱"這些地名說明羌方當時已經進犯到南至河南修武、淇縣、浚縣一線，北至山西武鄉一帶，其東部前鋒已抵達山東菏澤定陶，說明羌方從北、南、東三面對王都安陽形成包圍之勢。淇縣、浚縣已經接近王都安陽，可見羌方進犯的規模很大，而且是長驅直入，直逼安陽。商王朝一方也是全力應對，派出四類軍隊與其作戰。

圖 5.1 商王戈羌方的記載
（《合集》27982）

（1）貞：……□……方……桒……
　　于父甲桒，戈羌方。　　　　　（《合集》27983，何二）
（2）王其桒，羌方𢀖，王……　　　（《合集》27984，何二）

這幾條卜辭說明為戈羌方的事對父甲進行桒祭，說明王很關心這場戰爭的勝負。

---

① 錢穆：《史記地名考》（上），商務印書館 2004 年版，第 281 頁。

（1）羌方囚其用，王受又又。
弜用。
其用羌方囚于宗，王受又又。
弜用。　　　　　　　　　　（《合集》28093，無名類）
（2）……美典凹羌方，王［受又］。（《合集》27985，無名類）
（3）……王其用羌方□，王受又。　（《屯南》567，無名類）

這場戰爭的最終結果是，捕獲了羌方首領，用其頭顱在宗廟祭祀。

□亥卜，羌二方白其用于祖丁，父甲。（《合集》26925，何二）

這是一條何組二類卜辭，該類主要是康丁時期的卜辭。祖甲是康丁的父親，此處的"父甲"應指"祖甲"。"羌二方白（伯）"，是羌人兩個部落首領。這條卜辭的大意是用兩個羌人部落首領祭祀祖丁、祖甲。

為何要用兩個羌人部落首領祭祀祖丁與祖甲呢？可能從祖丁到祖甲時期，正是羌人不斷發展壯大，不斷與商王朝衝突、交惡的時期。

卜辭中從武丁早期就開始用羌人祭祀先王。

（1）癸丑卜，王彳二羌祖乙。　（《合集》19761，師肥筆）
（2）用羌。　　　　　　　　（《合集》19762，師肥筆）

這是用羌人祭祀的最早記載，說明從武丁早期，商王朝與羌人之間就有敵對關係。用羌人祭祀，勢必引起羌人的反抗，隨著羌人的不斷成長壯大和融合衝突的加劇，後來發生大規模的戰爭。

武丁早期之前的羌人，雖然沒有見諸文字，但是在這之前應有一個較長的族群融合、衝突期。

由於羌方是長途奔襲作戰，商王朝四類軍隊同心協力作戰，注定了羌方的失敗。

戰爭的背後其實是經濟實力、軍事實力和文化軟實力的較量，羌方能長途奔襲說明其經濟實力、軍事實力與早期相比已經有了很大的發展，而最後戰爭中羌方的失敗說明，與中原地區相比，羌人的經濟實力、軍事實力和文化軟實力在當時仍然相對滯後。

三 帝乙、帝辛時期

乙丑王卜貞：今☒巫九备，余乍𦜴遣告侯田，冊𢾕方、羌方、羞方、𩁹方。余其比侯田，𠦪戔四邦方。（此辭均缺橫劃）

（《合集》36528 反，黃類）

這條卜辭說明，帝乙、帝辛時期，羌方曾與𢾕方、羞方、𩁹方聯合作亂。

36528 反

圖 5.2　羌方與其他部落聯合作亂的甲骨刻辭
（《合集》36528 反）

孫亞冰認為："𩁹方位於殷都以西，它與舌方、召方、𢾕方、羌方、羞方、啓、𠂤、𢦔、𢀛、食、𠬝、𦎫等地接近。𩁹方的力量比較弱，曾經受到大國舌方的侵伐。轡方臣服商王朝時，它是商王朝在西方的前沿，受到商王的重視；當反叛商王朝時，它就聯合臨近的方國對抗商廷。"① "敵方"的地望，陳夢家認為在殷西②，島邦男認為位於殷東③，林沄認為在周初燕國的北面④。孫亞冰認為在殷西，與轡方、羞方、絆方、㡯方臨近。⑤ "敵方"的地望，孫亞冰認為在敵方、轡方附近。⑥

第四節　商王朝與羌人的交往

一　到羌地漁獵

丁未卜，王貞：余叀羌⋯
戊申卜，王貞：余……呼豭魚羌。
（《合集》20401+19759，師小字）

《合集》20401

《合集》19759

圖5.3　李延彦綴合甲骨

黃天樹《甲骨拼合集・序》指出：

甲骨文有圍繞"豭"（人名）捕魚一事而展開占卜的例子（《漢字研究》第一輯，第324—325頁）。其中《合集》10471有"豭獲魚其三萬"，一次捕獲的魚多達三萬條，對於研究商代的漁獵活動，頗有意義。

《拼集》320"余呼豭魚羌"之"魚"有兩種解釋。第一種用其本義

---

① 孫亞冰、林歡：《商代地理與方國》，中國社會科學出版社2010年版，第274頁。
② 陳夢家：《殷虛卜辭綜述》，中華書局1988年版，第298頁。
③ [日]島邦男：《殷墟卜辭研究》，溫天河、李壽林譯，鼎文書局1975年版，第415—416頁。
④ 林沄：《釋史牆盤銘中的"遼虘髟"》，《林沄学术文集》，中國大百科全書出版社1998年版。
⑤ 孫亞冰、林歡：《商代地理與方國》，中國社會科學出版社2010年版，第276頁。
⑥ 同上書，第281頁。

即"令豖捕魚於羌地"。第二種"魚"假借為抵禦之"禦"。裘錫圭先生在《古文字論集》（第334頁）指出，甲骨文有"𠂉（禦）方"（《合集》32935），像一人抵禦另一持杖者的攻擊，即抵禦之"禦"的初文。禦、魚古音同聲同部，所以字或加注魚聲。又有"其有來方，亞𣪠（人名）其𩵋（禦）"（《合集》28011），於"𠂉"字下加注聲符"魚"字。"呼豖魚羌"即"呼令豖抵禦羌人"。全面來看，第一種講法比較好。①

同版上的另一條卜辭"余更羌𢼛"，"𢼛"孫詒讓釋"德"②。羅振玉也釋"德"，並認為卜辭中皆借為得失之"得"③，孫海波④從之，何新亦釋"德"⑤。商承祚⑥、郭沫若⑦、魯實光⑧皆釋為"直"。王襄先釋"省"⑨，後改釋為"循（巡）"⑩。林義光釋"循"，葉玉森從之，並認為"巡者循也"⑪。張秉權認同葉玉森的說法⑫，史景成認為循有巡視、巡察之義⑬，李孝定認為有"循伐、巡視"之義⑭，陳煒湛認為"循""頗似後世之征伐"⑮。屈萬里⑯和饒宗頤都釋"徣"，有"巡視"之義。⑰ 趙誠

---

① 黃天樹主編：《甲骨拼合集·序》，學苑出版社2010年版。
② 孫詒讓：《契文舉例》（下），吉石盦叢書本一冊，1917年，第8頁上。
③ 羅振玉：《殷虛書契考釋》（中），王國維手書石印本1915年版，第72頁。
④ 孫海波：《甲骨文編》，中華書局1965年版，第74頁。
⑤ 何新：《辨德》，《人文雜誌》1985年第4期，第97—98頁。
⑥ 商承祚：《殷契佚存考釋》，金陵大學中國文化研究所叢刊甲種影印本1933年版，第8頁。
⑦ 郭沫若：《卜辭通纂》，日本東京文求堂書店石印本1933年版，第110頁。
⑧ 魯實光：《姓氏通釋·之一》，《東海學報》第1卷第1期，1958年6月，第39頁。
⑨ 王襄：《簠室殷契徵文考釋·游田》，天津博物院石印本1925年版，第1頁上。
⑩ 王襄：《古文流變臆說》，龍門聯合書局1961年版，第53—54頁。
⑪ 葉玉森：《殷虛書契前編集釋》第4卷，上海大東書局石印本1933年版，第42頁。
⑫ 張秉權：《殷虛文字丙編考釋》，"中研院"歷史語言研究所1959年版，第45頁。
⑬ 史景成：《加拿大安省皇家博物館所藏一片大胛骨的刻辭考釋》，《中國文字》第46冊，第5141頁。
⑭ 李孝定：《甲骨文字集釋》，"中研院"歷史語言研究所1970年版，第567頁。
⑮ 陳煒湛：《甲骨文同義詞研究》，《古文字學論集初編》，香港中文大學中國文化研究所吳多泰中國語文研究中心1983年版，第138頁。
⑯ 屈萬里：《甲編考釋》189片釋文，"中研院"歷史語言研究所影印本1961年版。
⑰ 饒宗頤：《殷代貞卜人物通考》，香港大學出版社1959年版，第173頁。

釋"循",即"徝",本為巡視,用為觀察、監視之義。① 姚孝遂認為當釋"循",讀作"巡"②。學界大多數傾向釋"循(巡)",表巡視、征伐義。1995 年,劉桓在《殷代德方說》一文中認為卜辭中的"㣻方"就是"德方",指殷王到方國的巡守。③

"余惠羌循"是個賓語前置句,"惠羌循"就是"循羌",即"巡守羌"的意思。王巡守羌,"呼豪魚羌",說明到羌地的漁獵帶有掠奪經濟資源的性質,這種交往帶有武力威脅的特点,是一種不平等的經濟交往。

二　派遣使臣

　　　　甲辰卜,王,羌弗㢤朕使。二月。　(《合集》6599,師賓間 A)

"朕使"應是朕派遣的使臣。例如:

　　　　辛巳卜,王,芑弗受朕史㞢。　　(《合集》8426,師賓間 A)
　　　　辛巳卜,王,芑其［受］朕［史］［㞢］。
　　　　　　　　　　　　　　　　　　　(《合集》8427,師賓間 A)

下面通過甲骨卜辭中的"䚻使臣"和"我臣"分析一下当時的使臣。
1. 䚻朕史
卜辭中的"䚻朕史",一般理解為"協助朕做事",例如:

　　　　(1) 甲戌卜,王,余令角帚䚻朕史。　(《合集》5495,賓一)
　　　　(2) 壬戌［卜］,王,絆䚻朕史。三月。
　　　　　　　　　　　　　　　　　　　(《合集》5497,師小字)
　　　　(3) ……亞……方［㚔］䚻朕史。　(《合集》5498,賓三)

---

①　趙誠:《甲骨文行為動詞探索(一)》,《古文字研究》第 17 輯,中華書局 1989 年版,第 335 頁。
②　于省吾主編:《甲骨文詁林》第 3 冊,中華書局 1996 年版,第 2256 頁。
③　劉桓:《殷代德方說》,《中國史研究》1995 年第 4 期。

(4) □寅卜，王［貞］：☒弗其☒朕史，其㳄余……

（《合集》5499，師小字）

下列卜辭中的"☒朕史"，理解為"協助朕出使"，更為妥當一些，例如：

(1) ……☒朕史于□……　　　（《合集》5500，賓三）
(2) □辰卜，［貞］：雀［☒］朕史于溢？二月。

（《合集》10035，師賓間A）

2. 我史

與"朕史"類似的有"我史"，例如：

(1) ……取出父𠙵不……蚰☒我史。（《合集》21905，圓體類）
(2) 癸未［卜］，古貞：黃尹保我史。
　　　貞：黃尹弗保我史。　　（《合集》3481，典賓）

《合集》3481是一組正反對貞，卜問黃尹是否會保佑我的使臣。

貞：勿令我史步。
丁巳卜，亘貞：劓牛爵？
庚申卜，爭貞：乎伐㕚方受出又。　（《合集》6226，賓一）

本版卜辭大意是卜問，命令伐㕚方是否會受到保佑，是否命令我的使臣步行。

癸亥卜，𣪠貞：我史☒缶。
癸亥卜，𣪠貞：我史毋其☒缶。（《合集》6834正，典賓/賓一）

本組正反對貞，卜問我的使臣是否勝（或獲①）缶。

$$\begin{cases} 貞：方其\text{㕜}我史。\\ 貞：方弗其\text{㕜}我史。\\ 貞：我使其\text{㕜}方。\\ 我使弗其\text{㕜}方。 \end{cases}$$
（《合集》6771 正，典賓）

$$\begin{cases} 貞：方其\text{㕜}我史。\\ 貞：方弗\text{㕜}我史。\\ 貞：我使其\text{㕜}方。\\ 我使弗其\text{㕜}［方］。 \end{cases}$$
（《合集》9472 正，典賓）

這兩組卜辭都是正反對貞，大意是卜問"使"和"方"哪方會戰勝對方。這裏的方可能是"方方"的簡稱。羅琨認為"方"是一個活力極強、活動範圍很廣，帶有草原民族特點的古族②，李發認為"方方"是一支主要活躍在殷西北或北方的居無定所的遊牧民族③。既然卜問的是"使"與一個民族誰會戰勝對方，可見"使"不是一個人，而是一群人。胡厚宣《殷代的史為武官說》以為商代的"史官"是出使的或駐在外地的一種武官，常擔任征伐之事。④

$$\begin{cases} 貞：才北史㞢獲羌。\\ 貞：才北史無其獲羌。 \end{cases}$$
（《合集》914 正，賓一）

這組正反對貞，說明當時的"史（使）"與後代的"史（使）"職能

---

① 李學勤：《再談甲骨金文中的"㕜"字》，《三代文明研究》，商務印書館 2011 年版，第 70—72 頁。
② 羅琨：《商代戰爭與軍制》，中國社會科學出版社 2010 年版，第 217 頁。
③ 李發：《甲骨文所見方方考》，《考古學報》2015 年第 3 期，第 300 頁。
④ 胡厚宣：《殷代的史為武官說》，《全國商史學術討論會論文集》（《殷都學刊》增刊），1985 年 2 月。

不太一樣，當時的"史（使）"不單在禮節上與羌人外交，他們還有捕獲羌人的使命。前文所舉的《合集》6834 中的"我史𢦔缶"也可證明當時的"史（使）"有的可能從事的是武力兼外交的職能，這就不難理解《合集》6771 正、《合集》9472 中"使臣"和"方"誰𢦔誰的問題。這種外交充滿了兇險，"使者"有可能被殺害。商王關心"史（使）"的安危也就在情理之中。

> 貞：我使㞢工。
> 貞：我使無其工。　　　　　　（《合集》9472 正，典賓）

朱駿聲《說文通訓定聲·豐部》："工，叚借為功。"《書·皋陶謨》："天工人其代之。"《韓非子·五蠹》："鄙諺曰：'長袖善舞，多錢善賈。'此言多資之易為工也。"《合集》9472 正中的"工"應表示"功勞"的意思，"㞢工"就是"有功勞"，"無工"就是"無功勞"的意思。這組正反對貞，大意是卜問我使是否有功，也就是說商王很關心自己派出的使者是否達到預期的出使目的。

> 戊午［卜］，而……
> 戊午卜，而弗其以我史女。
> 戊午卜，眉以，及不。
> 眉弗其以，及不。　　　　　　（《合集》673，賓一）

這版卜辭是兩組正反對貞，第一組雖是殘辭，但互相補充，可以看出是卜問"而"（可能是國族名）是否致送給我使女，第二組與第一組對照，可以看出是卜問"眉"（可能是國族名）是否致送給我使女，是否已經送到。這裏的"史（使）女"和前面的"史（使）"職責不一樣，"史（使）女"可能是到王宮裏做服務雜役工作的，"史（使）"可能是出使其他族群方國做外交工作的。

通過對甲骨卜辭中關於"𤔔朕史""我史"的有關資料的梳理，可以得知當時已經有了從事外交工作的"史（使）"，不過這種"史（使）"

不單純是從事外交工作，他們同時也是武官。

《合集》6599 中"羌弗戈朕使"的意思就是卜問羌人是否會戰勝或捕獲朕的使者。王親自卜問，說明商王非常關注這次對羌人的出使，也非常關心使者安危和外交結果。

儘管這種出使活動很兇險，但是向異族派遣使者，這種行為本身是一種社會進步。根據現有材料，無法確定商代時是否會殺害使者，但從甲骨卜辭的記載可以看出王非常關心使者的安危，說明是否殺害使者，很大程度上取決於使者的智慧能力和對方的主觀意志，也說明當時還沒有形成一種各方都認同遵守的戰爭外交規則。

據現有資料記載，到了春秋末期，出現了"兩國交兵，不殺來使"的規則，此時距商代武丁時期已經五六百年了。說明從帶著兇險的出使到"不殺來使"的戰爭外交規則的形成，這種思想觀念的轉變，經過了一個漫長的發展過程。

第五節　羌人與商王朝的交往

從甲骨刻辭的有關記載中，可以看出部分羌人臣服於商王朝，並向商王朝貢納卜骨、龜甲。有記載的主要有"羌㢱""羌目""羌立""羌宮""羌橐"，其中關於"羌㢱"的記載最多。

【羌㢱】

(1) 戊戌羌㢱示七屯。𢀛。　　　　（《合集》7383 臼，典賓）
(2) 戊戌羌㢱示七屯。小𢀛。　　　（《合集》10643 臼，典賓）
(3) □戌羌㢱［示］七屯。𢀛。　　　（《合集》13634，典賓）
(4) 戊戌羌㢱示七屯。𢀛。　　　　（《合集》17621 臼，典賓）
(5) 戊戌羌㢱示十屯。小𢀛。　　　（《合集》17622 臼，典賓）
(6) 丙寅羌㢱示一屯。岳。　　　　（《合集》14807，典賓）
(7) □□羌㢱［示］□屯。岳。　　（《合集》17626 臼，典賓）

"羌㢱"還有省稱為"㢱"的，例如：

(1) 丁丑伇示三屯。小㲋。　　　（《合集》17623 臼，典賓）
(2) 丁丑伇示一屯。岳。　　　　（《合集》17624 臼，典賓）
(3) 丁丑伇示□屯。小㲋。　　　（《合集》17625 臼，典賓）
(4) 己丑气自岳五屯。伇示三屯。岳。
　　　　　　　　　　　　　　　（《合集》9408 臼，典賓）
(5) 己丑伇示一屯。岳。　　　　（《東京》549 臼，典賓）
(6) 丁丑伇□。小㲋。　　　　　（《殷契粹編》1508，典賓）

韓江蘇認為："武丁的占卜機關中，有名為伇者，或稱'羌伇'，參與龜甲整治工作。……羌伇參與商王室的甲骨整治事務，他或為貞人、史官，或為商王室之成員。"① 韓氏把"示"理解成"整治"的意思，按這種理解，商王占卜機關中有羌人，"羌伇"就是名為"伇"的羌人。

"示"字的解釋，說法較多。方稚松對"示"的幾種解釋進行了辨析，並從記事刻辭本身及卜辭兩方面論證了"示"當理解為"交付"，或可讀為"屬"。②

筆者以為，方稚松的說法可從。"羌伇示七屯"就是"羌伇交付七屯"的意思。

"屯（ ）"字的解釋，也說法較多。方稚松指出，字形 釋為"屯"已得到多數學者的認同，可視為定論，字義上應是特指一頭牛上的左右肩胛骨或同一塊背甲所分出的左右兩版背甲，讀為"純"或"對"③。

筆者以為"屯"的具體含義雖有爭議，或為對、副，或為捆，但其共同特徵都是與占卜材料有關的單位量詞，因此，"屯"表示一種單位量詞應該是沒有問題。

"羌伇示七屯"表示"羌伇交付七對（卜骨/龜甲）"。

下面的幾條刻辭的意思和這條刻辭的大意應相同。

---

① 韓江蘇、江林昌：《〈殷本紀〉訂補與商史人物徵》，中國社會科學出版社 2010 年版，第 555 頁。
② 方稚松：《五種記事刻辭研究》，線裝書局 2009 年版，第 22—44 頁。
③ 同上書，第 71—80 頁。

【羌目】

  戊寅羌目示三屯。叡。   （《合集》5177 臼，典賓）

 大意：戊寅日，羌目交付七對（卜骨/龜甲）。"叡"是簽名史官，方稚松認為這種"史官"可能還是如多數學者所理解的那樣看作甲骨的"收存保管者"為妥。①

【羌立】

  己丑羌立示四屯。岳。   （《合集》6385 臼，典賓）

 大意：戊寅日，羌立交付四對（卜骨/龜甲）。名字叫"岳"的人收存保管。

【羌宮】

  癸巳羌宮示二屯。叡。   （《合集》7380 臼，典賓）

 大意：癸巳日，羌宮交付兩對（卜骨/龜甲）。名字叫"叡"的人收存保管。

【羌橐】

  羌橐［示］四屯。   （《合集》7565 臼，典賓）

 大意：羌橐交付四對（卜骨/龜甲）。

  己亥……橐十。   （《合集》15695 臼，典賓）

 骨臼刻辭中的"示"者主要有三類人：

---

① 方稚松：《五種記事刻辭研究》，線裝書局 2009 年版，第 214—224 頁。

第一類，商王的配偶或王子的配偶：

(1) 癸巳婦井示一屯。㲻。　　　　　（《合集》130 臼，典賓）
(2) 壬午婦井示三屯。㲻。　　　　　（《合集》177 臼，典賓）
(3) 丙寅婦井示一屯。㱿。　　　　　（《合集》177 臼，典賓）
(4) 婦井示五屯。㱿。自新棗乞。　　（《合計》40579 臼，典賓）

"婦井"是武丁的配偶，可能娶自"井方"。郭沫若認為"井方"在陝西①，陳夢家認為在山西河津縣②，島邦男認為與沚地相近，位在西北③，李學勤認為在陝西④，胡厚宣也認為在陝西⑤，孫亞冰認為在山西地區。陳說可從。⑥

戊申，婦息示二屯。永。　　　　　（《合集》2354 臼，典賓）

"婦息"也是武丁的配偶，可能是娶自"息"國的女子。

不管"婦井"，還是"婦息"，雖然只是一個女子，但是她們背後都有一個方國（或族群）作支撐，"娘家"可以為其提供必要的經濟和物質文化支援。她們進貢卜骨龜甲具有多重意義，一方面表示個人對祭祀占卜的尊重和支持，另一方面可能也代表其背後的族群方國對商王祭祀占卜的尊重、支持，這種尊重和支持其實也表明了該族群方國對商王的臣服和歸順。

戊戌婦喜示一屯。岳。　　　　　　（《合集》444 臼，典賓）

---

① 郭沫若：《卜辭通纂》354 片，日本東京文求堂書店石印本 1933 年版。
② 陳夢家：《殷虛卜辭綜述》，中華書局 1988 年版，第 288 頁。
③ [日]島邦男：《殷墟卜辭研究》，濮茅左、顧偉良譯，日本弘前大學 1958 年版，第 419 頁。
④ 李學勤：《殷代地理簡論》，科學出版社 1959 年版，第 94 頁。
⑤ 胡厚宣：《殷代封建制度考》，《甲骨學商史論叢（初集）》第 1 冊，成都齊魯大學國學研究所專刊，1944 年 3 月。
⑥ 孫亞冰、林歡：《商代地理與方國》，中國社會科學出版社 2010 年版，第 312 頁。

第二類，武將；

　　癸酉，畢示十屯。叔。　　　　　　　　（《合集》493 臼，典賓）

第三類，族群方國的首領（也可能是使臣）。

　　癸巳，邑示三屯。叔。　　　　　　　　（《合集》40059 臼，典賓）

　　如同婦好、婦井、婦良、婦喜、婦息的"婦"字表明身份一樣，"羌彶""羌目""羌立""羌宮""羌橐"的"羌"字也可表明他們的身份，他們可能與羌人有關。通過上面對骨臼刻辭"示者"身份的分析，推斷"羌彶""羌目""羌立""羌宮""羌橐"可能是羌人部落的首領或使臣的名字，總之不是一般的人。同時，也可以推斷，這幾位示者所在的部落在當時歸順了商王朝，致送卜骨龜甲表示他們對商王的臣服和尊重。

　　有關"羌彶示"的記載有十三條，貢品數量有一屯、三屯、五屯、七屯、十屯，說明"羌彶"部落可能朝貢了十三次，甚至更多。將"羌彶"省稱為"彶"，說明"羌彶"與"叔""岳"兩位的關係已經很熟了，可見"羌彶"部落與商王朝交往的頻繁程度。

　　有關"羌宮示""羌立示"的記載各只有一條，說明"羌宮"與"羌立"這兩個部落朝貢的次數很少，可見他們與商王朝之間的關係不如"羌彶"密切。

　　有關"羌目示"的記載只有一條，另外，甲尾刻辭中，還有三例關於"目人"的記載：

　　（1）目入。　　　　　（《合集》11617，師賓間 A）（甲尾刻辭）
　　（2）目入。　　　　　（《合集》13631，師賓間 A）（甲尾刻辭）
　　（3）目入。　　　　　　　　　　　　　（《懷特》889，賓一）

　　"目"可能是"羌目"的省稱。"目入"就是羌目貢入。

第五章 羌人與商王朝的關係 219

有關"羌橐示"的骨臼記事刻辭只有兩條，另外有關於"橐"的甲尾刻辭 15 例，骨面刻辭 1 例：

(1) ……自［橐］……　　（背甲刻辭）

（《合集》9431，典賓）

(2) 自［橐］。　　　　　（《合集》40065，典賓）

(3) ……［橐］乞三十□。（骨面刻辭）

（《合集》9456 反，典賓）

(4) □亥乞自橐十。　　　（背甲刻辭）

（《合集》9419 反，賓三）

(5) ……乞自橐十□。　　（背甲刻辭）

（《合集》9421，賓三）

(6) ……乞自橐……　　　（背甲刻辭）

（《合集》9425，子組）

(7) □［卯］乞自［橐］……（背甲刻辭）

（《合集》9426 反，賓三）

(8) ……乞自橐……　　　（背甲刻辭）

（《合集》9427，賓三）

(9) ［乞］自橐……　　　（背甲刻辭）

（《合集》9430，賓三）

(10) ……乞自［橐］……吕。（背甲刻辭）

（《合集》9453，賓三）

(11) ……自橐［十］屯。　（背甲刻辭）

（《合集》9420，賓三）

(12) ……橐十□。　　　　（背甲刻辭）

（《合集》9422，賓三）

(13) ……橐五……　　　　（背甲刻辭）

（《合集》9423 反，賓三）

(14) ……［自］橐……（倒置）（背甲刻辭）

（《合集》9424，賓三）

（15）……［自］橐……　　　（背甲刻辭）

（《合集》9428，賓三）

（16）……自橐……　　　　（背甲刻辭）

（《合集》9429，賓三）

以上刻辭大部分是背甲刻辭，《合集》9456 反是骨面刻辭，從刻寫材料、位置與內容可知這些都是記事刻辭。這些刻辭雖然有的殘缺不全，有的很簡省，但是相互補充，可以看出都與"橐""乞"有關，下面補出一個完整句型（除《合集》9456 反外）：

某日乞自橐十屯。

于省吾《雙劍誃殷契駢枝·釋气》認為"气"在甲骨文中用法有三："一為气求之气，二為迄止之迄，三為終止之訖。"[1] 胡厚宣《武丁時五種記事刻辭考》道："余謂五種記事刻辭中之'气'字，亦應釋气，讀為取。"[2] 董作賓《骨臼刻辭再考》[3]、陳夢家《殷虛卜辭綜述》[4] 也都將"气"理解為"取"意。張玉金《卜辭中"气"的意義和用法》認為記事刻辭中的"气"為動詞，是乞求的意思。[5] 柳東春《殷墟甲骨文記事刻辭研究》認為記事刻辭中之"气"，其義為"求"[6]。尚秀妍《再讀胡厚宣先生〈五種記事刻辭考〉》一文認為："'乞'不如仍按傳統訓釋為'求'，意思是'搜集'，甲骨文中'乞'訓'乞求'也是很常見的。"[7]

2000 年，季旭昇在《說气》中認為將甲骨文中的"气（乞）"訓為

---

[1] 于省吾：《甲骨文字釋林》，中華書局1979年版，第79—82頁。

[2] 胡厚宣：《武丁時五種記事刻辭考》，《甲骨學商史論叢初集（外一種）》（上），河北教育出版社2002年版，第437—438頁。

[3] 董作賓：《骨臼刻辭再考》，《董作賓先生全集》甲編第2冊，臺北藝文印書館1977年版，第661—673頁。

[4] 陳夢家：《殷虛卜辭綜述》，中華書局1988年版，第177頁。

[5] 張玉金：《卜辭中"气"的意義和用法》，《甲骨卜辭語法研究》，廣東高等教育出版社2002年版。

[6] 柳東春：《殷墟甲骨文記事刻辭研究》，碩士学位論文，台湾大学，1989年，第116頁。

[7] 尚秀妍：《再讀胡厚宣先生〈五種記事刻辭考〉》，《殷都學刊》1998年第3期。

"乞求"在辭義上並不妥帖。季先生主張將其釋為貢獻、致送之意。① 方稚松認為古書中"乞"的含義確實既具有求取之義,又含有給予之義,屬於施受同辭,甲骨文中的"乞"也是具有求、與兩種含義的,記事刻辭中的"乞",既具有"給予"義,也具有"求取"義。②

"乞自橐十屯"的意思是"从橐那裏求取十對(卜骨/龜甲)"。《合集》9456 反"[橐]乞三十囗"的意思就是"橐給予三十(對卜骨/龜甲)"。

如同"羌徎"可以省稱為"徎"一樣,這些"橐"可能是"羌橐"的省稱。省稱一方面可能是為可刻寫的方便,另一方面可能是"羌橐"貢納的次數較多,收藏保管貢物的人和刻寫契文的人對其非常熟悉(按常理,關係非常密切的人,才能省稱別人的名字)。"羌橐"與"橐"的相關記事刻辭共發現 18 例,這說明"羌橐"對商王至少朝貢了 18 次。假設每年朝貢一次,18 次就是 18 年,這說明"羌橐"所在的羌人部落對商王朝歸順朝貢了 18 年。這只是一種假設,一年究竟朝貢幾次暫時未知,另外有的甲骨材料消失了,所以無法確定究竟朝貢了多少次。不過,從現在發現的材料,推斷武丁時期,"羌橐"臣服歸順商王朝持續了很多年,這一點應是肯定的。

有關"羌徎""羌目""羌立""羌宮""羌橐"的記錄都是典賓、賓三類的,其他組一例也沒有,說明這幾個羌人部落對商王朝的臣服貢納只在武丁中後期。可能,武丁中期他們才被征服,武丁去世後,就不再臣服歸順。

若按刻辭的數量排序,則為:

羌橐(18 例)> 羌徎(13 例)> 羌目(4 例)> 羌立(1 例)羌宮(1 例)

"羌橐"貢納的次數最多,其次是"羌徎""羌目",時間最短的是"羌立""羌宮"。貢納次數多,表明臣服時間久;貢納次數少,表明臣服

---

① 季旭昇:《說乞》,《殷都學刊》1998 年第 3 期。
② 方稚松:《五種記事刻辭研究》,線裝書局 2009 年版,第 65—70 頁。

時間短。臣服時間長的，既有可能是該部落力量比較弱小，也有可能是該部落很善於處理外交事務。臣服時間短的，一方面可能是難以征服，另一方面可能是該部落遷徙了（由於羌人大多以放牧為生，遷徙流動的可能性較大），當然也可能是被消滅了。

《詩經·殷武》："昔有成湯，自彼氐羌，莫敢不來享，莫敢不來王，曰商是常！"說明，從商王成湯開始，氐羌都會來朝拜供奉。

通過以上梳理，可以看出，商王朝和羌人之間不完全是對立關係，他們之間有著較為複雜的互動、交融關係，其中既有經濟的交流，也有文化上的交流。另外，有的年輕漂亮的羌人女子成為臣妾，如果生育，則會產生血緣上的關係。

第六章

羌人與諸國(族)的關係

第一節　與商为友的諸國（族）對羌的征戰活動

與商為友的諸國（族），常抓捕羌人作為貢品貢納給商王。
【侯告】

（1）乙亥卜，㱿貞：告以羌智［用］自……

（《合集》280，賓三）

（2）侯告羌得。　　　　　（《合集》517正，賓三）

（3）……貞：翌丁巳用侯告歲羌三，卯牢。

（《合集》401，賓三）

【侯光】

（1）貞：光獲羌。　　　　（《合集》182，典賓）

（2）光不其獲羌。
　　　弗其及。
　　　辛亥卜，㱿。六月。
　　　告于大甲，祖乙。　　（《合集》183，典賓）

（3）光不其獲羌。不玄冥　（《合集》184，典賓）
　　　辛［亥］卜［㱿］。六［月］。
　　　乎逆執。

光不其獲羌。　　　（《合集》185＋《合集》5175①，典賓）

(4) ……光來羌。　　　　　　　　　（《合集》245，典賓）

(5) 甲辰卜，亘貞：今三月光乎來。王占曰：其乎來。气至隹乙，旬㞢二日乙卯允㞢來自光，以羌芻五十。小告。

（《合集》226正，典賓）

(6) 丁未卜貞：令戉，光㞢獲羌芻五十。

（《合集》22043，午組）

【休侯】

……不……羌……／……休厌羌……用。

（《懷特》1592，歷二）

貞：令多子族暨犬侯🔲周載王事。

（《合集》6813，賓一）

【犬征】

(1) 辛亥卜貞：犬征來羌，用，于□甲。三

（《合集》240，賓三）

(2) 辛亥卜，犬征以羌一用于大甲。　（《合集》32030，歷二）

【伯次】

王叀次令五族戌羌方。

弜令次，其悔。　　　　　　　（《合集》28053，無名類）

第二節　與商時敵時友的諸國（族）對羌的征戰活動

商代時，很多國族叛服無常，與商王朝時敵時友。當他們與商為友

---

① 黃天樹主編：《甲骨拼合集》，學苑出版社2010年版，第111、411頁。

時，就抓獲羌人，作為貢品向商王貢納。

【犬侯】　犬侯以羌

辛巳貞：犬侯以羌其用自？　　　　　　　（《屯南》2293，歷二）

關於"犬侯"，還有記載：

己卯卜，㱿貞：令多子族比犬侯☒周𢦏王事。五月。
（《合集》6812正白，賓一）

【伯☒】

……［令］☒……□以羌……而廿……　（《合集》286，典賓）

【疋】

(1) 丁丑卜，㕡貞：疋獲羌。九月。
　　貞：疋不其獲羌。　　　　　　　　（《合集》190正，賓一）
(2) □辰卜，疋獲羌。
　　□辰卜，疋獲征羌。　　　　　　　（《合集》191，典賓）
(3) □戌卜，㕡貞：疋獲羌。　　　　　（《合集》192，典賓）
(4) ……疋獲羌。　　　　　　　　　　（《合集》193，典賓）
(5) 貞：疋［來］羌用自成、大丁、［大］甲、大庚、下乙。
（《合集》231，賓三）
(6) 貞：叀疋來羌用。
(7) 貞：勿來。貞：其屮……　　　　　（《合集》232，賓三）

【興方】

壬寅卜，殻貞：興方以羌，用自上甲至下乙。

……［龍既］不潛。　　　　　　　　　　（《合集》270正，典賓）

【龍方】

貞：龍方以羌，自上甲，王用至于下乙，若。
㞢用自［上甲］至于下乙。
勿㞢。　　　　　　　　　　　　　　　　（《合集》271反，典賓）

【𡧧】

丙午卜，爭貞：𡧧其係羌。二　　　　　　（《合集》495，典賓）

第三節　羌人對諸國（族）的征戰和交往

一　羌人對其他國族的征戰活動

1. "羌" "戈" "✸"

甲午卜，甾，羌"戈✸。　　　　　　　　　（《合集》20404，師小字）

這條卜辭卜問羌是否翦滅"✸"，關於"✸"的詳細情況參見下編第七章。

2. "羌"征"沚"

癸酉卜，王貞：羌其征沚。　　　　　　　（《合集》20531，師小字）

這條卜辭卜問羌是否征伐"沚"。"沚"方的地望，陳夢家認為在今河南陝縣[1]，孫亞冰認為在晉陝高原[2]。

---

[1] 陳夢家：《殷虛卜辭綜述》，中華書局1988年版，第295—296頁。
[2] 孫亞冰、林歡：《商代地理與方國》，中國社會科學出版社2010年版，第266頁。

二 羌人與其他族群的交往

1. "羌"與"曳"

戊午卜，殼貞：令戊弋沚其菁……
貞：戊不其獲羌。
其獲羌。
令戊弋沚。
貞：戊不其菁曳。
貞：翌乙丑业于祖乙。 （《合集》174 + 175 遙綴，典賓）

這版卜辭在卜問"戊"是否"獲羌"的時候，又卜問戊是否會"菁曳"，"菁曳"就是突然遇到"曳"的意思，說明"羌"人與"曳"人可能處於雜處局面，在捕捉"羌"人的過程上可能會遭到"曳"人襲擊。有學者將"曳"釋為"戎"。"羌曳"可能即後世文獻中常說的"羌戎"。二者並提，可見其關係之密切。

又如：

［王］占曰：其业來……逸自……
……閾羌戎…… （《合集》521 反，典賓）

2. "羌方"與"戲方"、"羞方"、"轡方"

乙丑王卜貞：今囚巫九畓，余乍障遣告侯田，冊戲方、羌方、羞方、轡方。余其比侯田，畄戔四邦方。(此辭均缺橫劃)
（《合集》36528 反，黃類）

這條卜辭說明，帝乙、帝辛時期，羌方曾與戲方、羞方、轡方聯合作亂。可見，羌方與戲方、羞方、轡方曾有交往關係。

3. "羌"與"庸"、"蜀"、"髳"、"微"、"盧"、"彭"、"濮"

商末武王伐紂時，羌人與"庸、蜀、髳、微、盧、彭、濮"一起參與了討伐紂王的軍事行動。這一方面說明羌人與"周"有交往，另一方面說明羌人與"庸、蜀、髳、微、盧、彭、濮"也可能有交往關係。特別是生活在甘肅南部的羌人與蜀人距离較近，彼此之間交往應該比較多。

下編　與羌人相關的族群專題研究

第 七 章

"ᔆ" 地考

甲骨刻辭中的ᔆᔆ和ᔆ字形接近，容易混淆。ᔆᔆ字釋法較多，主要釋法如下：

表7.1　　　　　　　　　ᔆᔆ與ᔆ字釋法整理

考釋者	釋法	出處
羅振玉	疑"弜"乃"弼"之初文。	《殷契粹編（中）》，第43頁
王國維	"弜"者，"柲"之本字，或作枈、閟，皆同音假借。金文作𢦏，莆之本字，"弜"當是聲。	《釋𢦏》（《集林》卷6第13—14頁）
王襄	古"从"字，與"從"誼同。	《簠考·天象》 第7頁（下）
王襄	古"弜"字。	《類纂正編》第十二第57頁（下）
葉玉森	初釋"氣"，後從羅說釋"弜"，即古文"柲"，卜辭假"弜"為"必"，與"其"為對文，"其"為疑詞，"弜"為決詞。	《殷虛書契前編考釋》卷4第6頁（下）—7頁（上）
張宗騫	釋"弜"，讀為"弗"。	《弜弗通用考》（《燕京學報》卷28，第58—69頁）
魯實光	一為"庀"之初文，二為方名。	《新詮·之一》第1—16頁
丁山	"弜"為"柲槃"初字可無複疑	朱芳圃《文字編》卷12，第10頁
丁山	庀，邢。	《商周史料考證》第31—33頁，（龍門聯合書局1960年版）
裘錫圭	認同釋"弜"，並對"弜""弗""不""勿"用法的細微區別進行了探討。	《古文字研究》第1輯第121—124頁

续表

考釋者	釋法	出處
吳其昌	即"弜"字。	《殷虛書契解詁》第278—279頁
李亞農	釋"弜"為"斯"。	《殷契雜釋》《中國考古學報》第5冊第一、二分合，1951年12月
李孝定	謂"弜"讀為"弗"，究言之實，仍有語病。	《甲骨文字集釋》第3852頁
張秉權	張宗騫從文例上證明卜辭中"弜"與"弗"可以通用，其說可從。	《殷墟文字丙編》第125頁
趙誠	弜，本義為弓檠。用作副詞，表示否定，則為借音字。	《甲骨文虛詞探索》（《古文字研究》第15輯，第283頁）
于省吾	卜辭"弜"皆用作否定詞，與"弗"同，張宗騫之說可從。	《甲骨文字詁林》第2630頁

　　學界已經基本認同"𢎛"當釋為"弜"，但是"𢎛"字究竟為何字，尚有爭議。甲骨刻辭中的𢎛和𢎛，有的學者沒有對其進行辨析，有的學者認為是同一個字，都是"弜"字，有的學者認為是兩個字。吳其昌《殷墟書契解詁》認為："𢎛，即弜字也，今人分𢎛弜為二文，殆未必然。"① 于省吾認為："𢎛在卜辭中為人名及方國名，與'弜'有別，不得混同。"② 《殷墟甲骨刻辭摹釋總集》《殷墟甲骨刻辭類纂》《甲骨文合集釋文》《甲骨文校總集》等大型工具書均沒有採用"弜"的釋法，仍按𢎛的原樣進行摹寫，這說明很多學者並不認同"𢎛"為"弜"的釋法。

　　甲骨刻辭中帶有"𢎛"字的刻辭很多，由於"𢎛"字沒有確切考釋，影響到很多卜辭的理解暨相關歷史文化的研究。下文嘗試對"𢎛"字進行考釋，並對"𢎛"的地望問題進行探討。

---

① 吳其昌：《殷虛書契解詁》，臺北藝文印書館影印本1959年版，第278—279頁。
② 于省吾主編：《甲骨文字詁林》第3冊，中華書局1996年版，第2630頁。

第一節 "𠂤" 與 "𠂤𠂤" 辨析

一 字形差異

甲骨卜辭中 "𠂤"、"𠂤𠂤" 有很多種寫法，下面分組列舉其字形寫法。

師小字

𠂤（《合集》5433）　　𠂤（《合集》20805）　　𠂤《合集》20185）
𠂤（《合集》4333）　　𠂤（《合集》5499）　　𠂤（《合集》6905）
𠂤（《合集》6906）　　𠂤（《合集》7022）　　𠂤（《合集》20177）
𠂤（《合集》20178）　　𠂤（《合集》20179）　　𠂤（《合集》20180）
𠂤（《合集》20181）　　𠂤（《合集》20183）　　𠂤（《合集》20186）
𠂤（《合集》20187）　　𠂤（《合集》20189）　　𠂤（《合集》20193）
𠂤（《合集》20604）

師賓間 A

𠂤（《合集》9341）　　𠂤（《合集》9342）　　𠂤（《合集》9343）
𠂤（《合集》9344）　　𠂤（《合集》9345）　　𠂤（《合集》9346）
𠂤（《合集》9347）　　𠂤（《合集》9348）　　𠂤（《合集》9350）
𠂤（《合集》9351）　　𠂤（《合集》5810）　　𠂤（《合集》6977）
𠂤（《合集》6978）　　𠂤（《合集》7014）　　𠂤（《合集》7024）
𠂤（《合集》7024）　　𠂤（《合集》7025）　　𠂤（《合集》7026）
𠂤（《合集》7029）　　𠂤（《合集》7029）　　𠂤（《合集》7030）
𠂤（《合集》10374）　　𠂤（《合集》10375）　　𠂤（《合集》10835）
𠂤（《合集》10836）

師賓間 B

𠂤（《合集》4324）　　𠂤（《合集》4324）　　𠂤（《合集》4325）
𠂤（《合集》4327）
𠂤（《合集》4328）　　𠂤（《合集》4329）　　𠂤（《合集》4330）
𠂤（《合集》4331）　　𠂤（《合集》4332）

典賓

𠂤（《合集》4307 正）　　𠂤（《合集》4308）　　𠂤（《合集》4309）

賓三

（《合集》4310）　（《合集》4311）　（《合集》4314）

（《合集》4312）　（《合集》4313）　（《合集》4315）
（《合集》4316）　（《合集》4317）　（《合集》4318）
（《合集》4319）　（《合集》4320）　（《合集》4321）
（《合集》4322）　（《合集》4323）　（《合集》4334）
（《合集》4336）

出二

（《合集》22991）　（《合集》24529）　（《合集》24530）
（《合集》24531）　（《合集》24532）　（《合集》24534）
（《合集》24539）　（《合集》25160）　（《合集》25220）
（《合集》23487）

歷一

（《合集》32185）

歷二

（《合集》32671）　（《合集》32871）　（《合集》32995）
（《合集》33413）　（《合集》33692）　（《合集》33693）
（《合集》34176）　（《合集》34421）　（《合集》34428）
（《合集》34446）

歷無名間

（《合集》33691）　（《合集》33691）

無名

（《合集》28203）　（《合集》30355）　（《合集》30533）
（《合集》30534）

無名黃間

（《合集》36909）

黃類

（《合集》36418）

這些字形的基本形體可以歸納為四種：　、　、　、　。通過比較，可以看出，這四種基本字形，可以分為兩類：

A 類，𢎧、𢎨，左右結構，其組成部件為兩個"弓"字（𢎧、𢎨），這一類前輩學者多將其釋為"弱"，該釋法可從。

B 類，𠃌、𠃍，上下結構，其組成部件為"㇏"和"𠃌"，其中，𠃌的交接處，有的完全接合，有的沒有完全接合，留下一點空隙，應為刻寫時的刀法問題。有的字形裏，"𠃌"寫為"𠃍"。例如：《合集》5837 中，𠃌寫為"𠃍"，上邊的"𠃍"與下邊的"𠃌"相距較遠。《甲骨文校釋總集》中忽略了上方的"𠃍"，而將下邊部分誤釋為"刃"。查原片，發現其上邊應還有一筆"𠃍"，這也可以從一個側面證明"𠃌"其實是個上下結構的字，刻工在刻寫時有時會把上邊的一畫和下邊的部分刻得較遠。又如，《合集》20181 中的"𠃌"字也是這種情況。

四種基本字形上部的差別如圖所示：

𠃍 𠃍 𠃍

另外，A 類字下邊的曲線折度比較大，B 類字下邊的曲線主要呈現彎弧狀。

圖 7.1　刻有𠃌字的甲骨片
（《合集》5837）

二　用法的異同

1. 相同點：兩類字形都可以表示族群方國名。例如：

A 類

(1) 𢎧入　　　　　　　　　　（《合集》9341，師賓間 A）
(2) 𢎧入　　　　　　　　　　（《合集》9342，師賓間 A）
(3) 𢎧入　　　　　　　　　　（《合集》9343，師賓間 A）
(4) 𢎧入　　　　　　　　　　（《合集》9344，師賓間 A）
(5) 𢎧入　　　　　　　　　　（《合集》9345，師賓間 A）
(6) 𢎧入　　　　　　　　　　（《合集》9346，師賓間 A）
(7) 𢎧入　　　　　　　　　　（《合集》9347，師賓間 A）
(8) 𢎧入　　　　　　　　　　（《合集》9348，師賓間 A）
(9) 𢎧入　　　　　　　　　　（《合集》9349，師賓間 A）

(10) ▯入　　　　　　　　　　　　（《合集》9350，師賓間 A）

(11) ▯入　　　　　　　　　　　　（《合集》9351，師賓間 A）

卜辭中"……入"的"入"前一般是族群方國名。

B 類

(1) ……寅卜王……▯弗其載朕事其潬余。

（《合集》5499，師小字）

(2) 壬寅卜，見弗獲征戎。不玄
乙巳卜，丁未▯不其入不。　　（《合集》6905，師小字）

(3) ▯夾伐。　　　　　　　　　　（《合集》20187，師小字）

(4) 貞：▯其▯。　　　　　　　　（《合集》7025，師賓間 A）

(5) 臺▯。　　　　　　　　　　　（《合集》7029，師賓間 A）

(6) 弗臺▯。　　　　　　　　　　（《合集》40825，師賓間 A）

(7) 丁卯卜，弗……
勿取▯。　　　　　　　　　　（《合集》7030，師賓間 A）

(8) 庚子卜，□貞：取▯▯□往□。

（《合集》7031，師賓間 A）

"載朕事"大意即協助王事，甲骨卜辭中"載朕事"的主體一般為屬國。"戈"字陳劍釋為"翦"①，"翦滅"的對象一般是族群方國，甲骨卜辭中"戈"字後邊一般是方國名。"臺"即"敦"字，敦伐的意思，敦伐的對象一般為族群方國。"取"的對象一般也為族群方國。因此推斷 B 類字也可以表示族群方國名。

2. 差異點

A 類字形（▯、▯），可以用在動詞前，表否定，在語法功能上相當於一個否定副詞，而 B 類字形（▯、▯）不能當否定副詞使用。例如：

---

① 陳劍：《甲骨金文"戈"字補釋》，《古文字研究》第 25 輯，中華書局 2004 年版，第 41 頁。

己未卜，歲至于大……
𢦏至。　　　　　　　　　　　　　（《合集》34421，歷二）

"至"與"𢦏至"形成正反對貞，可證"𢦏"當否定副詞用。

庚□□令圍。
𢦏令。一
庚子卜，其令。一
𢦏令。一
丁未貞：叀王令□𠂤。一
𢦏令。　　　　　　　　　　　　　（《合集》34428，歷二）

該版上有三組正反對貞卜辭，"令"與"𢦏令"相對，可證"𢦏"作否定副詞用。

無申卜，令馬即射。二
𢦏即。一　二
不。　　　　　　　　　　　　　　（《合集》32995，歷二）

這是一組兩反一正型的三卜式對貞，𢦏當否定副詞"弜"，否定動詞"即"，"不"否定動詞"射"。

甲寅卜，𢦏祀叀禦……　　　　　　（《合集》34446，歷二）

這是一條正反選貞卜辭，"𢦏"否定"祀"，"叀"強調"禦"。
下列卜辭中的"𢦏"，也當否定副詞使用。

(1) 壬申卜，扶，𢦏侑其𢦏。十月（《合集》20805，師小字）
(2) 𢦏逆埶無若。　　　　　　　（《合集》32185，歷一）
(3) 𢦏凡。　　　　　　　　　　（《合集》33413，歷二）

下面再以"禦㇒"與"禦㇓"的差異為例來說明一下兩類字的差異。
(1) □亥卜，□祖……禦㇒……　　（《合集》4327，師賓間 B）
(2) ［丁］亥卜，禦㇒大甲宰。
　　［丁］亥卜，禦㇒［大］乙宰。
　　□寅［卜］，㞢［父］甲。
　　壬寅卜，㞢父甲。二 二　　（《合集》4324，師賓間 B）
(3) 己亥卜，于大乙大甲禦㇒五宰。（《合集》4325，師賓間 B）
(4) 壬申卜，王，禦［㇒］于祖乙。
　　　　　　　　　　　　　　（《合集》4326，師賓間 B）

在"禦㇒大甲""禦㇒［大］乙""于大乙大甲禦㇒""禦㇒于祖乙"中㇒是禦祭的原因。

與"禦㇒"相似的是《合集》32671 中也有一個"禦㇓"：

□未貞：……禦㇓……翌日……
□未貞：大禦其冓翌日酻。一　　（《合集》32671，歷二）

根據卜辭的文例規律，這裏應是一組正反對貞卜辭，若將首條卜辭補全，則為：

□未貞：［大］禦㇓［其冓］翌日［酻］。

"㇓其冓"就是"弜其冓"，"㇓"在這裏當"弜"講，表否定。
"禦㇒"與"禦㇓"在形式上相似，但是前者中的"㇒"當名詞用，表禦祭的原因；後者中的"㇓"當副詞用，表否定。這也說明，"㇒"與"㇓"是兩個字。

第二節　"㇒"字考釋

分析"㇒"的結構，其基本組成部件為"╲"和"㇐"，有的省去

"✎"，直接寫為：▲（《合集》20189）、▲（《合集》10836）。

20189

10836

圖 7.2　▲的省寫
（《合集》20189）

圖 7.3　▲的省寫
（《合集》10836）

(1) □未卜，▲……其啟。　　　　　（《合集》20189，師小字）
(2) ［▲］不［其］獲□……　　　　（《合集》10836，師賓間 A）

▲和▲與"水"字的一種寫法（"水"還有另外的寫法，如▲、▲等）非常接近，例如："洹"字既可以寫作▲（《合集》8320）、▲（《合集》7854 正）、▲（《合集》7853），也可以寫作▲（《合集》10119）、▲（《合集》24413）；"滴"字既可以寫作▲（《合集》8310 正），也可以寫作▲（《合集》1082）；"澧"字既可以寫作▲（《合集》15326），也可以寫作▲（《合集》5499）。但是，作"水"的"▲"一般只在合體字中出現，很少單獨出現。《合集》20189 中的▲和《合集》10836 的▲若是"水"字，辭意不通，其當為▲字的省寫形式，《摹釋總集》《甲骨文合集釋文》《甲骨文校釋總集》均將其摹釋為"▲"字，其釋法可從。

如果將與▲、▲、▲接近的字形進行排序，可以排成一個字形演變序列：①

---

①　此處的字形是從眾多字形中抽取出來的代表字形，其演變不一定遵循這樣的順序。這些字形在各組中其實是混合出現的，這恰好說明了字形在演變過程中的不定型階段。

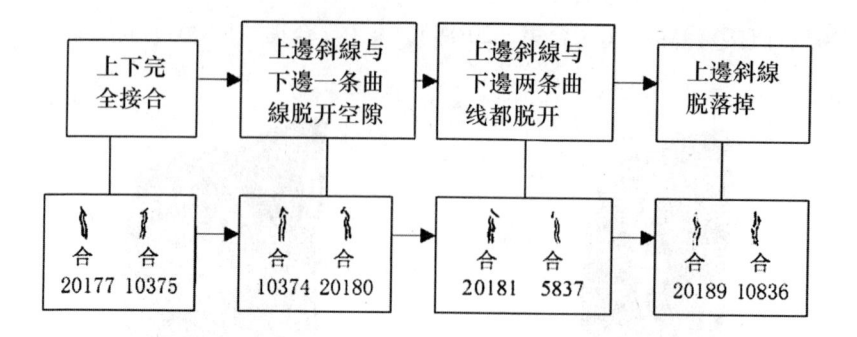

```
┌─────────┐    ┌─────────┐    ┌─────────┐    ┌─────────┐
│上下完   │    │上邊斜線与│    │上邊斜線与│    │上邊斜線 │
│全接合   │───▶│下邊一条曲│───▶│下邊兩条曲│───▶│脱落掉   │
│         │    │線脱开空隙│    │线都脱开 │    │         │
└────┬────┘    └────┬────┘    └────┬────┘    └────┬────┘
     ▼              ▼              ▼              ▼
┌─────────┐    ┌─────────┐    ┌─────────┐    ┌─────────┐
│ 合  合  │    │ 合  合  │    │ 合  合  │    │ 合  合  │
│20177 10375│  │10374 20180│  │20181 5837│   │20189 10836│
└─────────┘    └─────────┘    └─────────┘    └─────────┘
```

這個序列也可以逆向排列為：

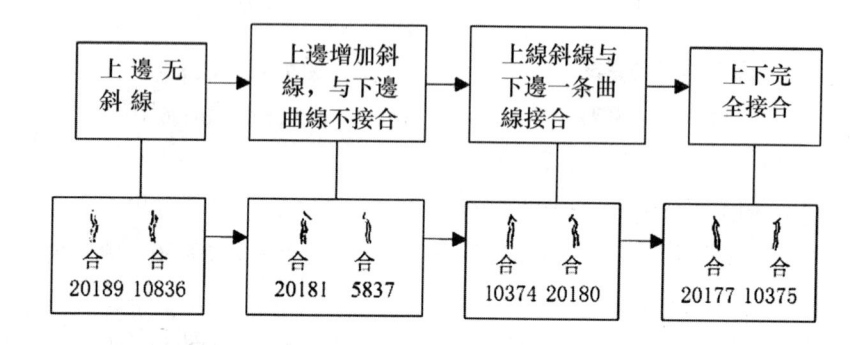

```
┌─────────┐    ┌─────────┐    ┌─────────┐    ┌─────────┐
│上邊无   │    │上邊增加斜│    │上綫斜線与│    │上下完   │
│斜線     │───▶│線，与下邊│───▶│下邊一条曲│───▶│全接合   │
│         │    │曲線不接合│    │線接合   │    │         │
└────┬────┘    └────┬────┘    └────┬────┘    └────┬────┘
     ▼              ▼              ▼              ▼
┌─────────┐    ┌─────────┐    ┌─────────┐    ┌─────────┐
│ 合  合  │    │ 合  合  │    │ 合  合  │    │ 合  合  │
│20189 10836│  │20181 5837│   │10374 20180│  │20177 10375│
└─────────┘    └─────────┘    └─────────┘    └─────────┘
```

　　字形演變過程中，"順變"與"逆變"常混合交織在一起，因此會出現在不同階段、不同組別中字形混合無序的現象。字形演變中，有的會出現"歷時共現"現象，即在同一階段，出現幾個不同階段的字形。𣲕字在各組中出現的多種字形，既有歷時的"順變""逆變"，也有"歷時的共現"現象。

　　"𣲕"和"𣲕"和《說文》中的𡿧形體很接近。𡿧，《說文·𡿧部》："𡿧，水流澮澮也。方百里為𡿧，廣二尋，深二仞。凡𡿧之屬皆从𡿧。"王筠句讀："𡿧，言水流者，承'く，水小流也'而言。𡿧倍於く，其流大也。"𣲕是個象形兼會意字，𣲕字下邊兩條彎曲的線（𣲕、𣲕）可能表示的是兩條蜿蜒迂回的"小水流"，上面的斜線╱表示的可能是一條"水溝"，合起來表示"水注進溝裹"，與《釋名》對"𣲕（𡿧）"的解釋相吻合。徐鍇《系傳》："《釋名》：'水注溝曰𡿧。𡿧，會也，小水之所聚會也。'"例如，𣲕（《合集》4307）、𣲕（《合集》4327）、𣲕（《合集》4333）、𣲕（《合集》5499）、𣲕（《合集》6905）、𣲕（《合集》20183），"水注溝"之狀較明顯。

因此，推測"𠂤"可能為"巜（《）"（Kuài）字在甲骨文時代的寫法。

前輩學者之所以把"𠂤"與"弜"混淆，是因為誤將下面的"𠂤"當作兩個"弓"。由於契刻材料和契刻工具的特殊性，甲骨文中的曲線有的刻得有棱有角，像弓箭一樣。例如：《合集》5810 中的水（𣲖）字，中間的曲線"𠂤"本表示水流，但是刻得有棱有角就像一張弓箭，同版的𠂤字，左側刻得和𣲖字中間的𠂤幾乎一樣，可證𠂤字不是由兩張"弓"組成，而是由上面的一條斜線和下面的兩條曲線𠂤組成，這兩條曲線𠂤就如同𣲖字中間的一樣，都是表示"水流"義的，𠂤與上面的合起來表示"水注溝"，正是《釋名》對"巜"字的解釋。

以甲骨文中的"水"字為例，𣲖（《合集》34674）、𣲖（《英藏》2593）中的曲線比較圓滑，而𣲖（《合集》33350）、𣲖（《合集》33354）中的曲線則呈有棱有角的折線狀，𣲖（《合集》10156）中的曲線（𠂤）則寫得像一張弓，其實並不是弓。

另外，金文中的"水"字有時也寫得像兩張"弓"，例如：瀕字既寫作▆（《默簋》）[①]，也寫作▆（《𢆶簋》）；潮字既寫作▆（《令彝蓋》），也寫作▆（《仲殷父簋》蓋一）、▆（《仲殷父簋》器四），還可以寫作▆（《仲殷父簋》蓋）[②]。▆、▆是同一個字，▆、▆、▆是同一個字，說明、𠂤、𠂤、𠂤、𠂤都是水的不同變體形式。其中𠂤、𠂤都像兩張"弓"，這裏的曲線其實不是"弓"，而是水流的形狀。

在甲骨文中，"水"可寫作"𠂤"，與𠂤和𠂤形體很接近，容易發生訛混。"巜"字之所以寫成"𠂤"形，可能就是為了與表"水"的字形𠂤相區別。到了小篆時代，由於"水"字已經基本定型用"𣲖"表示，就用寫

5810

圖 7.4　水和𠂤字共版的卜辭
（《合集》5810）

[①] 容庚：《金文編》卷 11，中華書局 1985 年版，第 742 頁。
[②] 方述鑫：《甲骨金文字典》卷 11，巴蜀書社 1983 年版，第 826 頁。

法比較簡單的"�"表示"巛","public"則被淘汰,因為,此時用"public"表示"巛",已經不會再與水(public)字發生混淆。

"public"與"弜"混淆的另一個原因是public字上部的斜筆與"弜"字上部的斜筆易相混。例如:《(《合集》20399)上面的斜線本是一筆,由於有個交叉點,看起來像是兩筆,致使這個字被誤認為是"弜"字。public(《合集》32871)由於曲線頂端帶了一個鉤(可能是飾筆之類)而被誤認為是"弜"字。

如同區分"从"與"比"一樣,區分"public"與"弜",最根本的一點是看其基本組成部件,"弜"基本組成部件為兩個"弓"字(public、public等),而"public"其組成部件為一條斜線"public"和兩條曲線"public",這兩條曲線有時寫成"弓"形,易與"弜"字混淆。

《殷周金文集成》中收有一批"亞弜"的銘文,其"弜"字寫法如下:

public(《集成》383)　　public(《集成》384)　　public(《集成》1393)
public(《集成》1394)　　public(《集成》1395)　　public(《集成》1396)
public(《集成》1397)　　public(《集成》1398)　　public(《集成》1399)
public(《集成》1400)　　public(《集成》3338)　　public(《集成》6346)
public(《集成》6956)　　public(《集成》6957)　　public(《集成》6958)
public(《集成》7735)　　public(《集成》7819)　　public(《集成》7820)
public(《集成》7821)　　public(《集成》8891)　　public(《集成》8892)
public(《集成》9228)　　public(《集成》9479)　　public(《集成》10498)
public(《集成》11810)　　public(《集成》11811)

以上這些"弜"字可能被誤認,例如public、public,的確像弓,其實它們不是由兩個"弓"組成的,因為金文中的"弓"一般寫為public(不嬰簋)、public(虢季)public(弓父癸鼎),這些所謂的"弜"字其實應是"巛"字。與這些字形成明顯對照的是public(《集成》4144)、public(《集成》6393)、public(《集成》8416)、public(《集成》9064),這幾個字才是"弜"字。

現將"弜""public""水"這三個字的字形演變歸併情況梳理如下:

需要說明的是,這幾個字的字形變體比較多,圖7.5中只列了一些最主要的字形。主要是為了看清其區別與最後的歸併情況。

甲骨文	金文	小篆
		（弓）
		（巛）
		（水）

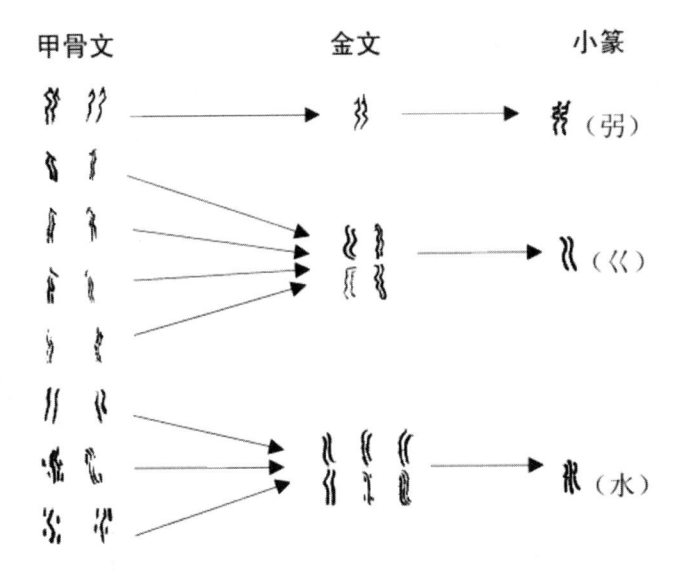

圖7.5 "弓""㇄"水三字字形演變歸併情況

第三節 甲骨卜辭中的"㇄"地考索

甲骨刻辭中有一部分表示地名的名詞很特殊，它們既可以表示人名，也可以表示地名、族群方國名，"㇄"便是其中之一。

　　　癸未卜，王，㽞允來，即㇄。　　　（《合集》4318，賓三）

"即"有"接近，靠近"的意思，"㽞允來，即㇄"的大意是：㽞果然來，並接近㇄地。

　　　丙戌卜，貞：㇄師在㇇不水。　　　（《合集》5810，師賓間A）

"師"是商代的軍隊組織單位，"㇄師"就是"㇄帶領的軍隊"或"㇄地的軍隊"，也說明㇄既是個人名，也是個地名。

……寅卜王……𒀀弗其載朕事其澅余。

（《合集》5499，師小字）

"載朕事"是刻辭中的慣用語，大意即"協助處理、承辦王事"，甲骨刻辭中"載朕事"的主體大多是商王朝的屬國。

貞：罕其"戈𒀀。　　　　　　　（《合集》7025，師賓間A）

甲骨刻辭中""戈"字後邊所跟的一般是方國名，陳劍將""戈"釋為"翦"①，""戈𒀀"就是"翦滅𒀀"。

(1) 臺𒀀。　　　　　　　　　（《合集》7029，師賓間A）
(2) 弗臺𒀀。　　　　　　　　（《合集》40825，師賓間A）

"臺"即"敦"字，"敦伐"的意思，"臺𒀀"即"敦伐𒀀地"。

(1) 丁卯卜，弗……
　　勿取𒀀。　　　　　　　　（《合集》7030，師賓間A）
(2) 庚子卜，□，貞：取𒀀𒀀□往□。（《合集》7031，典賓）

甲骨刻辭中"取"的物件一般也為族群方國。因此推斷𒀀字也可以表示族群方國名。

彭林先生認為𒀀地"應在殷之西部，或偏南、偏北的地方，征之文獻，只有鄶國可以當之。鄶國地望在今河南中部的新鄭、密縣附近，後被鄭武公所滅"②。筆者以為彭先生的說法尚有可商榷之處。

下面試用卜辭分組的方法，通過與𒀀有關的卜辭，分析一下𒀀地可能具有的特徵。

---

① 陳劍：《甲骨金文"戈"字補釋》，《古文字研究》第25輯，中華書局2004年版，第41頁。
② 彭林：《釋巛》，《考古》1985年第8期，第739頁。

一 祭祀活動

1. "𘤳囚"

   (1) 壬申卜，貞：𘤳其出囚，不其囚。（《合集》4331，師賓間）
   (2) 癸酉卜，[王]，𘤳囚[告]。六月。
   （《合集》4330，師賓間）

這兩條刻辭卜問𘤳地是否有禍祟，可見在王心中，𘤳地有特殊的分量。

2. "禦𘤳"

   (1) □戌卜，禦𘤳……　　　　（《合集》20188，師小字）
   (2) 壬申卜，王，禦[𘤳]于祖乙。（《合集》4326，師賓間）
   (3) □亥卜，□祖……禦𘤳……　（《合集》4327，典賓）
   (4) [丁]亥卜，禦𘤳大甲宰。
       [丁]亥卜，禦𘤳[大]乙宰。（《合集》4324，典賓）
   (5) 己亥卜，于大乙大甲禦𘤳五宰。（《合集》4325，典賓）

根據句式此處的"禦"應理解為"為動"[①]用法，這些卜辭說明為𘤳向大甲、大乙進行禳除災禍的禦祭，《合集》4325中禦祭時用了"五宰"向大乙、大甲兩位先王進行禦祭。雖然先公先王很多，但是祭祀時所用祭牲的數量並不一樣。據筆者前文的統計，若按祭祀時用的羌牲數量排名，則祭祀最多的前四名先王依次為祖乙、大乙、大甲、上甲。說明，在商王室的心目中，大乙、大甲兩位先祖神不但地位非常高，而且可能非常靈驗。為𘤳向大乙、大甲兩位先王進行禦祭。可見，在王的心目中，𘤳地的地位很重要。

[①] 喻遂生：《甲骨文動詞和介詞的為動用法》，《甲金語言文字研究論集》，巴蜀書社2002年版，第85頁。

3.“保[?]”

辛未卜，大甲保[?]。　（《合集》4323，賓三）

卜問大甲是否會保佑[?]。

從以上這些刻辭，可以看出王非常關心[?]地，按常理，[?]地應是一個戰略要地。

二　軍事活動

1.“[?]”與“[?]”“[?]”

（1）丙戌卜，貞：[?]師在[?]，不水。
丁亥……[?]……　（《合集》5810，師賓間）

（2）己卯卜，王貞：余乎[?]𦎫[?]，余弗[?][?]。
（《合集》7014，師賓間）

（3）貞：[?]𢦏失（佚）。　（《合集》7016，師賓間）

（4）丙子卜，[?]𢦏[?]。　（《合集》7017，師賓間）

（5）□未卜，□[?]氏□不。
癸丑卜，[?]其克𢦏[?]。
乙卯卜，乍[?]卒[?]。
貞[?]不亦來。　（《合集》7024，師賓間）

（6）戊口卜，[?]其𢦏[?]。
己丑卜，㞢祖辛宰，酉十宰九。　（《合集》7026，師賓間）

（7）[辛] 酉卜，[?]其亦𦎫[?]。　（《合集》7028，師賓間）

以上這些刻辭，說明[?]、[?]、[?]都是族群方国，[?]與[?]、[?]的關係如圖 7.6 所示。

圖7.6　𠬝與𠘧、𠂤的關係

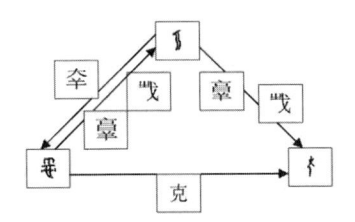

這些複雜的關係說明𠬝與𠘧、𠂤的地望比較接近。趙平安釋𠂤為失（佚），並認為河南洛陽馬坡一帶當是佚侯故地。失的地望的確定，為進一步認識見於同版的受、𠬝、雀等地的方位，提供了一個可靠的定點。[①]推測𠬝地临近佚侯故地河南洛陽馬坡一帶。

2. "𠬝"與"方"

（1）辛卯卜，王貞：𠬝其戋方。

（《合集》20442、《合集》6749，師小字）

（2）□酉卜，□，貞：𠬝出刻，獲征方。

（《合集》20442、《合集》6749，自師賓間）

這裏的"方"應是一個族群方國專名，係"方方"之省稱。例如：

（1）壬申卜，方方其品不。五月。（《合集》20412，師小字）
（2）癸卯卜，王：缶蔑品戎執，弗其蔑抑？三日丙午遘方，不獲。

（《合集》20449，師小字）

《合集》20449中如將"蔑品戎"和"遘方"互相補充起來看，"方"可能表示"方戎"。羅琨認為，武丁對於"方"的征伐卜辭，揭示出一個

[①] 趙平安：《新出簡帛與古文字古文獻研究》，商務印書館2009年版，第63頁。

活力極強、活動範圍很廣，帶有草原民族特點的古族。① 李發認為，"方方"是一支主要活躍在殷西北或北方的居無定所的遊牧民族②。《合集》20442、《合集》6749 說明"𢎦"曾與"方"有過交戰關係，推測𢎦地可能在山西一帶。

3. "𢎦"與"雀"

乙巳卜，[貞]𢎦眔雀伐羌囟。　　　　（《合集》20399，師歷間）

郭沫若認為："眔字卜辭及彝銘習見，均用為接續詞，其義如及，如與。"③ 姚孝遂認為："眔像目垂涕之形，郭沫若之說可信。卜辭均用為暨及之義。"④ "眔"作為連接詞，所連接的成分之間是並列關係。𢎦與雀並提，根據甲骨刻辭中類似辭例，說明二地相距不遠。據胡厚宣先生考證，雀之封地在殷之西方，疑在介休縣西南雀鼠谷一帶。⑤ 陳夢家先生謂"雀之所在，當近今豫西"⑥。馬世之先生認為"雀"在今鄭州市西北郊⑦。韓江蘇認為甲骨文中，與雀有係聯關係的商王朝的臣屬者和敵對者之地，可以分為兩部分，一部分在山西中北部，以沚為中心，在今山西平遙、石樓、永和一帶；另一部分在今山西南部，以亘、罒、犬等地為中心，在今晉南地區。今山西靈石、霍州一帶，是南北、東西交通要道。雀是商王同姓貴族，武丁分封雀到這一帶，是為了加強對西部邊境的控制。⑧ 胡氏與韓氏說法比較可信。介休、靈石、霍州一帶基本上是同一片區域，都在晉中南地區，雀的封地在這一帶是有可能的。𢎦地與雀地鄰近，推測其在晉南地區。

另外，"𢎦與雀伐羌"，兩位將領聯合攻伐羌，可見這裏附近有一個羌

---

① 羅琨：《商代戰爭與軍制》，中國社會科學出版社 2010 年版，第 217 頁。
② 李發：《甲骨文所見方方考》，《考古學報》2015 年第 3 期，第 300 頁。
③ 于省吾主編：《甲骨文字詁林》第 1 冊，中華書局 1996 年版，第 566 頁。
④ 同上書，第 569 頁。
⑤ 胡厚宣：《殷代封建制度考》，《甲骨學商史論叢初集》第 1 冊，齊魯大學國學研究所專刊 1944 年版，第 16 頁。
⑥ 陳夢家：《殷虛卜辭綜述》，中華書局 1988 年版，第 298 頁。
⑦ 馬世之：《中原古國歷史與文化》，大象出版社 1998 年版，第 44 頁。
⑧ 韓江蘇：《〈殷本紀〉訂補與商史人物徵》，中國社會科學出版社 2010 年版，第 412 頁。

人相對集中的區域，此處的"羌"很有可能是"羌方"。"羌方"的位置，陳夢家以為在晉南地區①，島邦男認為在舌方以南②，也可印證🜚地大致在山西一帶。

4. "🜚"與"麇"

  （1）辛亥卜，王貞：呼🜚狩麇兇。
    辛亥卜，王貞：勿呼🜚狩麇，弗其兇。七月。
              （《合集》10374，師賓間）
  （2）辛［亥卜］，［王］［貞］：［呼］🜚［狩］麇［兇］。
              （《合集》10375，師賓間）

"呼🜚狩麇"，說明王命令🜚巡狩麇族之地。

卜辭中"麇"做族名的例子有：

  （1）壬辰卜，王貞：翌癸巳我弗其征麇。
              （《合集》10378，師賓間）
  （2）戊申卜，爭貞：□往立［蒞］麇，若。
              （《合集》19060正，典賓）

"征麇""往立（蒞）麇"都說明"麇"是個族名或地名。
《近出殷周金文集錄》收錄有一件"麇癸爵"（西周中期）③，《殷周金文集成》④收有一件"麇侯鎛"（戰國前期），也說明商周時期有個"麇"族，該族從商代一直延續到了戰國時代。

---

① 陳夢家：《殷虛卜辭綜述》，中華書局1988年版，第281—282頁。
② ［日］島邦男：《殷墟卜辭研究》，溫天河、李壽林譯，鼎文書局1975年版，第401—403頁。
③ 劉雨、盧岩：《近出殷周金文集錄》，中華書局2002年版。
④ 中國社會科學院考古研究所：《殷周金文集成》，中華書局2007年版。

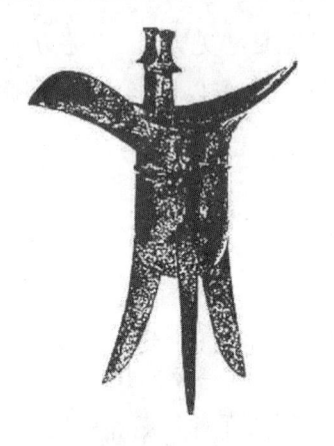

圖 7.7　麋癸爵 ［西周中期］
（《近出殷周金文錄》901，英國倫敦富士比拍賣行曾見。）

圖 7.8　麋侯簿 ［戰國前期］
（《殷周金文集成》17，現藏臺北故宮博物院。）

商代時，很多族名也是地名。

弜麋獸于雍，弗其……　　　　　　　（《合集》29341，無名）

這條卜辭說明"麋"與"雍"地不遠。

丙辰卜，殼貞：曰舌方以𩵋方敦雍，允……
　　　　　　　　　　　　　　　　（《合集》8610 正，典賓）

該條卜辭的大意是舌方帶領𩵋方敦伐雍地，可見舌方、𩵋方與雍地相距不遠，孫亞冰認為雍地在殷西北。① "麋"地與"雍"地不遠，可能也在殷西北。

《合集》10374、10375 中，王命令 ❦ 巡狩麋族之地，推測 ❦ 地可能也在殷西北。

---

① 孫亞冰、林歡：《商代地理與方國》，中國社會科學出版社 2010 年版，第 355 頁。

5. 其他軍事活動

(1) 辛丑卜，王貞：□🧍"戈羌。　　（《合集》20402，師小字）
(2) 甲午卜，叶，羌"戈🧍。　　（《合集》20404，師小字）
(3) 庚申卜，王，🧍獲羌？　　（《合集》186，師賓間）
(4) 乙丑卜，🧍獲征羌？□月。　　（《合集》187，師賓間）

這些刻辭說明，王派🧍去征伐羌人。

(1) 庚戌卜，王貞：🧍其獲征戎，在東。一月。
　　　　　　　　　　　　　　　（《合集》6906，師小字）
(2) 壬寅卜，見弗獲征戎。不玄。
　　乙巳卜，丁未🧍不其入不。　（《合集》6905，師賓間）

說明王派遣🧍去征伐戎人。

(1) 壬戌［卜］，令🧍取🧍。二月。　（《合集》7022，師小字）
(2) ……🧍達（撻）① 㐬。　　（《合集》6977，師賓間）
(3) ……令🧍達（撻）㐬。　　（《合集》6978，師賓間）
(4) 戊戌卜，貞曰：🧍其从西□。（《合集》20177，師小字）

王還派遣🧍去撻㐬，取🧍。

🧍夾伐。　　　　　　　　　　　　（《合集》20187，師小字）

"🧍夾伐"大意是🧍和其他族群一起夾擊攻伐某個地方。

商王派遣🧍既征羌，又征戎，還撻㐬，取🧍，綜合這些材料，可以看

---

① 趙平安：《"達"字兩系說——兼釋甲骨文所謂"途"和齊金文所謂"造"字》，《中國文字》新27期，2001年12月，第51—64頁。

出🕭處於一個既可以屯兵，又便於征戰，可控制四方的軍事要地。

三　出行活動

在交通相對不便的時代，出行是一件大事，各種意外和災禍隨時都有可能發生，特別是長途出行，更是如此。甲骨卜辭中有很多為出行活動而占卜祭祀的記錄。

父□豕。
父辛。
黃🕭來。
□庚用。
小宰父□。
貞。
貞曰：出。
曰：出。
曰：入。　　　　　　　　　　　　　　（《合集》22195，婦女類）

《甲骨文合集》22195是一個相對完整的大版龜甲，該版上的文字稀疏，從整版來看，除了祭祀用語外，有三個核心動詞"來""出""入"。這三個詞都是與出行活動有關。根據同類的卜辭來看，本版的內容主要是貞問出行過程中是否有禍祟。

"黃🕭來"，卜問黃、🕭是否會來。

　　　[壬]寅卜，爭貞：黃入歲，翌癸……用。
　　　　　　　　　　　　　　　　　　　（《合集》15482，賓三）

"黃入歲"，大意可能是卜問黃是否會來朝貢，參與歲祭。可見，甲骨卜辭中的"來""出""入"不是一般的出行，而是可能與朝貢、祭祀等重要活動有關，因此商王特別關心其首領的安全。

甲骨卜辭中的"黃"與殷西國族"長""羽""戈方""舌方"有

關係：

(1) 戊申卜，㱿貞：叀黃呼往于長。

戊申卜，㱿貞：叀師呼往于長。　（《合集》7982，典賓）

(2) 癸丑卜，賓貞：令羽郭以黃執宰。七月。

（《合集》553，賓三）

(3) 貞：叀黃令戈方。二月。　（《合集》8397，賓出）

長族的分佈區域以晉東南長子縣為中心，羽、戈俱在陝東。

貞：惟黃……

往出狩。

貞：舌方不亦出。　　　　　　　（《合集》6121，典賓）

本版卜辭大意是王打算去黃地巡狩，擔心是否會遇到舌方襲擊。胡厚宣《殷代舌方考》，根據舌方常至舌、唐諸地，又常征伐沚馘、戈、舌諸國，由此考證舌方必在今山西省西部。[①]

齊文心認為黃國在今河南潢川西二十里[②]，林歡認為甲骨文中的黃地在今山西汾、涑之間。[③] 根據"黃"與"長""羽""戈方""舌方"的關係，林歡的說法較可信。《合集》22195中黃、𢀖並提，根據卜辭中類似的辭例來看，推測二地相距不會太遠。

汾即山西境內的汾河，涑即涑水，系涑水河的上游。據北魏酈道元《水經注·涑水》：

涑水出河東聞喜縣東山黍葭谷，涑水所出，俗謂之華谷，至周陽與涑水合，水源東出清野山，世人以為清襄山也。其水東徑大嶺

[①] 胡厚宣：《殷代𢀖方考》，《甲骨學商史論叢初集》第2冊，臺北大通書局有限公司1972年版。

[②] 齊文心：《商殷時期古黃國初探》，《古文字研究》第12輯，中華書局1985年版，第139—152頁。

[③] 孫亞冰、林歡：《商代地理與方國》，中國社會科學出版社2010年版，第110頁。

下，西流出，謂之唅口。又西合涑水。鄭使子產問晉平公疾，平公曰：卜云，台駘為祟。史官莫知，敢問。子產曰：高辛氏有二子，長曰閼伯，季曰實沈，不能相容。帝遷閼伯於商丘，遷實沈於大夏。台駘，實沈之後，能業其官，帝用嘉之，國於汾川。由是觀之，台駘，汾、洮之神也。賈逵曰：汾、洮，二水名。司馬彪曰：洮水出聞喜縣。故王莽以縣為洮亭也。①

《水經注疏》："守敬按：《一統志》，水出絳縣橫嶺山煙莊谷，山在聞喜縣東南九十里，山脊橫亙，跨絳及垣曲二縣界，在聞喜者名小橫嶺，在絳縣南者名大橫嶺，在垣曲西北者名清廉山。《水經注》洮水源出清野山，世以為清襄山，又清水出清廉山之西嶺，世亦為清營山，清廉、清營、清野、清襄，雖四名，實一山也。"又"董祐誠曰：《地形志》，聞喜有周陽城。《括地志》，在聞喜縣東三十九里。案唐初聞喜治甘泉谷，在今縣東二十里，則周陽城當在今縣東六十里"。② 這些資料說明，洮水在今山西省運城市絳縣、聞喜縣一帶。

因此，可以大致推測，🕴地離臨汾、聞喜不遠。

四　田獵活動

甲寅卜，翌……🕴田……啓雨。　　（《合集》20740，師小字）

這條卜辭雖是殘辭，但是根據卜辭中的同類辭例，可以看出大意是說準備到🕴地去田獵，卜問天氣是晴還是雨。這說明🕴地可以田獵。按常理，由於當時交通不便，王去田獵的地方離安陽可能不會太遠。

通過以上這些甲骨卜辭的分組討論，可以看出🕴地的地理特徵是：第一，軍事地位比較重要，既可以屯兵，又便於東征西戰；第二，在

---

① 王國維校，袁英光、劉寅生整理標點：《水經注校》卷6《涑水》，上海人民出版社1984年版，第218頁。

② （北魏）酈道元注，（民國）楊守敬、熊會貞疏，段熙仲點校，陳橋驛復校：《水經注疏》（上）卷6《澮水》，江蘇古籍出版社1989年版，第574—575頁。

殷西北；第三，在山西一帶；第四，在晉南地區，離界休、靈石一帶不遠；第五，與黃地（臨汾、聞喜）臨近；第六，臨近洛陽；第七，離安陽不遠；第八，可以從事田獵活動。這些特徵同時具備的地望，取其交集，大致地域在晉南一帶。彭林先生認為，👁地即鄶國，在今河南中部的新鄭、密縣附近。這個地方雖然符合一部分特徵，但卻並不同時具備以上八個特徵。因此，筆者以為商代時"👁"地應在晉南地區。

第四節　"巜"與"澮水、澮山"

"巜"，同"澮"。徐鍇《系傳》："今人作'澮'。"林義光《文源》："象形，經傳以澮為之。"也就是說，"👁（巜）"和"澮"原本是一個字，前者是象形寫法，後者是個形聲兼會意字。"澮"，即"水相會"，也即"水注溝"，既與《爾雅》對"澮"字的解釋相吻合，也與《釋名》對"👁（巜）"字的解釋相一致。

從造字方法角度看，"巜"是個象形字，"👁"是象形兼會意，"澮"是形聲兼會意字。裘錫圭《文字學概要》①中有類似的例子：

羴（从羊亶聲）——羺（从羊臭會意。現在用"膻"。）
淚（从水戾聲）——泪（从目从水會意）

胡奇光《〈爾雅〉譯注》指出："古代典籍中溪與谷，溝與澮、瀆有大小之別。溪指山間小河溝，谷指兩山間流水道，澮指田間小水溝，瀆指小水渠。不過，有時會混用無別。"②"澮"同"河"比較類似，作名詞時，既可以泛指田間水溝，也可以專指"澮水"。《說文·水部》："澮，水出霍山，西南入汾水，从水會聲。"

北魏酈道元《水經注·澮水》：

澮水出河東絳縣東，澮交東高山。澮水東出絳高山。亦曰河南

---

① 裘錫圭：《文字學概要》，商務印書館1988年版，第206頁。
② 胡奇光、方環海：《爾雅譯注》卷11，上海古籍出版社1999年版，第277頁。

山，又曰澮山。西徑翼城南。……其水又西南，合黑水，水導源東北黑水谷，西南流，徑翼城北，右引北川水，出平川，南流注之。亂流西南入澮水。澮水又西南與諸水合，謂之澮交。……又有賀水，東出近川，西南至澮交，入澮。又有高泉水，出東南近川，西北趣澮交，注澮。又南，紫谷水東出白馬山白馬川。《遁甲開山圖》曰：絳山東距白馬山謂是山也。……其水西與田川水合，水出東溪，西北至澮交入澮。又有女家水，出於家谷。……有范壁水出於壁下，並西北流至翼廣城。……二水合而西北流，至澮交，入澮。澮水又西南，與絳水合……其水西北流，注於澮。……汾水灌平陽，或亦有之。絳水浸安邑，未識所由也。西過其縣南。……縣南對絳山，面背二水。……又西南過虒祁宮南。宮在新田絳縣故城西四十里，晉平公之所構也。……又西至王澤，注於汾水。①

《水經注疏》："（熊）會貞按：《括地志》澮高山，又云會山。在絳州翼城縣東北二十五里，《元和志》《寰宇記》並云：澮高山在縣東南二十五里。《一統志》，澮水出翼城縣東南澮山下。又《說文》，澮水出霍山，西南入汾。董祐誠謂沁、汾二水之間，皆霍太山之脈也。"②

《元和郡縣圖志》："澮水，東自曲沃縣流入。""澮高山，在縣東南二十五里，澮水出焉。其山出鐵，隋於此置平泉冶。澮水，今改名翼水。"澮山，今名翔山，在翼城縣東南十五公里。

澮水流域符合本文第一部分所分析的ㄑㄑ地的特徵，澮山附近有山有水，很適合早期族群方國生存。考古表明，早在舊石器時代，翼城境內即有人類棲居，現存有仰韶文化、龍山文化遺址，如翼城縣隆化鎮棗園村新石器文化遺址。另外，天馬—曲村遺址，也說明澮水流域很早就適合人類生存。據《山西翼城縣大河口西周墓地》指出，在大河口西周墓地周圍發現幾處不同時期的遺址，其中新石器時代遺址位於墓地西南方

---

① 王國維校，袁英光、劉寅生整理標點：《水經注校》卷6《涑水》，上海人民出版社1984年版，第215—218頁。

② （北魏）酈道元注，（民國）楊守敬、熊會貞疏，段熙仲點校，陳橋驛復校：《水經注疏》（上）卷6《澮水》，江蘇古籍出版社1989年版，第565頁。

的澮河東岸。翼城縣位於山西省境西南，中條、太岳兩山之間，縣境東臨沁水，西接曲沃，北和浮山、襄汾皆鄰，南與絳縣、垣曲相連。不僅地處臨汾、運城、晉城三市交界處，而且屬秦、晉、豫"大三角"之中心地帶，自古為晉南承東啟西之咽喉要地。商代武丁時，此地可能為軍事戰略要地，巛作為武將駐守在這裏，是情理之中的事。

因此推測，商代時巛地大致在澮水流域，很有可能就在澮山附近（山西翼城縣東），這裏可能就是古巛人的發源地。林歡認為商代時翼城東為卜辭中的"唐"地①，此說仍待商榷（孫亞冰認為在殷西，具體位置不詳）②，"唐"地或在翼城西。《元和郡縣圖志》載："故唐城，在縣西二十里。堯裔子所封也。"也就是說，如果"唐"在翼城，應在翼城西二十里。商時的封國，所轄地域不廣，"唐"人可能佔有翼城西一小塊地。卜辭中有關"唐"人的內容多為貢納，且貢品數量很少，例如：

(1) 唐來。　　　　　　　　　　　（《合集》12869 甲反，賓一）
(2) 唐來四十……　　　　　　　　（《合集》5776 反，典賓）
(3) 唐入二。宙。　　　　　　　　（《合集》9269，典賓）
(4) 唐入十。　　　　　　　　　　（《合集》9811，典賓）

說明"唐"人的封地可能很小。翼城城東的大片土地，可能是巛人生活的地方。澮山古有銅鐵等礦產資源，為軍事物資的籌備提供了條件。

《史記·晉世家》："成王與叔虞戲，削桐葉為珪以與叔虞，曰：'以此封若。'史佚因請擇日立叔虞。成王曰：'吾與之戲耳。'史佚曰：'天子無戲言。言則史書之，禮成之，樂歌之。'於是遂封叔虞於唐。唐在河、汾之東，方百里。"唐的具體位置，自古以來說法很多，李伯謙先生總結為六說：平陽（今臨汾市附近）、翼城（今翼城附近）、鄂（今臨汾以西的鄉寧縣）、安邑（今夏縣的禹王城）、永安（今霍縣）和晉陽（今太原市西郊）。③孫亞冰認為叔虞分封的唐地、成王時滅的唐國應該是卜

---

① 孫亞冰、林歡：《商代地理與方國》，中國社會科學出版社 2010 年版，第 106 頁。
② 同上書，第 334 頁。
③ 李伯謙：《中國青銅文化結構體系研究》，科學出版社 1998 年版，第 114—124 頁。

辭中的"昜"國，而不是卜辭或金文中的"唐"國。"昜"國很可能在今山西洪洞坊堆—永凝堡附近。①

"澮、檜、鄶"三字皆為見母月部字，讀音相同，可互相通假。《詩經》中有《檜風》四篇。陸德明《經典釋文》："檜，本又作鄶……檜者，高辛氏之火正祝融之後，妘姓之國也。其封域在古豫州外方之北，滎波之南，居溱洧之間，祝融之故墟，是子男之國，後為鄭武所併焉。王云：周武王封之於濟洛河潁之間，為檜子。"《國語·鄭語》："其濟、洛、河、潁之間乎，是其子男之國，虢、鄶為大。"《說文》："鄶，祝融之後，妘姓，所封潧、洧之間，鄭滅之。"根據潧水、溱水、洧水、濟河、洛河、黃河、潁水這些水名，可以確定鄶國地望在今河南中部的新鄭、密縣附近。《左傳·僖公三十三年》"文夫人葬公子瑕於鄶城之下"，杜預注："鄶國，在滎陽密縣東北。"推測西周時新鄭、密縣附近的鄶國，可能就是由商代時生活在山西翼城澮山附近的澮人遷徙而來。

綜上所述，商代時，〈〈人可能生活在山西南部翼城澮山附近，西周時可能遷徙至河南中部的新鄭、密縣附近，即"檜"國，後被鄭武公所滅。

---

① 孫亞冰、林歡：《商代地理與方國》，中國社會科學出版社 2010 年版，第 330—338 頁。

第 八 章

"疋"地考

第一節　甲骨卜辭中的"疋"地考索

一　"疋"地

"疋"在甲骨卜辭中既可以作名詞，也可以作動詞。作名詞時，可以表示地名、族群方國名。

(1) ……田其［戋］疋。　　　　（《合集》6974，師賓間 A）
(2) ……其戋疋。一月　　　　　（《合集》6976 乙，師賓間 A）

戋字，陳劍釋為"翦"①，"翦滅"的對象一般是族群方國。甲骨卜辭中戋字後邊所跟的一般是方國名。

(1) 丁丑卜，㱿貞：疋獲羌？九月。
　　 貞：疋不其獲羌？　　　　　（《合集》190 正，賓一）
(2) □戌卜，㱿貞：疋獲羌？　　　（《合集》192，賓一）
(3) ……疋獲羌？　　　　　　　　（《合集》193，賓三）

這幾條卜辭卜問"疋"是否捕獲"羌"人。

---

① 陳劍：《甲骨金文戋字補釋》，《古文字研究》第 25 輯，中華書局 2004 年版，第 41 頁。

(1) 貞：疋［來］羌？用。自成、大丁、［大］甲、大庚、下乙。

(《合集》231，賓三)

(2) 貞：叀疋來羌？用。　　　(《合集》232 正，賓三)
(3) 疋來。　　　　　　　　(《合集》1303 反，典賓)

這幾條卜辭說明"疋"把捕獲的"羌"人貢獻給商王，用來祭祀神靈。在甲骨卜辭中，"羌"人常被用來作為祭祀的貢品，最多時殺三百人。可以看出"疋"與商王之間是一種"貢納"關係，"疋"把"羌"人作為"貢品"貢納給商王。這就進一步說明"疋"可能是一個方國。

二　"疋"與"羌""𢎜"的複雜關係

辛未卜，叀疋乎比𢎜？　　　　(《合集》39790，師小字)

這條卜辭大意是卜問"疋"是否命令（部下）與"𢎜"比合（親近，聯合）。

(1) ……𢎜逹（撻）[1]疋。　　(《合集》6977，師賓間 A)
(2) ……令𢎜逹（撻）疋。　　(《合集》6978，師賓間 A)

這兩條卜辭表明，"𢎜"曾用武力撻伐"疋"。"𢎜"在用武力撻伐"疋"的同時，自己本身也是被敦伐的對象。例如：

(1) 弗敦𢎜。　　　　　　　　(《合集》40825，師賓間 A)
(2) ……敦𢎜。／𢎜靺羌。　(《合集》7029＋6601[2]，師賓間 A)

---

[1] 趙平安：《"逹"字兩系說——兼釋甲骨文所謂"途"和齊金文所謂"造"字》，《中國文字》新 27 期，2001 年 12 月，第 51—64 頁。
[2] 黃天樹主編：《甲骨拼合續集》，學苑出版社 2011 年版，第 44、344 頁。

"冓"即"遘""遇"的意思①。"𠬝冓羌"就是𠬝突然遇到羌人的意思，說明"𠬝"與"羌"處於敵對關係。

"𠬝"還征伐、捕獲"羌"人，例如：

  （1）庚申卜，王，𠬝獲羌？ （《合集》186，師賓間 A）
  （2）乙丑卜，𠬝獲征羌？□月。 （《合集》187，師賓間 A）

除了"𠬝"，"疋"也征伐、捕獲"羌"人，例如：

  □辰卜，疋獲羌？
  □辰卜，疋獲征②羌？   （《合集》191，賓一）

卜辭中有很多和"征獲""獲征"連用的例子，其意思就是表示"征伐、捕獲"，例如：

  （1）丁卯卜，內，征獲不其百？ （《合集》7636，𠂤師賓間 A）
  （2）……征獲不其［百］？ （《合集》7637，師賓間 A）
  （3）貞：雀弗其獲征微□人？ （《合集》6986，賓一）
  （4）貞：我弗其獲征舌…… （《合集》6329 正，典賓）
  （5）貞：弗其獲征土方？   （《合集》6451 正，典賓）

商代時羌人主要聚居區有兩塊：一塊是山西南部及河南西北一帶，也就是所謂的"羌方"；另一塊是今甘肅省大部和陝西西部。《後漢書·西羌傳》："西羌之本，出自三苗，姜姓之別也。其國近南岳。及舜流四凶，徙之三危，河關之西南羌地是也。濱於賜支，至乎河首，綿地千里。賜支者，《禹貢》所謂析支者也。南接蜀、漢徼外蠻夷，西北［接］鄯

---

① 于省吾主編：《甲骨文字詁林》第 4 冊，中華書局 1996 年版，第 3140—3146 頁。
② 此字釋法尚有爭議，參見于省吾主編《甲骨文字詁林》第 1 冊，中華書局 1996 年版，第 810—817 頁。

善、車師諸國。"① "南接蜀、漢，西北接鄯善、車師諸國"所指的區域就是甘肅一帶和陝西西部。顧頡剛、劉起釪認為，商末武王伐紂時，"羌"的區域在今甘肅境及甘肅的西南千里之境②。"甘肅西南千里之境"，就是指甘南、武都、天水，以及岷山地區一帶。

(1) 己丑卜，今出羌有獲征？七月。　（《合集》6605，賓一）
(2) 己丑卜，今出羌有獲征？七［月］。

（《合集》6606，賓一）
(3) ……曰：其獲征羌？　　　（《合集》6608，典賓）
(4) ……今出羌，有獲征？　　（《合集》39901，典賓）

通過上面幾條卜辭和前文所舉《合集》186、《合集》187、《合集》191，可以看出"羌"是被征伐的對象，"𢀛"和"疋"都曾經征伐過"羌"，可見這裏的"羌"是一個比較大的族群。這裏的"羌"不是指山西南部的"羌方"，因此推測有可能為陝、甘交界的羌人族群。

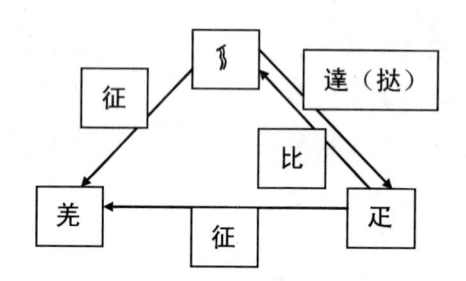

圖8.1　疋與羌、𢀛的關係示意圖

通過對卜辭的梳理，可以發現"疋"曾與"𢀛"有"比合"的關係（《合集》39790，師小字），而"𢀛"又"撻伐"過"疋"（《合集》6977、6978，師賓間A），"𢀛"也"征伐"過"羌"（《合集》186、187，師賓間A），"疋"也曾"征伐"過"羌"（《合集》190正、191，

---

① 范曄：《後漢書》卷87《西羌傳》，中華書局1965年版，第2869頁。
② 顧頡剛、劉起釪：《尚書校釋譯論》第3冊，中華書局2005年版，第1097頁。

賓一），可見，"疌""𢀸""羌"之間存在一種較複雜的關係（見圖8.1），而且三者產生這些關係的時間基本上都處於武丁中期。"𢀸"是商的武將，經常東征西戰。通過他們之間的複雜關係可以推測"疌""羌"二者地望比較接近。陝、甘交界的羌人，其地望接近陝西漢中盆地。漢中盆地西部寧強、略陽一帶與甘肅東南部地區接壤，這一帶原來是羌人活動區域。①"疌"與"羌"地望比較接近，因此推測"疌"的地望大致在漢中盆地中東部。

三 "疌"與"成"

庚辰卜，令疌于成。　　　　　　（《合集》4584，師賓間A）

"于"在這裏是"到……去"②的意思，"令疌于成"就是命令"疌"到"成"去。

唐代山南道有成州（轄境約相當於今甘肅省禮縣、西和、成縣等地）。饒宗頤認為殷代已有地曰成，後人沿用其名。③

《元和郡縣圖志·山南道三》云："成州……古西戎地，後為白馬氏國。西南自冉駹以什數，白馬最大，有山曰仇池，地方百頃，其地險固，白馬氏據焉。"④《括地志輯校·成州》云："隴右成州、武州皆白馬氏"⑤。說明成州一帶原來是"氐"人所居之地。《華陽國志·漢中志》：

---

① 嘉靖《陝西通志》（陝西省地方誌辦公室校點本），三秦出版社2006年版，第323、341頁。
② "于"字的解釋，參見裘錫圭《談談殷墟甲骨卜辭中的"于"》，載余靄芹、柯蔚南主編《羅傑瑞先生七秩晉三壽慶論文集》，香港中文大學中國文化研究所吳多泰中國語文研究中心2010年版。
③ 饒宗頤：《卜辭"芍"即漾水、漢水說》，載白化文等編《周紹良先生欣開九秩慶壽文集》，中華書局1997年版，第1—3頁。
④ （唐）李吉甫撰，賀次君點校：《元和郡縣圖志》卷22《山南道三·成州》，中華書局1983年版，第571頁。
⑤ （唐）李泰等著，賀次君點校：《括地志輯校》卷4《成州》，中華書局1980年版，第220頁。

"武都郡……有麻田，氐傁，多羌戎之民。"①說明氐人、傁人、羌人呈現混居局面，也說明三者之間關係很密切，古人常將其合稱為"氐傁""氐羌"。商王命令"疋"到"成"這個地方，很有可能就是派"疋"去捕獲"氐羌"之人。

"成"地屬於"西漢水"流域，"西漢水"在現代是嘉陵江的上游，然而在上古本是"漢水"的上游。《陝西省漢中專區地理志》記載："漢江上源與嘉陵江東岸支流相背而行，源頭很近，在地質地貌文獻中常有人認為漢江上源為嘉陵江搶奪走了。嘉陵江的上源原為漢江的上源。"②"20世紀30年代初，趙亞曾、黃汲清等認為，今西漢水及其鄰近諸水本是漢江上游，之所以會成為嘉陵江上游，是因為漢江江源一帶與鄰近的嘉陵江上游流域過去可能存在河流襲奪現象；後來李承三、周廷儒等就襲奪問題又提出進一步看法；50年代，中國科學院地理研究所、水利部長江水利委員會漢江工作隊在漢江流域進行野外地理調查的時候，工作隊的學者也基本上認同河流襲奪的觀點。"③周宏偉通過許多文獻資料，論證漢水上游的水系變遷與西元前186年發生的漢初武都大地震事件有著密切的因果關係，大地震導致河道堵塞後，堰塞湖水發生溢流侵蝕，最終使古漢水上游襲奪古潛水而成為今嘉陵江上游。④

甘肅省成縣與陝西省略陽縣接壤，周宏偉認為漢初武都道治位於陝西省略陽縣城⑤，"成"與"武都郡"歷來大致為"氐羌"之人生活的區域，與這一帶比較接近且適宜族群方國生存的地方是漢中盆地中東部的平原地帶。漢中平原與"成"在商代時同屬於"漢水"流域，且有"古漢水"相通，在當時交通應比較便利。于省吾認為殷代時"舟的應用範

---

① （晉）常璩撰，任乃強校注：《華陽國志》卷2《漢中志》，上海古籍出版社1987年版，第96頁。

② 陝西師範大學地理系編著：《陝西省漢中專區地理志》，陝西省科學技術情報研究所1966年版，第24頁。

③ 周宏偉：《漢初武都大地震與漢水上游的水系變遷》，《歷史研究》2010年第4期，第49頁。

④ 同上書，第49—69頁。

⑤ 同上書，第53頁。

圍可能相當廣泛"①。李雪山認為："到商代用船已有悠久歷史。商代以前已有舟船使用的例證，如新石器時代的河姆渡遺址曾出土一支精美的船槳……舟已廣泛地應用於商代的軍事、政治、經濟諸方面。"②郭新和認為："殷商時代的舟船在前代發展的基礎上，樣式趨向多樣化，有了更為先進的木板船……殷代舟船廣泛應用於戰爭、商業貿易、漁獵、信息傳遞及運送礦石原料等諸方面，成為當時人們必不可少的一種交通運輸工具。"③漢水兩岸的秦嶺、巴山森林茂密，有取之不盡的造船材料，為舟船的製造提供了客觀條件，漢中平原與"成"之間可以利用舟船比較便利地來往，二者易產生交往或征戰關係。所以也可以大致推測"疋"的地望在漢中盆地中東部的平原一帶。

第二節　"疋"與"湑水"

饒宗頤認為"出商器之漢水支流為湑水，湑於殷契作疋"，並舉《合集》190 正論證"疋殆即湑"④。這種說法是否可信呢？

據《秦嶺水文地理》載："湑水河是漢江在秦嶺南坡的一條主要支流，發源於太白山以南的秦嶺主脊——海拔 2838 米的光禿山北側……到太白縣黃柏源以後折向南流……於升仙村進入漢中盆地，向南流到城固縣漢王城以東入漢江。"⑤

北魏酈道元《水經注·沔水》中的記載如下：

左谷水出西北，即壻水也。北發聽山，山下有穴水，穴水東南

---

① 于省吾：《殷代的交通工具和馹傳制度》，《東北人民大學人文科學學報》1955 年第 2 期，第 103 頁。
② 李雪山：《略論商代的兩種交通運輸工具——舟船和牛》，載宋鎮豪、段志洪主編《甲骨文獻集成》第 26 冊，四川大學出版社 2001 年版，第 422 頁。
③ 郭新和：《甲骨文中的"舟"與商代用舟制度》，載宋鎮豪、段志洪主編《甲骨文獻集成》第 26 冊，四川大學出版社 2001 年版，第 530 頁。
④ 饒宗頤：《卜辭"疋"即漾水、漢水說》，載白文化等編《周紹良先生欣開九秩慶壽文集》，中華書局 1997 年版，第 1—3 頁。
⑤ 劉胤漢：《秦嶺水文地理》，陝西人民出版社 1983 年版，第 53—54 頁。

流，曆平川，中謂之墵鄉，水曰墵水。……墵水南曆墵鄉溪，出山東南流，徑通關勢南。……墵水東回南轉，又徑其城東，而南入漢水，謂之三水口也。①

關於"湑水"名字的由來，《水經注·沔水》的記載如下：

川有唐公祠。唐君字公房，成固人也。學道得仙，入雲臺山，合丹服之，白日升天。雞鳴天下，狗吠雲中，惟以鼠惡，留之。鼠乃感激，以月晦日，吐腸胃更生，故時人謂之唐鼠也。公房升仙之日，墵行未還，不獲同階雲路，約以此川為居，言無繁霜蛟虎之患，其俗以為信然。因號為墵鄉，故水亦即名焉。②

《水經注疏·沔水》："酈氏下言刊石立碑，表述靈異，而敘公房事，則皆雜采他說，蓋故以示博，後人或據碑駁《注》，殊失酈意。"③《水經注·沔水》："百姓為之立廟於其處也，刊石立碑，表述靈異。"④ 可見，唐公房得道成仙的故事並不可信，也無可靠實據，百姓立廟並刊石立碑的目的只是"表述靈異"。熊會貞認為酈道元"敘公房事"，是為了"示博"，也就是顯示自己知識的淵博。

"穴水東南流，曆平川，中謂之墵鄉，水曰墵水。""因號為墵鄉，故水亦即名焉。"這幾句話其實已經說明，"墵水"流經平川中部的"墵鄉"，因"墵鄉"而得名"墵水"，同時也說明在漢代或漢代以前即有"墵水""墵鄉"。

《說文·疋部》："疋，足也。上象腓腸，下从止。《弟子職》曰：'問疋何止。'古文以為《詩·大疋》字，亦以為足字，或曰胥字。一曰

---

① （北魏）酈道元：《水經注》卷27《沔水》，中華書局2009年版，第1460—1462頁。
② 同上書，第1460—1461頁。
③ （北魏）酈道元注，（民國）楊守敬、熊會貞疏，段熙仲點校，陳橋驛復校：《水經注疏》（中）卷27《沔水上》，江蘇古籍出版社1989年版，第2319頁。
④ （北魏）酈道元：《水經注》卷27《沔水》，中華書局2009年版，第1461頁。

疋記也。凡疋之屬皆从疋。"①《說文·肉部》："胥，蟹醢也。从肉疋聲。"②《說文·土部》："壻，夫也。从土胥聲。"③ 可見"壻"字"胥"聲，"胥"字"疋"聲，"胥"是"疋"的或體（異體字），"疋"與"胥""壻"讀音相通。郭錫良《漢字古音手冊》"胥""壻""湑"都是心母魚部字。④《漢語大字典·水部》"湑"同"壻"⑤。通過前文對甲骨卜辭中"疋"地的分析，推測"疋"地的位置大致在漢中盆地中東部的平原一帶，也即今天湑水河兩岸的城固和洋縣一帶，與"壻"水的位置相吻合。因此，饒先生的說法有一定的可信性。

第三節 "疋"與"城洋銅器群"

"城洋銅器群"是陝西省漢中盆地城固、洋縣出土的系列青銅器的簡稱。據趙叢蒼統計，自1995年至2004年，兩縣境內共發現商代青銅器33批，出土於19個地點。加上兩縣零星徵集的青銅器，共為710件。⑥這些青銅器，較集中的出土地點是湑水河下游的兩岸（見圖8.2）。

曹瑋認為："從城固、洋縣出土銅器的數量與類別來看，這個地域無疑相當於一個古代國家的規模。對這一點，學者們是持肯定態度的。"⑦

關於"城洋銅器群"的文化性質問題，曾出現多種觀點，主要有：巴人遺存說、早期蜀文化遺存說、巴蜀文化遺存說、羌人遺存說、商代西南夷的一支說等。⑧ 另外，趙叢蒼等學者認為"城洋銅器群"應為寶山文化的組成部分，寶山文化的主人為巴人的一支。⑨ 這幾種說法都還尚待

---

① （漢）許慎撰，（宋）徐鉉校定：《說文解字》，中華書局影印1963年版，第48頁。
② 同上書，第89頁。
③ 同上書，第14頁。
④ 郭錫良：《漢字古音手冊》，北京大學出版社1986年版，第117—119頁。
⑤ 徐中舒主編：《漢語大字典》第3卷，四川辭書出版社、湖北辭書出版社1988年版，第1690頁。
⑥ 趙叢蒼主編：《城洋青銅器·前言》，科學出版社2006年版，第3頁。
⑦ 曹瑋主編：《漢中出土的商代青銅器》第1冊，巴蜀書社2006年版，第43頁。
⑧ 趙叢蒼主編：《城洋青銅器》，科學出版社2006年版，第246頁。
⑨ 同上書，第246—247頁。

探討，暫不能成為定論。

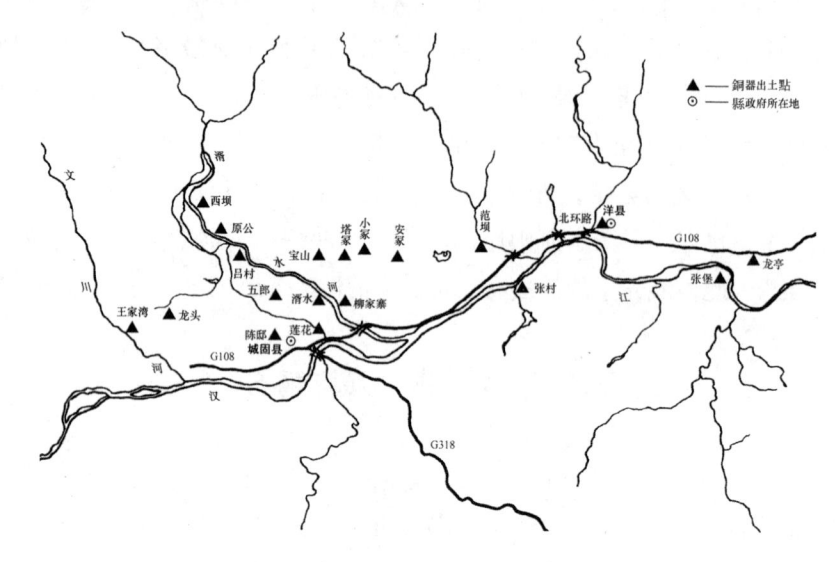

圖 8.2　城洋青銅器出土地點示意

資料來源：趙叢蒼主編《城洋青銅器·前言》，科學出版社 2006 年版，第 5 頁。引用時邊緣略加裁剪。

"城洋銅器群"既有"巴"文化的特點，也有"蜀"文化的特點，還有自己與眾不同的特點。這就說明"城洋銅器群"的創造者發揮其主觀能動性，既吸收"巴"文化的養分，也吸收"蜀"文化的養分，然後形成自己特有的文化。漢中盆地在舊石器時代（如梁山遺址）和新石器時代（如李家村遺址、何家灣遺址、龍崗寺遺址）已有人類在此活動。[①]推測，"城洋銅器群"的創造者有可能是漢中盆地土著居民發展起來的一個相對獨立的族群方國。

把甲骨卜辭中的"疋"與"城洋銅器群"進行對照比較，發現"疋"與"城洋銅器群"的時間、地點、特徵都比較相似。甲骨前三期卜辭中都有與"疋"有關的卜辭，時間下限至四期偏早階段（武乙初年）的歷

---

① 陝西省地方志編纂委員會編：《陝西省志·文物志》，三秦出版社 1995 年版，第 5、6—7、16、16—17 頁。

無名間類①卜辭只有一條與"㞢"有關的卜辭（《合集》27465），之後，再無關於"㞢"的卜辭。這說明，在四期偏早階段之後，也就是"武乙"之後，"㞢"國可能已經消失。與其相似的是"城洋銅器群"在殷墟三期末，四期偏早階段之後再無新的器具產生②，這說明該地的國家可能也已經消失。通過甲骨卜辭可以看出"㞢"曾征伐"羌"，"㞢"還曾離開本土到"成"進行征伐活動，另外"㞢"也曾與"🐘"之間有武力戰爭關係。與其相似的是"城洋銅器群"的710件青銅器中，兵器佔27.75%。③ 兵器數量多說明戰爭比較頻繁，與"㞢"的特徵較相似。因此，初步推測，"城洋銅器群"可能是古"㞢"國的文化遺物。

盧連城等學者認為："城固商代銅器群絕大部分應當是當地鑄造的，如此眾多造型精美的商代青銅禮器、兵器、用具的發現，可以表明當時居住在漢水流域的方國、部族其文明程度已經達到相當繁榮、發達的階段。"④ 可以推知，"㞢"人在漢中平原渭水兩岸這片平坦肥沃、山青水秀、氣候溫潤，具有"魚米之鄉"⑤ 稱號的土地上，曾經創造了一個相對繁盛的古代文明小國。

"根據現存資料分析，漢水流域商代遺址延續時間較長，從二里崗上層到殷墟三、四期，其間大約三百年左右。"⑥ 甲骨卜辭中與"㞢"有關的卜辭，從時間較早的師組到時間較晚的曆無名間類都有，其分佈時間與"城洋銅器群"存在的時間基本相吻合。與"㞢"有關的卜辭數量較多地集中在師組小字類、師賓間類、賓組、出組一類、歷組二類，其對應的時間段集中在武丁中期到祖庚時期，約50年。這些卜辭儘管多數都是殘辭，但是從只言片語中可以隱約看到其多數都與征戰、捕獲（羌或🐘）、貢納等活動有關。由此可以推測，"㞢"國前後存在的時間約為300年，征戰活動最頻繁的時期在武丁中期到祖庚年間，前後累計達50年

---

① 黃天樹：《殷墟王卜辭的分類與斷代》，科學出版社2007年版，第246頁。
② 趙叢蒼主編：《城洋青銅器》，科學出版社2006年版，第241頁。
③ 趙叢蒼主編：《城洋青銅器》，科學出版社2006年版，第242頁。
④ 盧連城、胡智生：《寶雞🐘國墓地》，文物出版社1988年版，第459頁。
⑤ 聶樹人：《陝西自然經濟地理概況》，陝西人民出版社1955年版，第44—45頁。
⑥ 盧連城、胡智生：《寶雞🐘國墓地》，文物出版社1988年版，第459頁。

左右。

第四节　餘論

綜合分析，甲骨卜辭中"疌"的地望可能在陝西省漢中盆地中東部的城固、洋縣一帶，其核心區域在湑水河下游兩岸的平原地帶。"城洋銅器群"可能就是古"疌"國的文化遺物。由於文獻材料的限制，有關問題尚待進一步研究、探討，例如"疌"國大約在"武乙"（公元前1147—前1113年)[①] 年間或"武乙"之後突然消失的原因是個很大的謎團。盧連城等學者認為"城固窖藏青銅器的下限在殷商晚期，這樣多的窖藏青銅器出土表明，當時一定發生過重大的緊急變故，造成了較大規模的部族遷移"[②]。究竟發生過什麼重大緊急變故？如果發生了部族遷移，該部族遷移至何處？該地域又被哪個新的部族所佔有？這些問題尚待研究。

[①] 夏商周斷代工程專家組：《夏商周斷代工程 1996—2000 年階段成果報告》（簡本），世界圖書出版公司 2000 年版，第 88 頁。

[②] 盧連城、胡智生：《寶雞㚔國墓地》，文物出版社 1988 年版，第 460 頁。

第九章

"次"地考

第一節　甲骨卜辭中的"次"字

甲骨文中的次寫作🦴，同類的字形有：

🦴（《合集》19945，師組）　　🦴（《合集》21181，師組）

🦴（《合集》19946 正，師組）　🦴（《合集》8315，師賓間）

🦴（《合集》8317，師賓間）　　🦴（《合集》10156，師賓間）

🦴（《合集》40532，賓一）　　🦴（《合集》5559，典賓）

🦴（《合集》17934，典賓）　　🦴（《合集》4574，賓三）

🦴（《合集》17935，賓三）　　🦴（《合集》27001，出組）

🦴（《合集》9375，師歷間）　　🦴（《屯南》751，歷一）

🦴（《合集》30715，無名組）　🦴（《合集》28053，無名組）

🦴（《合集》21724，子組）

下列字形，劉釗《新甲骨文編》也將其收在"次"字下[①]：

🦴（《合集》6353，師組）　　🦴（《合集》20227，師組）

🦴（《合集》7004，師賓間）　🦴（《合集》7005，師賓間）

🦴（《合集》7007，師賓間）　🦴（《合集》7009，師賓間）

---

① 劉釗：《新甲骨文編》，福建人民出版社2014年版，第519頁。

🯊（《合集》19532，師賓間）　🯋（《合集》20385 反，歷組）

與這些字形類似的還有：

🯌（《合集》20228，師小字）　🯍（《合集》3414，師賓間）

🯎（《合集》3415，師賓間）　🯏（《合集》3413，歷二）

王子揚認為過去學界多把以手揩涎的"🯐"，口吐長舌的"🯑"，都釋為"次"，是欠妥的。① 詹鄞鑫將"🯐"釋為"抵"字②。

"🯐"字，古文字學界主要有三種釋法。

1. 釋"次"

金祥恆《續文編》收此字作"次"③，李孝定《集釋》也收其為"次"並云："以其上殘泐，義亦不可知，故從其形似之於此。"④ 孫海波釋為"次"，認為是居次之本字。⑤ 于省吾認為這種釋法是誤釋。⑥

2. 釋"敆"

晁福林認為是"敆"字，晁云："甲骨文中有敆字，其初文為兩人爭語之形，或省作一人急語時唾沫飛濺形，正合於敆字的造字本義。在卜辭中，敆字除了讀作喚、汜之外，用得最多的是作人名，或稱'敆王'，或稱'父乙敆'，與《紀年》所載吻合無間，應即小乙敆。"⑦ 這種釋法不可信，《說文·攴部》"敆，收也"，從"次"的字形來看，並不符合"敆"的造字本義，晁說"次"讀若喚、汜也無根據。

3. 釋"次（涎）"

張政烺認為此字就是古書上常見的"垂涎"或"流涎"的涎字的原

---

① 王子揚：《甲骨文字形類組差異現象研究》，中西書局 2013 年版，第 98 頁。
② 詹鄞鑫：《甲骨文字考釋二則》，《語言研究》1986 年第 2 期，第 186—188 頁。
③ 金祥恆：《續甲骨文編》第 8 卷，臺灣藝文印書館 1959 年版，第 24 頁下。
④ 李孝定：《甲骨文字集釋》，"中研院"歷史語言研究所 1970 年版，第 2829 頁。
⑤ 孫海波：《卜辭文字小記》，《考古學社刊》1935 年第 3 期，第 54 頁。
⑥ 于省吾：《甲骨文字釋林·釋廩、㡿》，中華書局 1979 年版，第 382 頁。
⑦ 晁福林：《殷虛卜辭中的商王名號與商代王權》，《歷史研究》1986 年第 5 期，第 143 頁。

始象形字，而"涎"字則是後起的形聲字。① 趙誠認為即後世"垂涎"之"涎"，本義為口水外流，或外流之口液，卜辭用作副詞，有"連接、延續"之義。② 于省吾《甲骨文字釋林·釋㳄、盜》中釋"㳄"並云即後世之"涎"③。

其他古文字中的㳄寫作：

秦公鎛　　石鼓　　說文籀文　　說文古文　　說文·㳄部

"㳄"同"涎"。《說文·㳄部》："㳄，慕欲口液也。从欠，从水。"《爾雅·釋言》："潨，盡也。"郭璞注："漇漇出㳄沫。"釋文："㳄字當作㳄，又作涎。"

《玉篇·㳄部》："㳄，亦作涎。"《說文》："褾，一曰㳄裡衣。"《方言》卷四"繄袼謂之褾"晉郭璞注："即小兒㳄衣也。蘇俗謂之圍澯，著小兒頸肩以受涎者，其製圓。"元姚燧《烏木杖賦》："依居蛟蜃，漱沫濡㳄。"《說文·水部》王筠句讀"㳄，又作漾、㳄"。《經籍纂詁·先韻》引《一切經音義》二："㳄，諸書作㳄、漾、沰三形，同。"《經籍纂詁·先韻》引《一切經音義》廿五："㳄，諸書作㳄、漾、㳄、㴋四形，同。"

據郭錫良《漢字古音手冊》，㳄（涎、㳄）皆"邪母元部"④ 字，延為"余母元部"⑤ 字，㳄（涎、㳄）與（延）韻部相同，聲母相近。二字可互相通假。《睡虎地秦簡·日書》甲《詰咎》："人毋（無）故一室人皆篲延，爰母（毋）處其室……""篲延"即"垂涎"。

---

① 張政烺：《殷虛甲骨文羨字說》，載胡厚宣主編《甲骨探史錄》，生活·讀書·新知三聯書店1982年版，第32—35頁。

② 趙誠：《甲骨文虛詞探索》，《古文字研究》第15輯，中華書局1986年版，第279頁。

③ 于省吾：《甲骨文字釋林·釋䕩、古》，中華書局1979年版，第382頁。

④ 郭錫良：《漢字古音手冊》，北京大學出版社1986年版，第208頁。

⑤ 同上書，第199頁。

第二節　甲骨卜辭中"次"的用法

一　表祭名

(1) ……叀翌父乙次。　　　　　　　（《合集》19945，師肥筆）
(2) 甲戌卜，𠂤，于來丁酉，父乙次。
　　　　　　　　　　　　　　　（《合集》19946 正，出類）
(3) 叀七牛次用，王受又。　　　（《合集》30715，無名組）

這三條卜辭裏的"次"字，于省吾認為像以手拂液形，並論述道"……均以次為祭名，次應讀作延。《周禮》男巫'掌望祀，望衍'，鄭注：'衍讀為延，聲之誤也。……延，進也，謂但用幣致其神。'甲骨文以次為先王之祭，和周禮延祭有着因革的關係。"① 于說可從。

二　表延續

乙酉卜，又伐自上甲次示。
乙酉卜，又伐自上甲次示，叀乙巳。
乙酉卜，又伐自上甲次示，叀乙未。　（《屯南》751，歷一）

這三條卜辭中的"次示"，于省吾認為均應讀為"延示"，並分析道："第一條的又（侑）伐自甲延示，甲即上甲。是說伐人以為侑祭，自上甲延續以及於廿示。是'延示'乃'延及廿示'的省語。第四期的'自甲廿示'，'廿示'指自上甲至武乙言之。前引第二、三兩條也同此例，但其辭尾的叀乙巳和叀乙未，是指祭日言之。三條均以乙日卜，而二、三兩條又均以乙日祭，是由於文丁時的大合祭以父乙為主的緣故。"② 姚孝

---

① 于省吾：《甲骨文字釋林·釋麿、舌》，中華書局 1979 年版，第 384—385 頁。
② 同上書，第 386 頁。

遂則認為:"'次示'當即'它示',指旁系先祖而言。"① 常玉芝以為姚先生的推說較貼切②。"次"並無"它"意,另外,根據商王世系,上甲暨與其緊接着的幾位先祖都是直系先祖,並不是旁系先祖,姚先生的說法不符合事實。筆者以為于說"延示""自上甲延續以及于……"較為可信。

三　表洪水泛濫

(1) 乙卯卜貞:今者泉來水,次。　　　(《合集》10156,賓一)
(2) □洹不次。　　　　　　　　　　(《合集》8317,賓一)
(3) 丙寅卜,洹其盜。
(4) 丙寅卜,洹□不□其盜。　　　　　(《合集》8315,賓一)

于省吾先生認為:"第一條的今泉來水,次,泉乃洹泉的省稱,因為他辭也稱洹為洹泉(《甲編》903 =《合集》34165)。次指洹泉泛濫言之。第二條的次字也同此例。第三條以'洹其盜'和'洹不其盜'為對貞,盜與次同用。甲骨文的'洹弘(洪)弗翬(敦)邑'是就洹之洪水不至迫害商都言之。"③

張政烺認為有溢、漫之義。④ 趙誠也認為"次"有河水外溢、泛濫之義。⑤

四　表方國名

(1) 次王入。　　　　　　　　　　　(《合集》9375,師賓間 A)

---

① 姚孝遂按语,參見于省吾主編《甲骨文字詁林》第 1 冊,中華書局 1996 年版,第 387 頁。
② 常玉芝:《商代宗教祭祀》,中國社會科學出版社 2010 年版,第 384 頁。
③ 于省吾:《甲骨文字釋林》,中華書局 1979 年版。
④ 張政烺:《殷虛甲骨文羡字說》,載胡厚宣主編《甲骨探史錄》,生活・讀書・新知三聯書店 1982 年版,第 32—35 頁。
⑤ 趙誠:《甲骨文行為動詞探索(一)》,《古文字研究》第 17 輯,中華書局 1989 年版,第 324—325 頁;趙誠:《甲骨文簡明詞典》,中華書局 1988 年版,第 362 頁。

（2）冘王入。　　　　　　　　　　（《合集》15273，典賓）

（3）冘王入。　　　　　　　　　　（《合集》40532，師歷間 A）

蔡哲茂《甲骨綴合集》中認為《合集》15273 和《合集》40532 是重片，查原片，兩片的形製邊緣與字形寫法都有差異，應為兩片。雖然《合集》40532 與《合集》9375 "冘王入" 三字寫法相似，但是這三字右上方無 "牛秦乙"。查其出處，三枚拓片來源各不相同，因此，這三片應為各自獨立的三片，不存在重復的關係。也就是說，"冘王" 並不是孤證，從現有的甲骨材料來看，"冘王" 至少出現了四次，除上三例外，還有：

戊午卜，𡧪貞：令先冘王。十三月。　　（《合集》4574，賓三）

據張玉金先生研究，甲骨卜辭中的 "先" 有動詞用法，表示一種動作，下面是張玉金先生列舉的幾個典型例子：

（1）丁酉卜：馬其先，弗每。　　　（《合集》27946，無名類）

（2）其乎馬先，弗每。　　　　　　（《合集》27954，無名類）

（3）丁卯卜貞：禽往先。

　　貞：勿先。　　　　　　　　　　（《合集》4068，賓三）

（4）貞：勿乎帚井先。　　　　　　（《合集》2732，典賓）

張先生認為上例（1）（2）中的 "馬" 是職官之名，（3）中的 "禽"、（4）中的 "帚井" 都是人名。（1）至（4）中的 "先"，表示一種動作行為，是走在前頭、先行的意思。[1] 該種意思，也有用如使動的，例如：

弜先馬，其雨。　　　　　　　　　（《合集》27955，無名類）

"先馬" 意思是說讓 "馬" 先行。[2]

《合集》4574 "令先冘王" 可以理解為 "命令冘王先行" 或 "命令冘

---

[1] 張玉金：《20 世紀甲骨語言學》，學林出版社 2003 年版，第 368 頁。
[2] 同上。

王，讓其先行"。

圖 9.1　記事刻辭
(《合集》9375)

圖 9.2　記事刻辭
(《合集》15273)

圖 9.3　記事刻辭
(《合集》40532)

《合集》9375、《合集》15273、《合集》40532 都屬記事刻辭。胡厚宣《武丁時五種記事刻辭考》①一文總共搜集到這類與甲骨占卜有關的記事刻辭達 537 例（包括文末增補的 11 例在內），並據在甲骨上所刻部位，析為五種，一是甲橋刻辭，凡 279 例；二是甲尾刻辭，凡 38 例；三是背甲刻辭，凡 14 例；四是骨臼刻辭，凡 180 例；五是骨面刻辭，凡 26 例。胡氏還就這類刻辭的時代、辭例、文字、記事內容等作了詳細論述，認為："五種記事刻辭所記者，凡兩事。一為甲骨之來源。其來源分兩種：曰進貢，只龜甲而然；曰採集，則甲骨皆然，惟龜甲之由於採集者較少，牛骨則大部分皆由採集面來也。二為甲骨之祭祀，蓋甲骨卜用之先，必須經過此種典禮也。"

《合集》9375 是典型的甲尾刻辭，《合集》40532 也应是甲尾刻辭。甲尾刻辭是刻於龜腹甲尾甲正面的記事刻辭，一般都刻於右尾甲，故也稱之尾右甲刻辭。甲尾刻辭的主要辭例為"某入""某來"。如：

(1) 弜入。　　　　　　　　　　　　　　　　（《合集》117）
(2) 冊入。　　　　　　　　　　　　　　　　（《屯南》2768）
(3) 丘入。　　　　　　　　　　　　　　　　（《合集》9331）

---

① 胡厚宣：《武丁時五種記事刻辭考》，《甲骨學商史論叢》初編第 3 冊，成都齊魯大學國學研究所專刊，1944 年。

（4）🐚入二百五十。　　　　　　　　　　　（《合集》9334）

（5）春入。　　　　　　　　　　　　　　　（《合集》9336）

（6）貯入。　　　　　　　　　　　　　　　（《合集》9336）

（7）吹入。　　　　　　　　　　　　　　　（《合集》9362）

（8）弜来。　　　　　　　　　　　　　　　（《合集》20053）

是記某人來入貢龜，其辭大多甚簡，胡氏推其原因："豈甲尾地位有限，恐與腹甲卜辭相混，遂皆有省略之耶。"陳夢家指出："甲尾刻辭只記'某入'而無'某示'，似乎是記入檔之事。"①

《合集》15273 或者是甲尾刻辭，或者是骨面刻辭。骨面刻辭，是刻於胛骨正面骨扇下方寬薄處或背面近邊處的記事刻辭。骨面刻辭，大體是記某日某人乞自某多少副胛骨，有的兼記檢視者與簽名者，有的與甲尾刻辭一致，也是記來貢入檔之事。例如：

帚井來。　　　　　　　　　　　　　（《合集》2763 反，典賓）

"次王"就是"次國（族）"的首領。"次王入"意為次國的首領向商王貢入（龜甲）。類似的例子又如：

（1）聽王入。　　　　　　　　　　　　（《合集》9376，師小字）

（2）聽王入。　　　　　　　　　　　　（《懷特》800，典賓）

"聽王入"表示：聽國的首領向商王貢入（龜甲）。

由於記錄貢納入檔之事的職員身份比較卑微，所以將方國的首領也稱為"王"，說明"王"並不僅僅是"商王"的專稱。這種稱呼方式即使在現代社會也很常見，例如，公司總部的員工把分公司的經理也稱為經理。

趙誠認為"次王入"中的"次"為迎接之義②，這種解釋不符合甲尾

---

① 陳夢家：《殷虛卜辭綜述》，中華書局 2004 年版，第 19 頁。

② 趙誠：《甲骨文行為動詞探索（一）》，《古文字研究》第 17 輯，中華書局 1989 年版，第 324—325 頁。

刻辭的特點和規律。

另外，"伯次"一詞也說明，"次"是個伯國的國名，例如：

(1) □［亥］卜，王，伯次曰……棘循。其受有佑。

(《合集》3415，師小字)

(2) 貞：伯次曰。　　　　　　(《合集》3413，師賓間 A)

五　表人名或氏族名

呼次禦史。　　　　　　　　　(《合集》5559，師賓間 A)

"呼"是命令的意思，甲骨文中"史"和"事"同形，"禦史"就是"禦事"，國之大事在祀與戎，"事"在甲骨文中一般表示戰爭或祭祀之事，"禦"可理解為"抵禦、防禦"，"禦事"就是防禦戎事，"呼次禦史"的意思是：命令次防禦戎事。

王叀次令五族戍羌方。
弜令次，其悔。　　　　　　　(《合集》28053，無名類)

于省吾先生認為這條卜辭中的"次"可以訓為施行之施，施與次義本相因，這一條意思是說，王施令於他的五族戍守羌方。[①] 這樣解釋似乎是通了，其實是有問題的。原因是：第一，若將"次"訓為"施（行）"，"次（施）令"就是一個動賓詞組，"令"在這裏就成了名詞，後面就不能再跟"五族"。例如，在"發號施令"這個詞組中，"號"和"令"都是名詞，整個詞組後不能再跟賓語。也就是說"次（施）"作為核心動詞，既要管轄"令"，又要管轄"五族"，是不合語法的。第二，同版上還有另一條卜辭，"令次"就是"命令次"，甲骨卜辭中"令"後跟的一

---

① 于省吾：《甲骨文字釋林·釋廡、古》，中華書局1979年版，第386頁。

般是人名或者氏族名，"次"當理解為人名或氏族名。趙誠認為"次令"即延令，繼續命令之義。① 這樣解釋似乎也通，但是對同版上的另一條卜辭"弜令次"來說，則句意不通。因此，于說和趙說都有可商榷之處。

甲骨文里的"叀"一般當虛詞用，或表強調，或作賓語前置標誌，此處的"叀"理解為虛詞都不通。黃天樹認為"叀"還可作實詞用，表"協助"意②，"王叀次"可能就是"王協助次"，整句話的意思可能是：王協助次命令五族戍羌方。

由於"次"與"五族"原來不存在上下級關係，為了防止羌方的侵擾，商王就派"次"帶領"五族"去戍守羌方，王可能擔心"五族"不服從"次"的領導，就"協助"次對五族發佈命令。"次"與"王"是隸屬關係，王可以對"次"發佈命令，因此卜辭中說"令次"。

從語法結構層次上分析，"王叀次令五族戍羌方"是一個含有兩個兼語的遞繫結構：

王　叀　次令　五族戍　羌方
　　　（兼語）（兼語）

張政烺認為："《殷虛書契前編》六·三五·六（《合集》5559，師賓間 A）有'乎次'，《殷虛書契後編》下四二·六（《合集》28053，無名類）有'令次'（二見），兩處皆是人名，詞性確定，前者是武丁時卜辭，後者是康丁時卜辭，中間隔着祖庚、祖甲、廩辛三期，肯定不是一個人，可能次字是一個氏或族的名字。"③

另外，《合集》4574 中的"令先次王"其實是"令次王先"，"令次王"與"令次"的意思應相同，"令次"可能是"令次王"的省略形式。

---

① 趙誠：《甲骨文虛詞探索》，《古文字研究》第 15 輯，中華書局 1986 年版，第 279 頁。
② 黃天樹：《禹鼎銘文補釋》，載張光裕、黃德寬主編《古文字學論稿》，安徽大學出版社 2008 年版，第 64—65 頁。
③ 張政烺：《殷虛甲骨文羡字說》，載胡厚宣主編《甲骨探史錄》，生活·讀書·新知三聯書店 1982 年版，第 32—35 頁。

六　表地名

　　貞：翌丁亥其有戍于次。　　　　　　　（《合集》27001，無名類）

"戍"在動詞"有"後，在這裏活用為名詞，可能表示戍守之事。"于"在這裏做介詞，表"在"，"于次"就是"在次"，"有戍于次"就是在次地有戍守之事。

　　（1）戊子卜，宁貞：令犬延族衰田于次。
　　　　　　　　　　　　　　　　　　　　（《合集》9479，賓三）
　　（2）涉，狩于次。　　　　　　　　　　（《合集》10949，賓一）
　　（3）己丑卜，㱿，在裴次獲。　　　　　（《合集》10977，賓一）
　　（4）丁亥貞：今龜王令眾䚒乍次。　　　（《屯南》4330，歷二）

在上古漢語中，"衰"有聚、眾之義，如《詩·小雅·常棣》："原隰衰矣，兄弟求矣。"《毛傳》："衰，聚也。"《詩·周頌·般》："敷天之下，衰時之對。"鄭玄箋："衰，眾也。"前文所舉的《合集》9479 大意是說令犬延族在次聚集田獵之事。《合集》10949 表明渡水在次地巡狩。《合集》10977 表明在裴、次有所獲。"乍"與建築有關，《屯南》4330 表明在次地進行某種建築活動。

綜上所述，"次"既可以指"次國"，也可以指"次王""次地"。根據商代人地命名的規律，可推斷，"次"國所在地稱"次"，"次"國的首領稱"次王"。

第三節　"次"地考索

下面通過與"次"地有關的族群方國，對"次"地的大致位置予以推測。

一 "次"與"舌"

己巳[卜]貞：[弜]……舌……征……

（《合集》6353，師小字）

本條卜辭雖是殘辭，但是通過"次"與"舌"共現在同一條卜辭里，可以看出二者之間有某種關聯，從"征"透露出的信息可以推測二者之間可能是一種征戰關係。本條卜辭是師小字類卜辭，大致屬於武丁中期，可推測，武丁中期時，"次"國已存在，而且與"舌"方之存在征戰關係。

"舌"方的地望，郭沫若以為在河套附近①，陳夢家認為邛方（即舌方）界於山西安邑與河南濟源西之間②。唐蘭謂"其地略當今四川之邛縣"③。胡厚宣先生否定了陳、唐之說，認為舌方大約在今陝北一帶。島邦男認為"大約便在陝西北部或河套這地方"④。鐘柏生則認為應在晉陝兩省交界偏南地區。⑤ 孫亞冰認為從考古發現看，汾河以西、以北的晉陝高原集中分佈着與中原文化不同的遊牧民族文化，舌方大抵就在這一帶活動。⑥ 筆者以為，這幾種說法都有道理，而且都只說對了其中的某一個區域，舌方是一個遊牧民族，其生活區域較廣而且是不斷變動的，綜合諸家的說法，可以推斷出舌方生活的大致區域範圍，其範圍北達河套地區，南達山西安邑與河南濟源地區，東至汾河，後來其中的某一個部落可能遷徙到了今四川邛縣一帶，其餘部落有的被中原農業文化同化，成為晉陝地區的農耕居民；有的北遷，成為後來周秦時匈奴的前身。"舌"與"匈"皆為東部字，一個是見母，一個是曉母，二字讀音很相近，在名稱沿革上或有某種聯繫。

---

① 郭沫若：《卜辭通纂》，科學出版社1983年版。
② 陳夢家：《殷虛卜辭綜述》，中華書局1958年版，第274頁。
③ 唐蘭：《天壤閣甲骨文存》附考釋，北京輔仁大學影印本1939年版，第53—54頁。
④ ［日］島邦男：《殷虛卜辭研究》，溫天河、李壽林譯，鼎文書局1975年版，第384頁。
⑤ 鍾柏生：《殷商卜辭地理論叢》，藝文印書館1989年版。
⑥ 孫亞冰、林歡：《商代地理與方國》，中國社會科學出版社2010年版，第263頁。

二 "次"與"蚰"

(1) 庚午卜，蚰……　　　　（《合補》1985甲，師賓間A）
(2) 庚午卜，□弗戈……
　　□□卜，𠂤其戈蚰……昦。（《合補》1985乙，師賓間A）

"蚰"在周原甲骨中簡寫為"虫"，如"虫伯"（《合合集》11：22）。陳全方認為"虫伯"當是"崇伯"，亦即"崇侯虎"，在今嵩山附近。① 也有人認為"假虫為崇，並無文獻足徵"②。繆文遠認為："《春秋·成公五年》云：'同盟於蟲牢。'蟲為虫字的緐繁，此蟲牢或即虫伯的故國所在。"③ 楊伯峻認為"蟲牢"在今河南封丘縣北。④ 孫亞冰認為："嵩山、封丘說均不妥，卜辭顯示蟲地在晉南地區。"⑤

"次戈蚰"就是"次翦滅蚰"，說明"次"離晉南不遠。

三 "次"與"羌"

王惠次令五族戍羌方。
弜令次，其悔。　　　　　　（《合集》28053，無名類）

羌方的地望，陳夢家認為在晉南地區⑥，島邦男認為在朕方以南⑦，鐘柏生認為羌是"商人對後來戎狄之人的稱呼，以其姓氏來代表其族

---

① 陳全方：《周原與周文化》，上海人民出版社1988年版，第131頁。
② 王宇信：《西周甲骨探論》，中國社會科學出版社1984年版，第74—75頁。
③ 繆文遠：《周原甲骨所見諸方國考略》（《古文字研究論文集》），《四川大學學報叢刊》第10輯，1982年5月。
④ 楊伯峻：《春秋左傳注》，中華書局1990年版，第821頁。
⑤ 孫亞冰：《商代地理與方國》，中國社會科學出版社2010年版，第340頁。
⑥ 陳夢家：《殷虛卜辭綜述》，中華書局1988年版，第281—282頁。
⑦ [日] 島邦男：《殷墟卜辭研究》，溫天河、李壽林譯，鼎文書局1975年版，第401—403頁。

類"①。孙亚冰認為"羌"族人的活動範圍較廣,而羌方的具體地望,與敽方、羞方、䥯方相距不遠,䥯方曾受到舌方的侵略(《合集》6352),距舌方不遠,島氏之說更為合理。②

通過"次"與關聯族群方國的关系,可以大致判斷,"次"距離晉陝高原不遠。

第四節　"次"與"奢延水"

在晉陝高原古有"奢延水",《水經注·河水三》中關於"奢延水"的記載如下:

> (河水)又南,奢延水注之。水西出奢延縣西南赤沙阜,東北流。《山海經》所謂生水出盂山者也。郭景純曰:孟或作明。漢破羌將軍段熲破羌於奢延澤,虜走洛川。洛川在南,俗因縣土,謂之奢延水,又謂之朔方水矣。東北流,逕其縣故城南。王莽之奢節也。赫連龍升七年,於是水之北,黑水之南,遣將作大匠梁公叱幹阿利改築大城,名曰統萬城。蒸土加功,雉堞雖久,崇墉若新。並造五兵,器銳精利,乃鹹百鍊。為龍雀大鐶,號曰大夏龍雀。銘其背曰:古之利器,吳,楚湛盧。大夏龍雀,名冠神都,可以懷遠,可以柔邇。如風靡草,威服九區。世甚珍之。又鑄銅為大鼓及飛廉、翁仲、銅駝、龍虎,皆以黃金飾之,列於宮殿之前。則今夏州治也。奢延水又東北與溫泉合。源西北出沙溪,而東南流,注奢延水。奢延水又東,黑水入焉。水出奢延縣黑澗,東南曆沙陵,注奢延水。奢延水又東合交蘭水。水出龜茲縣交蘭谷,東南流,注奢延水。奢延水又東北流,與鏡波水合。水源出南邪山南谷,東北流,注於奢延水。奢延水又東,逕膚施縣,帝原水西北出龜茲縣,東南流,縣因處龜茲降胡著稱。又東南,注奢延水,又東逕膚施縣南。秦昭王三年置,

---

① 鍾柏生:《殷商卜辭地理論叢》,藝文印書館1989年版,第177頁。
② 孫亞冰:《商代地理與方國》,中國社會科學出版社2010年版,第270頁。

上郡治。漢高祖並三秦，復以為郡。王莽以漢馬員為增山連率，歸世祖，以為上郡太守。司馬彪曰：增山者，上郡之別名也。東入五龍山，《地理志》曰：縣有五龍山、帝、原水。自下亦為通稱也。歷長城東，出於赤翟白翟之中。又有平水，出西北平溪，東南入奢延水。又東，走馬水注之。水出西南長城北，陽周縣故城南橋山。昔二世賜蒙恬死於此。王莽更名上陵時，山上有黃帝塚故也。帝崩，惟弓劍存焉，故世稱黃帝仙矣。其水東流，昔段熲追羌出橋門，至走馬水，聞羌在奢延澤，即此處也。門即橋山之長城門也。始皇令太子扶蘇與蒙恬築長城，起自臨洮，至於碣石，即是城也。其水東北流，入長城，又東北注奢延水。又東，與白羊水合。其水出於西南白羊溪，逕溪東北，注於奢延水，奢延水又東，入於河。《山海經》曰：生水東流注於河。①

從這段記載可以看出，"奢延水"得名於"奢延澤"，漢破羌將軍段熲破羌於此，說明漢代時羌人生活於此，推測，在漢代以前，此地也應該是羌人生活區域。

前文已分析次（涎、唌）與（延）韻部相同，聲母相近，二字可互相通假。推測"奢延水"一帶可能就是次人戍守羌人的地方。

―――――――――
① （北魏）酈道元注，（民國）楊守敬、熊會貞疏，段熙仲點校，陳橋驛復校：《水經注疏》（上）卷3《河水三》，江蘇古籍出版社1989年版，第256—263頁。

第 十 章

五　族

甲骨卜辭有關於族群戍守羌方的記載，例如：

(1) 戍屰弗雉王众。
　　戍斮弗雉王众。
　　戍肩弗雉王众。
　　戍逐弗雉王众。
　　戍何弗雉王众。
　　五族其雉王众。
　　戍屰弗雉王众。　　　　　　（《合集》26879，無名類）

(2) 王叀次令五族戍羌［方］。
　　弜令次其每。　　　　　　　（《合集》28053，無名類）

這組卜辭說明，廩辛、康丁時期，"屰"族、"斮"族、"肩"族、"逐"族、"何"族一起戍守羌方，"屰""斮""肩""逐""何"被合稱為"五族"，這五族到底是什麼情況？下面分別對五個族群的情況逐一進行分析。

第一節　屰

甲骨卜辭中的"屰"寫作�（《合集》20472）、�（《合集》27075）、�（《合集》66）、�（《合集》12450）、�（《合集》12450）等形。

一　卜辭中"屰"的用法

卜辭中的"屰"可以表示下列含義：

（一）表示一種迎接祭牲的儀式

　　乙卜：其屰呂育于帚好。　　　　　　　　　　（《花東》409）

于省吾認為"逆羌"謂以羌為牲而迎之也①。"屰呂育"就是一种迎接儀式。

（二）表示逆祀

裘錫圭認為"逆祀"就是逆序祭祀②。

　　庚寅卜，屰自毓耏年，王……
　　自上甲耏年。　　　　　　　　　　　　　（《屯南》37，無名）

這組卜辭卜問，是從上甲開始耏年，還是從毓開始逆序耏年。

　　癸亥卜，古貞：耏年自上甲至于多毓。九月。
　　甲子卜，古貞：耏年自上甲。九月。　（《合集》10111，賓三）

從這版卜辭可以很清楚地看到，"上甲"與"多毓"位於系列祭祀對象的兩版。若從上甲開始就是順祭，若從多毓開始向前祭祀就是逆祭。類似的例子，還有：

　　（1）弜□先……
　　　　屰自父甲耏。
　　　　先祖丁耏，于□，又正。大［吉］（《屯南》2557，無名）

---

① 于省吾：《釋逆羌》，《雙劍誃殷契駢枝（三編）》，臺灣藝文印書館翻印1965年版。
② 裘錫圭：《甲骨文中所見的逆祀》，《古文字論集》，中華書局1992年版，第227—230頁。

(2) 貞：屰于祖辛。
　　　屰于祖辛。　　　　　　　　　　　（《合集》12450，賓三）

(三) 表人名或族名

(1) 屰入六。　　　　　　　　　　　　　（《花東》20）
(2) 屰入六。　　　　　　　　　　　　　（《花東》83）

"屰入六"中的屰，既可以表示人名，也可以表示族名。

　　屰方□。　　　　　　　　　　　　（《合集》）22335，师小字）

"屰方"说明屰是一个族群名。

(四) 表示地名

(1) □乎□田［于］屰。　　　　　　　　（《合集》5977，典賓）
(2) 乙卯卜，韋貞：乎田于屰。　　　　　（《合集》10961，典賓）

"田于屰"就是在"屰"地田獵，這說明"屰"可以表示地名，同時也說明"屰"地適合田獵。

　　丁酉卜，才屰綮芍，弗每。　　　　　（《合集》37517，黃類）

"才屰"就是"在屰"，說明"屰"表示地名。
甲骨刻辭中的人名、族名、地名常出現三合一的情況，人名也是族名，同時，還是地名。

二　"屰"的身份與地位變化
第一組：

(1) 庚申卜，殻貞：伐𡂡屰，𢦏。　　　（《合集》6877正，典賓）

(2) 貞：王伐𡦞屮，[戋]。　　　　　（《合集》6878，典賓）

(3) 貞：乎取屮。一二　　　　　　　（《合集》2960 正，賓一）

(4) 貞：……取……屮。　　　　　　（《合集》2233，賓三）

(5) □□[卜]，㕞貞：立史于屮。（《合集》5511 反，典賓）

"伐屮""取屮"說明"屮"曾是被征伐、捕獲的對象。"立史"就是"蒞事"或"蒞視"，就是將巡視屮地，或將對"屮"族有戰事。

第二組：

壬寅，易屮五丩、十戈、十弓、十……
屮……千……令……　　　　　　　（《合集》22349，劣體類）

"易"通"賜"，"易屮"就是賜給屮。同類的例子，如《小臣缶方鼎》《小臣艅犀尊》上的"王易小臣"，就是"王賞賜給小臣"的意思。"五丩、十戈、十弓"是賞賜給屮的獎品。商周時尚射，弓常被作為獎品賞賜給下屬，例如《不嬰簋蓋》"易（賜）女（汝）弓一"，《虢季子白盤銘》"賜用弓彤矢"。賜給"屮"戈、弓之類的獎品，說明"屮"很可能是一個將領的名字。

第三組：

(1) 乙酉卜，屮貞：今夕…… 一　　（《合集》3933，賓三）

(2) 壬午卜，屮貞：今夕無[囚]。　（《合集》3934，賓三）

(3) 壬寅卜，屮貞：今夕[無]囚。（《合集》16600，賓三）

(4) □□[卜]，屮，[貞]：……　　（《合集》23702，出一）

(5) 丁巳卜，屮，夕雨。戊……　　（《合集》33917，歷一）

這組卜辭說明"屮"在武丁晚期和祖庚時期曾擔任過卜官貞人。

第四組：

癸亥卜，子夕往屮以。
匄逆女。

史人先曰屰娥。
先曰何。
匄娥。
匄屰娥。
匄屰嬂。
匄何嫉。
匄何嫉。
匄屰妠 （《合集》22246，婦女類）

匄有乞求义。《說文·無部》："匄，气（乞）也。"《玉篇·勹部》："匃（匄），乞也，行請也。"《左傳·昭公六年》："禁芻牧採樵，不入田，不樵樹，不採藝，不抽屋，不強匄。"陸德明《釋文》："匄，本或作丐。音蓋，乞也。"《倉頡篇》："匄，乞行請求也。"

這版卜辭大意是癸亥日貞問，子是否請求在晚上去迎接致送來的幾位女子（屰娥、屰娥、屰嬂、何嫉、屰妠），是先迎屰娥，還是先迎何（嫉）。下面一版卜辭與這版卜辭意思類似。

癸亥卜，帚妤無囚。
貞：帚多嘉。
……匄娥。
屰以往□。
匄屰娥。
匄屰嫉。
匄何嫉。
匄婭。 （《合集》22247，婦女類）

這兩版卜辭中的"逆"理解為迎接，"屰"當理解為地名或族名，因為"屰"與"何"出現在平行結構里，若將"屰"理解為"逆"，"何"則解釋不通。"屰"與"何"都當理解為地名或族名。"屰娥""屰娥""屰嬂""屰嫉""屰妠"就是"屰"地或"屰"族送來的名叫"娥"

"娥""孃""娂"妽的女子，"何娂"就是"何"地或"何"族送來的名叫"娂"的女子。另外，同版上的"娥""婭"也說明當時的女子名字可以是一個字，前面所加的字應是其來源地。"帚妌無囚"說明這些女子的身份是"帚"，可能是嫁與王室成員的人。

$$\begin{cases}先曰屮娥\\先曰何\end{cases}\begin{cases}匄屮娥。\\匄屮孃。\\匄何娂。\\匄屮妽。\end{cases}\begin{cases}匄屮娥。\\匄屮娂。\\匄何娂。\end{cases}$$

通過這兩版卜辭，說明"屮"族有女子嫁給王室成員，與商王有姻親關係。

第五組：

(1) 戍屮弗雉王众。
戍凊弗雉王众。
戍肩弗雉王众。
戍逐弗雉王众。
戍何弗雉王众。
五族其雉王众。
戍屮弗雉王众。　　　　（《合集》26879，無名類）

(2) 王叀次令五族戍羌[方]。
弜令次其每。　　　　（《合集》28053，無名類）

《合集》26879、《合集》28053說明：廩辛、康丁時期，"屮"族和"凊"族、"肩"族、"逐"族、"何"族一起擔任戍守羌方的任務。

通過以上的梳理，可以看出，"屮"在武丁前期曾是被征伐的對象，"屮"被征服之後，在武丁中期是一名將領，武丁後期和祖庚時期是貞人卜官，"屮"族與商王有姻親關係。另外，王還曾為"屮"進行侑祀，還為其頒賜過獎品，說明"屮"有著比較特殊的地位。"屮"可能是"屮"族的首領，貞人"屮"和將領"屮"既有可能是同一個人，也有可能不是同一個人。貞人"屰"有可能是"屰"族選派的人。

三 "屰"族的地望

下面根據卜辭中的有關線索對"屰"族的地望予以推測。

(一)"屰"與"鳴"

  貞：令鳴以多伐屰。

  貞：令射敉于屰。   (《合集》9835，賓一)

《史記·夏本紀》："桀走鳴條。"《史記·殷本紀》："桀敗於有娀之虛，奔於鳴條。"《史記·秦本紀》："湯敗桀於鳴條"。《史記集解》："孔安國曰：'在安邑之西。'"《史記正義》："《括地志》云：'高涯原在蒲州安邑縣北三十里南坡口，即古鳴條陌也。鳴條戰地，在安邑西。'"安邑，即今山西省運城市東北的安邑鎮。

(二)"屰"與"旨""唐"

  ……〔貞令旨比屰〕⚝屮任畱眔唐若。

  貞：勿令旨比屰⚝屮任畱〔若〕……(《合集》3521正，賓一)

"⚝"字未識。"令旨比屰"就是"命令旨協助屰"的意思，說明"旨"與"屰"的距離不會太遠。"旨"，楊樹達認為即《尚書·西伯戡黎》之"黎"，《尚書大傳》之伐耆與克耆，《史記》之敗耆國，皆即《尚書》之戡黎。① 陳夢家認為"旨"當是耆國，是商王國西土的與國。② 孫亞冰認為耆國在今山西黎城縣東北。③

從《合集》3521正中可以看出"屰—任畱—唐"之間有某種關聯，推測，"屰"與"唐"地也不會太遠。林歡認為"唐"在今山西翼城東。④

---

① 楊樹達：《釋旨方》，《積微居甲文說》卷下，上海古籍出版社1986年版，第69頁。
② 陳夢家：《殷虛卜辭綜述》，中華書局1988年版，第296頁。
③ 孫亞冰、林歡：《商代地理與方國》，中國社會科學出版社2010年版，第362頁。
④ 同上書，第106頁。

（三）"屰"與"𢀖"

𢀖［其］出囧。

乎屰于……　　　　　　　　　　　　　　　（《合集》4568，賓一）

這兩條卜辭的大意是貞問𢀖是否有禍祟，是否命令"屰"到……此處是殘辭，大意可能是命令"屰"到"𢀖"去幫助消除禍祟。若不是這個意思，"𢀖"與"屰"共現一版，也說明二者相距不遠。韓江蘇認為"微"地位於今山西太原一帶至以北地區。① 李發認為"微"地在山西潞城一帶，即今長治東北。②

（四）"屰"與"𪊨"

癸卯卜，𠂤貞：乎𪊨屰又商。　　　　　　　（《合集》21626，子組）

"乎𪊨屰"就是命令𪊨和屰的意思，這一方面說明𪊨和屰可能是人名或族名，另一方面也說明"𪊨"和"屰"相距不遠。《史記·周本紀》："厲王出奔於彘。""共和十四年，厲王死於彘。"《史記·齊太公世家》："武公九年，周厲王出奔，居彘。"《史記集解》："韋昭曰：'彘，晉地，漢為縣，屬河東，今曰永安。'"《史記正義》："《括地志》云：'晉州霍邑縣本漢彘縣，後改彘曰永安。'鄭玄云：'霍山在彘，本秦（周）時霍伯國。'"錢穆認為彘在今霍縣東北。③ 霍縣，即今山西霍州市。

通過與"屰"有關聯的族群"鳴"（山西運城安邑西）、"旨"（山西黎城縣東北，屬長治市）、"唐"（山西翼城東，屬臨汾市）、"𪊨"（山西霍州市，屬臨汾市）、"𢀖"（山西長治東北）推測，"屰"族大概在生活在晉南一帶。

《殷周金文集成》收錄了兩件"屰鼎"，兩件"屰爵"，可能就是"屰"族的文化遺物。另有兩件"亞屰爵"，說明"屰"曾擔任商王朝的"亞"類武職。

---

① 韓江蘇、江林昌：《〈殷本紀〉訂補與商史人物徵》，中國社會科學出版社 2010 年版，第 512 頁。
② 李發：《甲骨文中的"微"及其地望考》，《考古與文物》2011 年第 3 期，第 102 頁。
③ 錢穆：《史記地名考》，商務印書館 2001 年版，第 335 頁。

294　下編　與羌人相關的族群專題研究

圖10.1　𦍌鼎［商代後期］
（《殷周金文集成》1035，現藏美國火奴魯魯美術學院）

圖10.2　𦍌鼎［商代後期］
（《殷周金文集成》1036，現藏故宮博物院）

圖10.3　𦍌爵［商代後期］
（《殷周金文集成》7337，現藏故宮博物院）

圖10.4　𦍌爵［商代後期］
（《殷周金文集成》7338，現藏故宮博物院）

圖10.5　亞𦍌爵［商代後期］
（《殷周金文集成》7796）

圖10.6　亞𦍌爵［商代後期］
（《殷周金文集成》7795，現藏故宮博物院）

《殷周金文集成》收錄了一件"𦍌父戊爵"，可能是"𦍌"族人為祭祀"父戊"而鑄造的爵。《近出殷周金文集錄》收錄了一件"𦍌父庚鼎"，可能是"𦍌"族人為祭祀"父庚"而鑄造的鼎。

圖10.7　𦍌父戊爵［商代後期］
（《殷周金文集成》8520，現藏日本奈良寧樂美術館）

圖10.8　𦍌父庚方鼎［商代後期］
（《近出殷周金文集錄》234，英國倫敦富比拍賣行曾藏）

另外，《殷周金文集成》收錄了一件《屰丁爵》，時間可能為商代後期或西周早期，還收錄了一件《屰且父癸爵》，時間可能為西周早期，這說明"屰"族可能延續到西周早期。

圖 10.9　屰丁爵［商代後期或西周早期］
（《殷周金文集成》8027）

圖 10.10　屰且父癸爵［西周早期］
（《殷周金文集成》8965）

通過梳理，可以看出，"屰"在武丁前期曾是被征伐的對象，"屰"被征服之後，在武丁中期是一名將領，武丁後期和祖庚時期是貞人卜官，"屰"族大概在生活在晉南一帶，"屰"地曾是武丁的田獵地，廩辛、康丁時期，"屰"族擔任戍守羌方的任務，"屰"族曾有人擔任"亞"類武職，該族延續到了西周早期。

第二節　𣝣

甲骨文中的"𣝣"寫作：▨（《合集》7075 正）、▨（《合集》13935）、▨（《合集》20502）、▨（《合集》26879）、▨（《合集》28035）、▨（《合集》28036）、▨（《合集》28134）等形。

金文、小篆的寫法如下：

▨　　▨　　▨　　▨　　▨

《休盤》《頌鼎》《㝬簋》《曾伯簠》《说文·𣝣部》

《說文·𣝣部》："𣝣，箕縷所紩衣也。从㸚，䇂省。"徐鍇擊傳："𣝣，象刺文也。"王筠句讀："𣝣，箕縷所紩衣。'衣'蓋衍文或'也字之譌'。"

又案：黹字之形，當以刺繡為專義。”段玉裁注：“以鍼貫縷紩衣曰黹。”李孝定《甲骨文字集釋》按語：“栔文、金文黹字，正象所刺圖案之形。”屈萬里《釋黹屯》：“金文里所常見的玄衣黹屯，便是玄色衣服用黹形花紋飾著它的邊沿了。從金文的資料看，有黹形花紋的衣服是由天子所特賜的。”《爾雅・釋言》：“黹，紩也。”郭璞注：“今人呼縫紩衣為黹。”邢昺疏：“謂縫刺也。鄭（玄）注《（周禮）・司服》云：‘黼黻希繡。’希，讀為黹，謂刺繡也。”《篇海類編・衣服類・黹部》：“黹，以飾縣鐘鼓也。”

可见，黹的本義是圖案、刺繡，引申義為縫紉，後將從事刺繡、縫紉工作的人叫黹。另外，黹還可以表示用飾物裝飾懸掛的鐘鼓。

關於“黹”的刻辭数量较少，根據有限的資料分析，“黹”的大致情況如下：

……黹禦母……　　（《合集》21159，師小字）

說明在武丁時期曾為“黹”向母……進行禦祭。

□卯卜，帚黹㞢子。　　（《合集》13935，師賓間 B）

“帚黹”說明“黹”族有女子嫁給商王武丁。

于子廌禦帚黹子。　　（《合集》40856，師小字）

這條卜辭說明為“帚黹”的兒子進行禦祭。

貞：西土受年。
貞：西土不其受年。
葡受年。
不其受。
㚸受年。
㚸不其受年。
丁未卜，𡧊貞：黹受年。
貞：黹不其受年。三月。　　（《合集》9741 正，賓一）

㞢、葡、姐、西土同時卜問是否受年，可見在武丁時期三地相距不遠，都在殷西。林歡認為㞢大概在晉南豫西交界地帶。① 另外，根據"名""實"關係推測，"㞢"族早期可能是從事製作"刺繡"有關工作，或因盛產刺繡而聞名的一個族群。從"▨"（《合集》7075正）、▨（《合集》28035）等字形上也可以看出上面有刺繡的裝飾圖案▨（雷紋）、▨（菱格紋）。這種圖案在商代出土的器物上很常見。如圖10.11—圖10.15所示②：

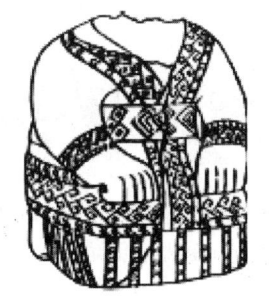

圖10.11　西北崗M1217大理石圓雕殘人像

圖10.12　四川廣漢三星堆出土青銅人身雞爪人像K2 ③:296-1

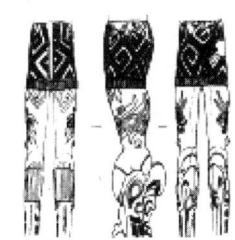

圖10.13　四川廣漢三星堆出土青銅人身雞爪人像K2③:327

圖10.14　河南安陽小屯M331墓出土晚商白陶罐

圖10.15　河南鄭州商城出土陶簋

---

　　① 孫亞冰、林歡：《商代地理與方國》，中國社會科學出版社2010年版，第119頁。
　　② 這些圖片均轉引自宋鎮豪《夏商社會生活史》，中國社會科學出版社1994年版。圖10.11見第575頁，圖10.12、圖10.13見第617頁，圖10.14見第614—615頁中間插圖，圖10.15見第424—425頁中間插圖。

晚商絲織品種類繁多，僅殷墟婦好墓所出就有六種：平紋絹、平紋絲類織物、縑、絹綢、回紋綺、大孔羅。① 如圖 10.16 所示②。

"䍙"族的紡織類手工業應相對比較發達，該地蠶桑業也應比較發達。所以，我們可以大致推斷，"䍙"族應該生活在一個適宜發展蠶桑業的地區。晉南豫西交界地帶是平原地區，是農業區，適合發展蠶桑業，比較符合其特徵，林歡的說法可從。

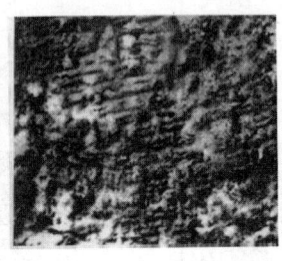

1. 紗　　　　　**2. 縑**　　　　　**3. 回紋綺**

圖 10.16　河南安陽殷墟婦好墓出土銅器殘留紡織品遺痕

(1) 戍䍙弗雉王眾。　　　　　　　（《合集》26879，無名類）
(2) 戍䍙其［雉］……　　　　　　（《合集》28035，無名類）
(3) 叀戍䍙，出㞢。
　　……㞢。　　　　　　　　　　（《合集》28036，無名類）

三條帶有"戍䍙"的卜辭都是無名組，說明大約在康丁、武乙、文丁年間"䍙"族承擔了戍守職責。

　　叀丁亥祉，王弗每。
　　叀乙祉遅䍙，王弗每。
　　［叀］丁酉祉，王弗每。
　　叀乙巳祉，王弗每。　　　　　（《屯南》3165，無名類）

---

① 宋鎮豪：《夏商社會生活史》（下），中國社會科學出版社 1994 年版，第 571—572 頁。
② 同上書，第 572 頁。

"征"同"徙",《說文·辵部》:"征,徙或从彳。""遹"字暫時沒有確切考釋,從下列卜辭推斷,"遹"可能是個祭名:

(1) ……遹……尹…… （《合集》95,典賓）

(2) 甲子卜,何貞:翌乙丑其出大乙,叀奴,歆、遹。
（《合集》27088,何一）

(3) ……出……日遹……[王受]出。（《合集》30640,何一）

(4) 壬辰貞:上甲遹。 （《合集》27073,何二）

(5) 叔瞵叀又遹,王受又。 （《合集》27635,歷無名間）

(6) □亥卜,叀祖丁彡日遹,又正。吉叀父甲彡日遹,又正。大吉 （《合集》27041,無名類）

(7) 叀小乙日遹,王受[又]。 （《合集》27094,無名類）

(8) 叀祖乙彡日遹。 （《合集》27197,無名類）

(9) 叀乙巳酚,遹。 （《合集》30811,無名類）

(10) ……其乍豐,叀祖丁刕日遹,王受又。
（《屯南》348,無名類）

"遹"祭究竟是怎樣一種祭法,暫時不知,但結合字形分析,"遹"可能是為神靈從事某種手工勞動,例如,"遹"與"黹"能搭配在一起,推測"遹"可能是為神靈的服飾用品刺繡圖案（"黹"族人的刺繡,很多時候可能是為祭祀服務）。在我國很多盛行土葬的農村地區,至今仍然保留為逝者製作衣服的習俗,有的衣服製作得很精美,另外,有的地方為老年人做逝後的衣服要選擇吉日良辰。在崇尚神靈和祭祀的商代,為神靈製作衣服並繡上精美的圖案,就在情理之中,頻繁的祭祀,需要大量的服飾刺繡,必然形成一批專門從事刺繡工作的人,也必然會形成一系列的相關儀式,這種大型的儀式,可能就是"遹"祭。

"征遹黹"可能就是遷徙參與過遹祭的黹族人,或遷徙為祭祀從事手工刺繡的黹族人。"王弗每（悔）"就是王沒有災咎。說明擔心遷徙"黹"族,為王帶來災咎,因此進行貞問。

（1）叀……乙亥遘黹。　　　　　　　（《合集》28134，無名類）
（2）叀黹遘，王受又。　　　　　　　（《合集》28135，無名類）

這兩條卜辭貞問是否會突然遇到"黹"，王是否會受到保佑？說明，此時王離開王都，在通往"黹"所戍守的地方的路上，"遘"一詞含有貶義，可能此時"黹"族有叛離傾向，王擔心遭到"黹"族的突然襲擊。因此卜問，是否會"遘遇"。

丙午卜，內，我叀黹章。　　　　　　（《懷特》407 正，賓一）

這條卜辭卜問是否敦伐"黹"。

通過以上梳理，可以看出"黹"族的大致情況是："黹"人因擅長刺繡在武丁時受到寵幸，"黹"族有女子嫁給商王武丁，武丁時期黹族的位置大概在晉南豫西交界地帶。廩辛、康丁年間，王命其承擔戍守職責，但是"黹"族有叛離傾向，與商王的關係變得比較緊張，王曾卜問是否對其進行征伐。這種叛離，可能是與"黹"族不願離開家鄉到邊疆去戍守羌方有關，《屯南》3165 卜問"征逞黹，王弗每"就是明證。這也說明，當時擔任戍守任務的族群，不是只守衛家鄉那片土地，還要離開家鄉去承擔戍守任務。

第三節　肩

甲骨刻辭中戍守羌方的"肩"寫作 （《合集》26879）、 （《合集》26882）。此字釋法有爭議，《摹釋總集》釋為"囙"，《甲骨文合集釋文》摹寫為"㠯"，《甲骨文校釋總集》釋為"㠯"，《新甲骨文編》將與其類似的字形歸在"肩"字下。諸位學者的論著中也是釋法各異，李學勤[①]、

[①] 李學勤：《殷代地理簡論》，科學出版社 1959 年版，第 77 頁。

孫亞冰①釋為"冎",韓江蘇②釋為"骨"。由於此字釋法尚存爭議,為了行文方便,本書採用《新甲骨文編》的釋法,寫為"肩"。下面根據卜辭中的有關材料,對"肩"族的有關情況予以梳理。

第一組:

（1）……允甾率以肩芻。　　　　（《合集》97 正,典賓）
（2）貞：厌以肩芻。／允以。　　（《合集》98 正,典賓）

這組卜辭說明,武丁時期"肩"族是被掠奪的對象,"甾"和"厌"獲取"芻"奴貢納給商王。李學勤認為"甾、缶、吕、器"四地臨近。③"缶",陈梦家認為在今山西永濟縣;④孫亞冰認為缶與郇鄰近,位於殷西。⑤"吕",孫詒讓、王襄、葉玉森、商承祚、姚孝遂、肖丁等先生主張釋"蜀",其地望又有以三星堆文化為代表的四川古蜀國與魯國蜀地兩說,陳夢家、饒宗頤、裘錫圭、陳漢平等主張釋"旬",認為是今山西臨猗縣西南的"郇城"⑥。林歡分析了這幾種說法,認為晉西南"郇城"說較為可信。⑦ 李學勤釋為"器",寫法為▨（《合集》9775 正）,孫亞冰、林歡釋為"戜"或"戜",林歡認為"戜"地在濟源北軹關陘或沁陽太行陘入晉南的通道上。⑧ 通過"甾、缶、吕、器"的地望,推測"肩"地在晉南一帶。

第二組:

壬申卜,亘貞：希（咎⑨）。肩不于壹,由八人,甫五人。

---

① 孫亞冰、林歡:《商代地理與方國》,中國社會科學出版社 2010 年版,第 269 頁。
② 韓江蘇、江林昌:《〈殷本紀〉訂補與商史人物徵》,中國社會科學出版社 2010 年版。
③ 李學勤:《殷代地理簡論》,科學出版社 1959 年版,第 92 頁。
④ 陳夢家:《殷虛卜辭綜述》,中華書局 1988 年版,第 294 頁。
⑤ 孫亞冰、林歡:《商代地理與方國》,中國社會科學出版社 2010 年版,第 340 頁。
⑥ 诸说参见李孝定《甲骨文字集釋》,"中研院"歷史語言研究所 1970 年版;于省吾主編《甲骨文字詁林》,中華書局 1996 年版。
⑦ 孫亞冰、林歡:《商代地理與方國》,中國社會科學出版社 2010 年版,第 113—115 頁。
⑧ 同上書,第 94—96 頁。
⑨ 裘錫圭:《釋"求"》,《古文字論集》,中華書局 1992 年版,第 67 頁。

貞：黃尹不希（咎）。　　　　　　　　（《合集》595 正，典賓）

"肩""壹""由""甫"出現在同一條卜辭裏，說明四者相距不遠。"壹"地，韓江蘇認爲在今山西省西部地區。① 饒宗頤認爲："包山簡 1 壹乃彭之省形，簡 133 作彭，可確定卜辭之壹爲彭。《英藏》2425：'伐周、壹、戲（盧）方。'《前編》兩見'𦎫周、壹'，以壹與周同列，知壹地必近周。"② 《英藏》2425 是武丁時期的卜辭，夏含夷認爲周方在古公亶父遷岐之前，位於今晉南黃河與汾河之間。③ 曹定雲認爲"彭"在今甘肅慶陽一帶④，孫亞冰認爲"彭"位於晉陝高原地區。⑤ 1985 年在山西靈石旌介發現商代晚期的墓葬，其中二號墓出土的青銅器銘文有"由"族徽。韓江認爲"由"地可能在山西靈石附近。⑥ "甫"地，韓江蘇認爲位於王都西，大約在今蒲河延岸的蒲縣，即今山西省昕水河流域。⑦ 通過"壹""由""甫"的地望，也可推測"肩"地在晉南一帶。

第三組：

癸卯卜，出貞：旬無囚。八月。
［癸］未卜，□貞：［旬］無［囚］。九月。
辛□卜，尹貞：［王］宜□禳無［囚］。
壬申卜，肩貞：王宜戠無囚。　　　　（《合集》26591，出一）

這版卜辭說明"肩"與"尹""出"是同时代的貞人。這版卜辭是

---

① 韓江蘇、江林昌：《〈殷本紀〉訂補與商史人物徵》，中國社會科學出版社 2010 年版，第 465 頁。
② 饒宗頤：《西南文化創世紀——殷代隴蜀部族地理與三星堆、金沙文化》，上海古籍出版社 2010 年版，第 11 頁。
③ 夏含夷：《早期商周關係及其對武丁以後商王室勢力範圍的意義》，《古文字研究》第 13 輯，中華書局 1986 年版。
④ 曹定雲：《〈尚書·牧誓〉所盧、彭地望考》，《中原文物》1995 年第 1 期。
⑤ 孫亞冰、林歡：《商代地理與方國》，中國社會科學出版社 2010 年版，第 342 頁。
⑥ 韓江蘇、江林昌：《〈殷本紀〉訂補與商史人物徵》，中國社會科學出版社 2010 年版，第 534 頁。
⑦ 同上書，第 307 頁。

出組一類卜辭，出組一類主要是祖庚之初至祖甲之初的卜辭。"肩"做貞人的卜辭主要是出組二類卜辭，例如：

(1) 戊子卜，肩貞：王賓大戊哉無[尤]。[才] 三月。
　　　　　　　　　　　　　　　　　　　（《合集》22839，出二）

(2) 戊午卜，肩貞：王賓大戊哉無尤。才十四月。
　　戊午卜，肩貞：王賓大戊彳歲三宰亡尤。
　　　　　　　　　　　　　　　　　　　（《合集》22847，出二）

(3) 癸亥卜，肩貞：其𢼸岜。
　　丙寅卜，肩貞：其山。　　（《合集》22925，出二）

(4) 丙辰卜，肩貞：其宜于妣辛。
　　丙辰卜，肩貞：其宜于妣辛一牛。
　　　　　　　　　　　　　　　　　　　（《合集》23399，出二）

(5) 壬午卜，肩貞：□其𢼸于匕癸。　（《合集》23401，出二）

(6) □□[卜]，肩，[貞]：……兄庚……
　　　　　　　　　　　　　　　　　　　（《合集》23514，出二）

(7) 癸卯卜，肩貞：今日不雨。
　　[癸] 卯卜，肩，[貞：今] 日□來艱。
　　　　　　　　　　　　　　　　　　　（《合集》24174，出二）

(8) 戊申卜，肩貞：今夕不雨。　（《合集》24815，出二）

(9) □□卜，肩，[貞]：王賓□□歲三宰，[無] 尤。
　　　　　　　　　　　　　　　　　　　（《合集》25101，出二）

(10) 辛酉卜，肩貞：今夕無尤。　（《合集》26404，出二）

(11) 癸巳卜，肩貞：旬無尤。
　　 癸卯卜，肩貞：旬無尤。
　　 癸丑卜，肩貞：旬無尤。　（《合集》26623，出二）

(12) 戊戌卜，肩貞：今夕西言王。　（《合集》26747，出二）

出組二類主要是祖甲時期的卜辭。說明"肩"在祖甲時代是貞人卜官。

第四組：

(1) ［貞：戍］肩□雉［王］眾。　　　（《合集》26882，何二）
(2) 戍肩弗雉王眾。　　　　　　（《合集》26879，無名類）

這組卜辭說明，"廩辛—康丁—武乙"年間，"肩"族承擔戍守任務。

通過以上梳理，可以看出"肩"族的大致情況是：武丁時期"肩"族是被商王征服掠奪的對象，祖甲時代"肩"族有人擔任貞人卜官，廩辛到武乙年間，"肩"族承擔戍守任務，"肩"族地望可能在晉南一帶。

第四節　逐

甲骨刻辭中的"逐"寫作：﹛ （《合》10230）、﹛ （《合》28372）、﹛ （《合》28790）。

下面將"逐"族的情況作以梳理。

(1) 壬申卜，逐貞：示壬歲其□于［示］癸。
　　　　　　　　　　　　　　　（《合集》22714，出一）
(2) □□［卜］，逐，［貞］：……巫□……淮出……工。
　　　　　　　　　　　　　　　（《合集》23558，出二）
(3) □□［卜］，逐，［貞］：……
　　□□［卜］，逐貞：……
　　□□［卜］，［逐］貞：來……
　　□□［卜］，［逐］貞：其……　（《合集》23658，出二）
(4) □□［卜］，逐貞：……
　　□□［卜］，逐貞：……　　　（《合集》23659，出二）
(5) □□卜，逐貞：……　　　　　（《合集》23660，出二）
(6) 癸丑卜，逐貞：旬無□。
　　癸亥卜，逐貞：［旬］無□。　（《合集》26699，出二）
(7) □□［卜］，逐，［貞］：……其每。
　　　　　　　　　　　　　　　（《合集》27737，何二）

"逐"是貞人的名字，這些卜辭說明，"逐"在祖庚、祖甲到廩辛、康丁年間擔任貞人。

(1) 癸丑卜，□貞：戍逐其雉王眾。　　（《合集》26881，何二）
(2) 戍逐弗雉王眾。　　（《合集》26879，無名類）
(3) ……［戍］逐，其□王眾。　　（《屯南》4200，無名類）

這三條卜辭是第三、四期卜辭，說明"逐"族在廩辛、康丁到武乙期間承擔戍守邊疆的任務。

下面通過"逐"與"麋""萬"的關係看一下"逐"的地望。

1. "逐"與"萬"

(1) 貞：屮告□豕，乎逐。　　（《合集》10239，典賓）
(2) 乎逐……　　（《合集》938 反，典賓）

"乎逐"就是命令逐。

貞：乎逐比萬，獲。王□曰：其乎逐，獲。一
　　（《合集》6477 正，賓一）

"乎逐比萬"，就是"命令逐協助萬"。

2. "麋"與"萬"

叀麋□，無戈。
其以萬，不每。
……以……
　　（《合集》28383，無名類）

這版卜辭里，"麋"與"萬"共版，而且意思上有某種類聯繫，大意是貞問"麋"帶領"萬"是否有災禍。說明"麋"與"萬"相距不是

太遠。

3. "麋"與"逐"

(1) □函麋逐。　　　　　　　　（《合集》28372，無名類）
(2) ［其］叀目麋［逐］。　　　（《合集》28374，無名類）

"目"有"看、注視"的意思。《廣雅·釋詁一》："目，視也。"《正字通·目部》："目，凡注視曰目之。""目麋［逐］"就是看麋和逐的意思。

《合集》28372、28374中的"麋逐"當理解為"麋"和"逐"兩個族群。如果"麋"是動物，"麋逐"則語意不通。卜辭中"麋"做族名的例子有：

(1) 壬辰卜，王貞：翌癸巳我弗其征麋。
　　　　　　　　　　　　　　　　　（《合集》10378，師賓間B）
(2) 戊申卜，爭貞：□往立［麋］，若。
　　　　　　　　　　　　　　　　　（《合集》19060正，典賓）

"征麋"說明"麋"是個族名，"往立麋"說明"麋"是個族名或地名。

弜麋默于呂，弗其……　　　　　　（《合集》29341，無名類）

這條卜辭說明"麋"與"呂"地不遠，呂（吕）字，饒宗頤認為是"雍"字①，不管是"呂"還是"雍"，從《合集》8610正可以看出，其近舌方和䧅方，孫亞冰認為其在殷西北。②

---

① 饒宗頤：《西南文化創世紀——殷代隴蜀部族地理與三星堆、金沙文化》，上海古籍出版社2010年版，第18—19頁。
② 孫亞冰、林歡：《商代地理與方國》，中國社會科學出版社2010年版，第355頁。

丙辰卜，殼貞：曰吾方以鬲方敦呂，允……

（《合集》8610正，典賓）

"麋"與"呂"地不遠，推測"麋"地可能也在殷西北。

《合集》28372中"麋逐"並稱，推測"逐"地可能也在殷西北。

下面將"逐""麋""萬""呂""吾方""鬲方"的關係圖示如下（見圖10.17）。（"呂"與"何"的關係見下文）

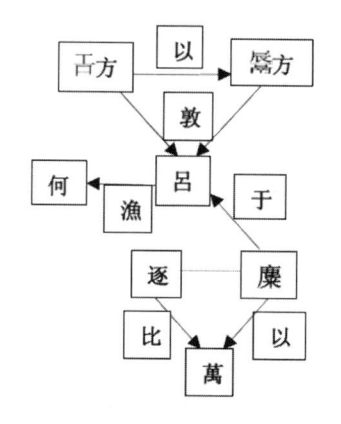

圖10.17　逐與其他族群的關係示意

圖10.18　逐簋［西周早期］
（《殷周金文集成》2972）

《殷周金文集成》收有一件西周早期的"逐簋"（見圖10.18），說明"逐"族從商代一直延續到了西周初。另外，《近出殷周金文集錄》收有一件西周初期的"麋癸爵"，《殷周金文集成》收有一件"麋侯鎛"，說明"麋"族從商代一直延續到了戰國時代。

第五節　何

甲骨刻辭中的"何"寫作 中（《合集》19037）、（《合集》275正）、（《合集》29730）、（《合補》1242）等形。

一 卜辭中"何"的用法

(一) 表示人名

　　□□〔卜〕，□，令何……　　　　（《合集》20239，自肥筆）
　　□□卜，旅，〔貞〕：……令何……（防）……
　　　　　　　　　　　　　　　　　　（《合集》23676，出二）

"何"是被命令的對象，說明"何"是人名。

(二) 表示地名

　　(1) 丁巳卜，爭貞：乎取何芻。　（《合集》113 正甲，賓一）
　　(2) 勿乎取〔何芻〕。　　　　　（《合集》113 正乙，賓一）

"乎取何芻"就是命令求取（或選取）"何"地的芻人（奴）。

　　其引西，何眾。　　　　　　　　（《合集》41454，歷二）

"何眾"就是"何"地的眾人。

(三) 表示族名

　　見何方。二　　　　　　　　　　（《合集》7001，師賓間 A）

丁驌認為"見"有會見、監視之義。[①]

　　(1) 庚申〔卜〕，方辜見〔何〕。十一月。
　　　　　　　　　　　　　　　　　　（《合集》6786，師賓間 A）

---

① 丁驌：《釋見》，《中國文字》第 44 冊，1972 年，第 4971—4973 頁。

(2) □戌卜，方章見何。　　　　　　（《合集》6787，師賓間 A）

(3) □辰卜，日方其章見何。允其［章］。

（《合集》6788，師賓間 A）

這組卜辭說明"何"是敦伐的對象，說明"何"是一個族群。

二　"何"的身份與地位變化

第一組：

(1) 辛未［卜］，殼貞：王夢兄戊何从，不隹囚？

（《合集》17378，典賓）

(2) 戊申卜：又于🕱父何羊豕？

　　戊申卜：弜又于🕱？　　　　　（《合集》34266，歷一）

(3) 丁丑卜，㝬貞：匄□（于？）何，Ɨ……？

（《合集》19037，賓三）

張玉金認為這幾條卜辭中的"何"可能是鬼神，"兄戊何"是"兄戊、兄何"的意思①，《合集》17378 是典賓類卜辭，"兄何"應是武丁的兄長"何"，《合集》34266 是歷組一類卜辭，"父何"可能是祖庚的父輩"何"，祖庚是武丁的兒子，"何"應是祖庚的伯父。

這組卜辭說明"何"是武丁的兄長。

貞：令畢允子何。

勿令畢允子何。　　　　　　　（《合集》12311 正，典賓）

"子何"可能是"何"的兒子。

---

① 張玉金：《也談甲骨文中的"何"和"此"》，《中國語文》2010 年第 3 期，第 271—272 頁。

第二組：

(1) 壬辰卜，方其辜見何。
　　貞：方其辜見何。　　　　（《合集》6789，師賓間A）
(2) 壬辰卜，方弗辜見〔何〕。　（《合集》6790，師賓間A）
(3) ……何弗其受方〔佑〕。　　（《合集》8645，師賓間A）

這組卜辭說明，武丁中期，"何"受到"方"征伐，王很關心，"何"是否會受到保佑。說明"何"是商王保護的對象。

第三組：

(1) 癸亥卜，子夕往逆以。
　　匄逆女。
　　先曰屮娥。
　　先曰何。
　　匄娥。
　　匄屮娥。
　　匄屮娥。
　　匄何娵。
　　匄何娵。　　　　　　　　（《合集》22246，婦女類）
(2) 匄何娵。　　　　　　　　（《合集》22247，婦女類）

《合集》22246卜辭的大意是癸亥日貞問，子是否請求在晚上去迎接致送來的幾位女子（屮娥、屮娥、屮娥、何娵），是先迎屮娥，還是先迎何娵。"何娵"就是"何"地送來的名叫"娵"的女子。婦女類卜辭主要是武丁中期的卜辭，通過這兩版卜辭，說明武丁中期"何"地有女子嫁給王室成員。

第四組：

(1) 貞：令何取何。　　　　　　（《合集》4954，典賓）

(2) 貞：令良取何。　　　　　　　（《東洋》268，典賓）

這組卜辭的意思是王命令"何"索取"何"地的貢品，結合第三組卜辭，推測其大意也有可能是求娶"何"地的女子。若是這樣的話，說明武丁有可能把自己的侄女（"何"的女兒其實就是武丁的侄女）嫁給了自己的大臣良。

第五組：

(1) 庚戌卜，何貞：妣辛歲。其取燧。
　　 庚戌卜，何貞：其于來辛酉。三
　　 庚申卜，何貞：翌辛酉毅其佳。一
　　 庚申卜，何。二
　　 庚申卜，何。三
　　 庚申卜，何。四
　　 庚申卜，何。五　　　　　　（《合集》26975，何一）

(2) □寅卜，何［貞］：其至祖乙……（《合集》27238，何一）

(3) 壬辰卜，何貞：王不［冓］雨。（《合集》30108，何一）

(4) 癸卯卜，何貞：弜勿。
　　 癸卯卜，何貞：叀勿。
　　 癸卯卜，何貞：其眔祖乙。　　（《合集》27208，何二）

(5) □□卜，何貞：祝叀舊㠯，用。（《合集》30615，何二）

(6) ［丙］申卜，何貞：王竝小乙［奭］妣庚。
　　　　　　　　　　　　　　　　（《合集》27508，何二）

(7) 戊子卜，何貞：王奉，叀雨。（《合集》27843，事何類）

(8) 戊寅卜，何貞：王往，于夕禘，不冓雨。才五月。
　　　　　　　　　　　　　　　　（《合集》27865，事何類）

(9) ［癸］丑卜，何貞：旬無囚。十月。告。
　　　　　　　　　　　　　　　　（《合集》29727，事何類）

(10) 辛巳卜，何貞：王……無災，大即日□。
　　　　　　　　　　　　　　　　（《合集》29706，無名類）

(11) □□〔卜〕，何，〔貞〕：……之……鈢……

（《合集》30755，無名類）

(12) 丙午卜，何貞：夕禷，奉……

（《合集》30921，無名類）

這些卜辭說明，廩辛、康丁、武乙年間，"何"擔任貞人卜官，"何"既有可能是何族的首領，也有可能是何族選送到王宮的人。

第六組：

(1) 戍屮弗雉王众。
戍嵩弗雉王众。
戍肩弗雉王众。
戍逐弗雉王众。
戍何弗雉王众。
五族其雉王众。
戍屮弗雉王众。　　　　　（《合集》26879，無名類）

(2) 王叀次令五族戍卷〔方〕。
弜令次其每。　　　　　　（《合集》28053，無名類）

《合集》26879、《合集》28053 說明：廩辛、康丁時期，"何"族與"屮"族、"嵩"族、"肩"族、"逐"族被合稱為"五族"，一起擔任戍守羌方的任務。

三 "何"族地望

（一）何與寧

丙……歺貞：……寧……柲……
貞：令寧以射何柲卒，四月。　　（《懷特》962，賓三）

"柲"是弓檠，"柲卒"可能就是弓箭手之類的兵卒。"令寧以射何柲卒"大意是命令寧帶領（或致送）射何的弓箭手。這說明，"寧"地與"何"地可能相距不太遠。甲骨刻辭中的"寧"，學術界對其地望意見比較統一，認為即先秦典籍的殷邑"寧"，後改名修武。古修武在今河南獲嘉縣境內。①

（二）何與憂

（1）癸亥卜貞：令何憂乎轅小臣祕卒。

(《懷特》961 正，典賓)

（2）貞：令何憂乎轅小臣祕卒。 (《懷特》962，賓三)

"令何憂"就是命令"何"與"憂"，當時常出現人名、族名、地名相同的現象，"何"與"憂"也可能是族名、地名，"何憂"並提，說明兩地相距不遠。林歡認為"憂"是殷西國族。②

（三）何與疘

（1）癸未卜，㱿貞：疘以羌。
  貞：何不其以羌。 (《合集》273 正，典賓)
（2）癸未卜，㱿貞：疘以羌。
  貞：疘不其以羌。
  貞：何以羌。 (《合集》274 正，典賓)
（3）[癸] 未卜，㱿貞：疘以羌。
  貞：疘不其以羌。
  貞：何以羌。 (《合集》275 正，典賓)
（4）貞：疘不 [其] 以 [羌]。
  貞：[何] 不其以 [羌]。 (《合集》276 正，典賓)

這四組卜辭，反復貞問，"疘"與"何"是否致送羌人，說明"疘"

---

① 孫亞冰、林歡：《商代地理與方國》，中國社會科學出版社 2010 年版，第 72 頁。
② 同上書，第 107—108 頁。

"何"二地可能相距不遠。

  辛巳卜貞：令戻、弋、旃、甫、韋、疚族。五月。

             （《合集》4415 正，典賓）

"疚"与"甫""韋"等族名並提，說明他們相距不遠。韓江蘇認為"甫"地位於王都以西，大約在今蒲河延岸的蒲縣，即今山西省昕水河流域。①

  辛丑貞：畢叀疚以甹。   （《合集》34240）

這條卜辭的大意是"畢"協助"疚"帶領"甹"（甹可能是人名，也可能是甹伐的意思）。"畢"在陝西關中畢原一帶，說明"疚"地離此也不會太遠。結合"甫"，擬測"疚"可能在陝東、晉南、豫西一帶。

（四）何與吕

  貞：吕其㳄何。
  貞：吕不㳄何。
  貞：吕其㳄何。
  貞：吕不㳄何。
  貞：吕其㳄何。
  貞：吕不［㳄］何。   （《合集》18800，賓一）

"㳄"字，程邦雄、車競認為是"漁"②。"漁何"就是到何地漁獵。《合集》18800 反復貞問"吕"是否到"何"地漁獵，說明"何"與"吕"相距不遠。孫亞冰認為吕在殷西北。③

---

① 韓江蘇、江林昌：《〈殷本紀〉訂補與商史人物徵》，中國社會科學出版社 2010 年版，第 307 頁。
② 程邦雄、車競：《"八""水"通作考》，《語言研究》2011 年第 2 期，第 106—111 頁。
③ 孫亞冰、林歡：《商代地理與方國》，中國社會科學出版社 2010 年版，第 355 頁。

通過"何"與"呂"的關係，推測"何"地可能也在殷西北。

通過"何"與"寧""爰""疛""呂"的關係，可以推測，"何"地可能在山西一帶。

通過以上梳理，可以看出"何"族的大致情況是："何"是武丁的兄長，"何"的封地在山西一帶，"何"在武丁時，受到"方"的敦伐，商王對其予以保護，武丁中期"何"地有女子嫁給王室成員，其中一位可能嫁給商王的大臣"良"。廩辛到武乙年間，"何"族有人擔任貞人卜官，廩辛、康丁時期，"何"族承擔戍守羌方的任務。

《殷周金文集成》收錄有兩件"何父癸鼎"，一件"何戊簋"，三件"何爵"，三件"何罍"，可能是"何"族的文化遺物，"何父癸鼎"可能是"何"族敬獻給（或祭祀）"父癸"的，"何戊簋"可能是"何"族敬獻給（或祭祀）"戊"的，"何戊簋"可能是"何"族敬獻給（或祭祀）"戊"的。一件"何爵"（《集成》7370）傳出土於河南省安陽市郊郭灣墓地，一件"何罍"（《集成》9117）傳出土於河南省安陽郭家灣北地，說明"何"與商王朝關係比較密切。

圖 10.19　何父癸鼎
［商代後期］
（《殷周金文集成》1893）

圖 10.20　何父癸鼎
［商代後期］
（《殷周金文集成》1894）

圖 10.21　何戊簋
［商代後期］
（《殷周金文集成》3065，現藏故宮博物院）

圖 10.22 何爵［商代後期］（《殷周金文集成》7370，傳出土於河南省安陽市郊郭家灣墓地，現藏加拿大多倫多安大略博物館）

圖 10.23 何爵［商代後期］（《殷周金文集成》7372，現藏上海博物館）

圖 10.24 何爵［商代後期］（《殷周金文集成》7371，現藏上海博物館）

圖 10.25 何斝［商代後期］（《殷周金文集成》9116，現藏故宮博物院）

圖 10.26 何斝［商代後期］（《殷周金文集成》9117，傳河南省安陽郭家灣北地，現藏加拿大多倫多皇家安大略博物館）

主要參考文獻

（每類均以第一作者姓氏首字母為序）

一 著錄類

郭沫若主編：《甲骨文合集》，中華書局1978—1982年版。

胡厚宣：《蘇德美日所見甲骨集》，四川辭書出版社1988年版。

胡厚宣輯，王宏、胡振宇整理：《甲骨續存補編·甲編》，天津古籍出版社，1996年版。

李學勤、齊文心、［美］艾蘭：《英國所藏甲骨集》，中華書局1985年、1992年版。

李學勤、齊文心、［美］艾蘭：《瑞典斯德哥爾摩遠東古物博物館藏甲骨文字》，中華書局1999年版。

彭邦炯、謝濟、馬季凡：《甲骨文合集補編》，語文出版社1999年版。

［日］松丸道雄：《東京大學東洋文化研究所藏甲骨文字》，日本東京大學東洋文化研究所1983年版。

許進雄：《懷特氏等收藏甲骨文集》，加拿大多倫多皇家安大略博物館1979年版。

許進雄：《明義士收藏甲骨文集》，加拿大多倫多皇家安大略博物館1972年版。

［日］伊藤道治：《天理大學附屬天理參考館甲骨文字》，天理時報社出版1987年版。

中國社會科學院考古研究所：《小屯南地甲骨》，中華書局1980年版。

中國社會科學院考古研究所：《殷墟花園莊東地甲骨》，雲南人民出版社2003年版。

中國社會科學院考古研究所：《殷周金文集成》（修訂增補本），中華書局2007年版。

劉雨、盧岩：《近出殷周金文集錄》，中華書局2002年版。

二 工具書類

蔡哲茂：《甲骨綴合集》，臺灣學生書局1999年版。

蔡哲茂：《甲骨綴合續集》，臺灣文津出版社2004年版。

曹錦炎、沈建華：《甲骨文校釋總集》，上海辭書出版社2006年版。

陳年福：《殷墟甲骨文摹釋全編》，線裝書局2010年版。

高島謙一：《殷虛文字丙編通檢》，"中研院"歷史語言研究所1985年版。

高明、涂白奎：《古文字類編》，上海古籍出版社2007年版。

郭錫良：《漢字古音手冊》，北京大學出版社1986年版。

胡厚宣主編：《甲骨文合集釋文》，中國社會科學出版社1999年版。

胡厚宣主編：《甲骨文合集材料來源表》，中國社會科學出版社1999年版。

黃天樹主編：《甲骨拼合集》，學苑出版社2010年版。

黃天樹主編：《甲骨拼合續集》，學苑出版社2011年版。

黃天樹主編：《甲骨拼合三集》，學苑出版社2013年版。

黃天樹主編：《甲骨拼合四集》，學苑出版社2016年版。

劉雨、沈丁、盧岩、王文亮：《商周金文總著錄表》，中華書局2008年版。

劉釗：《新甲骨文編》，福建人民出版社2014年版。

饒宗頤主編：《甲骨文通檢》第二分冊《地名通檢》，香港中文大學出版社1994年版。

容庚：《金文編》，中華書局1985年版。

阮元：《十三經注疏》，中華書局1980年版。

宋鎮豪、段志洪：《甲骨文獻集成》，四川大學出版社2001年版。

宋鎮豪：《百年甲骨學論著目》，語文出版社1999年版。

孫海波：《甲骨文編》，中華書局1965年版。

（漢）許慎撰，（宋）徐鉉校定：《說文解字》，中華書局影印 1963 年版。

徐中舒主編：《漢語大字典》第 3 卷，四川辭書出版社、湖北辭書出版社 1988 年版。

徐中舒：《甲骨文字典》，四川辭書出版社 1989 年版。

楊郁彥：《甲骨文合集分組分類總表》，臺灣藝文印書館 2005 年版。

姚孝遂、肖丁：《殷墟甲骨刻辭類纂》，中華書局 1989 年版。

姚孝遂、肖丁：《殷墟甲骨刻辭摹釋總集》，中華書局 1988 年版。

于省吾主編：《甲骨文字詁林》，中華書局 1996 年版。

曾毅公：《甲骨地名通檢》，齊魯大學國學研究所 1939 年版。

張亞初：《殷周金文集成引得》，中華書局 2001 年版。

趙誠：《甲骨文簡明詞典》，中華書局 1999 年版。

中國社會科學院考古研究所：《甲骨文編》，中華書局 1985 年版。

三　專著類

白于藍：《〈殷墟甲骨刻辭摹釋總集〉校訂》，福建人民出版社 2004 年版。

曹瑋主編：《漢中出土的商代青銅器》第 1 冊，巴蜀書社 2006 年版。

常玉芝：《商代宗教祭祀》，中國社會科學出版社 2010 年版。

陳全方：《周原與周文化》，上海人民出版社 1988 年版。

陳邦懷：《甲骨文零拾附考釋》，天津人民出版社 1959 年版。

陳劍：《甲骨金文考釋論集》，線裝書局 2007 年版。

陳夢家：《殷虛卜辭綜述》，中華書局 1988 年版。

陳年福：《甲骨文詞義論稿》，巴蜀書社 2001 年版。

陳年福：《甲骨文動詞詞彙研究》，巴蜀書社 2001 年版。

程文徽：《陝南羌族》，陝西人民出版社 2012 年版。

［日］島邦男：《殷墟卜辭研究》，溫天河、李壽林譯，鼎文書局 1975 年版。

丁山：《商周史料考證》，龍門書店 1960 年版。

丁山：《甲骨文所見氏族及其制度》，中華書局 1999 年版。

董作賓：《董作賓先生全集》，藝文印書館 1977 年版。

（劉宋）范曄撰，（唐）李賢等注：《後漢書》，中華書局 1965 年版。

方稚松：《五種記事刻辭研究》，線裝書局2009年版。
顧頡剛、劉起釪：《尚書校釋譯論》，中華書局2005年版。
郭沫若：《甲骨文字研究》第17釋《釋支幹》，上海大東書局1931年版。
郭沫若：《殷契萃編》，日本東京文求堂書店，石印本1937年版。
郭沫若：《卜辭通纂》，日本東京文求堂書店，石印本1933年版。
韓江蘇、江林昌：《〈殷本紀〉訂補與商史人物徵》，中國社會科學出版社2010年版。
韓江蘇：《殷墟花東H3卜辭主人"子"研究》，線裝書局2007年版。
何光嶽：《氐羌源流史》，江西教育出版社2000年版。
黃德寬：《古漢字發展論》，中華書局2014年版。
黃天樹：《古文字論集》，學苑出版社2006年版。
黃天樹：《殷墟王卜辭的分類與斷代》，科學出版社2007年版。
蔣玉斌：《殷墟子卜辭的整理與研究》，博士學位論文，吉林大學，2006年。
李伯謙：《中國青銅文化結構體系研究》，科學出版社1998年版。
（北魏）酈道元：《水經注》，中華書局2009年版。
（北魏）酈道元著，（民國）楊守敬、熊會貞疏，段熙仲點校，陳橋驛復校：《水經注疏》，江蘇古籍出版社1989年版。
李發：《商代武丁時期甲骨軍事刻辭的整理與研究》，博士學位論文，西南大學，2011年。
李立新：《甲骨文中所見祭名研究》，博士學位論文，中國社會科學院研究生院，2003年。
李孝定：《甲骨文字集釋》，"中研院"歷史語言研究所1970年版。
李學勤：《殷代地理簡論》，科學出版社1959年版。
李學勤：《李學勤早期文集》，河北教育出版社2008年版。
李學勤：《三代文明研究》，商務印書館2011年版。
李學勤、彭裕商：《殷墟甲骨分期研究》，上海古籍出版社1996年版。
劉風華：《殷墟村南系列甲骨卜辭整理與研究》，上海古籍出版社2014年版。
劉釗：《古文字構形學》，福建人民出版社2006年版。

柳東春：《殷墟甲骨文記事刻辭研究》，碩士學位論文，臺灣大學，1989年。

盧連城、胡智生：《寶雞強國墓地》，文物出版社1988年版。

羅琨：《商代戰爭與軍制》，中國社會科學出版社2010年版。

羅琨、張永山：《夏商西周軍事史》，《中國軍事通史》第1卷，中國軍事科學出版社1998年版。

羅振玉：《殷虛書契考釋三種》，中華書局2006年版。

羅振玉：《殷虛書契考釋》（增訂本）三卷，東方學會石印本1927年版。

馬世之：《中原古國歷史與文化》，大象出版社1998年版。

聶樹人：《陝西自然經濟地理概況》，陝西人民出版社1955年版。

彭裕商：《殷墟甲骨斷代》，中國社會科學出版社1994年版。

裘錫圭：《文字學概要》，商務印書館1988年版。

裘錫圭：《裘錫圭学术文集》，復旦大學出版社2015年版。

屈萬里：《甲編考釋》，"中研院"歷史語言研究所影印本1961年版。

屈萬里：《殷虛文字甲編考釋》，《中國考古報告集之二》，"中研院"歷史語言研究所影印本1961年。

錢穆：《〈史記〉地名考》，商務印書館2004年版。

饒宗頤：《殷代貞卜人物通考》（上、下冊），香港大學出版社1959年版。

饒宗頤：《饒宗頤二十世紀學術文集》，中國人民大學出版社2009年版。

任乃強：《羌族源流探索》，重慶出版社1984年版。

冉光榮、李紹明、周錫銀：《羌族史》，四川省民族出版社1985年版。

嘉靖《陝西通志》，陝西省地方志辦公室校點本，三秦出版社2006年版。

陝西省地方志編纂委員會：《陝西省志》，陝西人民出版社1995年版。

宋鎮豪：《夏商社会生活史》，中國社會科學出版社1994年版。

宋鎮豪主编：《商代史》，中國社會科學出版社2010年版。

孫亞冰、林歡：《商代地理與方國》，中國社會科學出版社2010年版。

孫海波：《誠齋殷墟文字考釋》，北京修文堂書店影印本1940年版。

商承祚：《殷契佚存考釋》，金陵大學中國文化研究所叢刊甲種影印本1933年版。

唐蘭：《天壤閣甲骨文存（附考釋）》，北京輔仁大學影印本1939年版。

王國維：《觀堂集林》，中華書局 1959 年版。

王暉：《商周文化比較研究》，人民出版社 2000 年版。

王暉：《古文字與商周史新證》，中華書局 2003 年版。

王廷洽：《中國古代印章史》，世紀出版集團、上海人民出版社 2006 年版。

王平、[德]顧彬：《甲骨文與殷商人祭》，大象出版社 2007 年版。

王襄：《簠室殷契類纂》，河北第一博物院 1920 年版。

王襄：《簠室殷契徵文考釋》，天津博物院石印本 1925 年版。

王宇信：《西周甲骨探論》，中國社會科學出版社 1984 年版。

王宇信：《甲骨學通論》，中國社會科學出版社 2015 年版。

王宇信：《甲骨學一百年》，社會科學文獻出版社 1999 年版。

王蔚：《殷商羌族及嶽神芻議》，臺灣師範大學國文研究所手寫影印本 1988 年版。

王子揚：《甲骨文字形類組差異現象研究》，中西書局 2013 年版。

王蘊智：《字學論集》，河南美術出版社 2004 年版。

王蘊智：《殷商甲骨文研究》，科學出版社 2010 年版。

王蘊智：《殷墟甲骨文書體分類萃編》，河南美術出版社 2016 年版。

吳其昌：《殷虛書契解詁》，臺北藝文印書館影印本 1959 年版。

[美] 夏含夷主編：《中國古文字學導論》，中西書局 2013 年版。

夏商周斷代工程專家組：《夏商周斷代工程 1996—2000 年階段成果報告》（簡本），世界圖書出版公司 2000 年版。

徐中舒：《先秦史論稿》，巴蜀書社 1992 年版。

嚴一萍：《殷商史記》，臺北藝文印書館 1991 年版。

楊伯峻：《春秋左傳注》（修訂本），中華書局 1990 年版。

姚萱：《殷墟花園莊東地甲骨卜辭的初步研究》，博士學位論文，首都師範大學，2005 年。

葉玉森：《殷虛書契前編集釋》，上海大東書局石印本 1933 年版。

于省吾：《甲骨文字釋林》，中華書局 1979 年版。

喻遂生：《甲金語言文字研究論集》，巴蜀書社 2002 年版。

曾毅公：《甲骨叕存》，齊魯大學國學研究所 1940 年版。

張犇：《羌族造物藝術研究》，清華大學出版社 2013 年版。

張秉權：《殷墟文字丙編考釋》，"中研院"歷史語言研究所 1959 年版。

張玉金：《20 世紀甲骨語言學》，學林出版社 2003 年版。

張玉金：《甲骨卜辭語法研究》，廣東高等教育出版社 2002 年版。

趙平安：《新出簡帛與古文字古文獻研究》，商務印書館 2009 年版。

趙平安：《金文釋讀與文明探索》，上海世紀出版股份有限公司、上海古籍出版社 2011 年版。

趙叢蒼主編：《城洋青銅器》，科學出版社 2006 年版。

趙林：《商代的羌人與匈奴》，臺灣政治大學邊政出版社 1985 年版。

鄭傑祥：《商代地理概論》，中州古籍出版社 1994 年版。

周秉鈞：《尚書注譯》，嶽麓書社 2001 年版。

周國祥：《陝北古代史紀略》，陝西人民出版社 2008 年版。

朱鳳瀚：《商周家族形態研究》，天津古籍出版社 1990 年版。

朱鳳瀚、徐勇：《先秦史研究概要》，天津教育出版社 1996 年版。

朱歧祥：《殷墟甲骨文字通釋稿》，臺灣文史哲出版社 1989 年版。

鐘柏生：《殷商卜辭地理論叢》，藝文印書館 1989 年版。

周鴻祥：《商殷帝王本紀》，香港，1958 年版。

四　論文類

[日] 白川靜：《羌族考》，《甲骨金文學論集》，日本京都朋友書店 1973 年版。

白玉崢：《說丿與丿》，《中國文字》新 17 期，1993 年。

蔡哲茂：《逆羌考》，《大陸雜誌》第 52 卷第 6 期，1976 年 3 月。

曹懷玉：《商周秦漢時期甘肅境內的氐羌月氏和烏孫》，《甘肅師大學報》1964 年第 3、4 期。

晁福林：《殷虛卜辭中的商王名號與商代王權》，《歷史研究》1986 年第 5 期。

晁福林：《殷墟骨臼刻辭"示屯"及其相關的一些問題》，《殷都學刊》1990 年第 2 期。

陳邦懷：《殷代社會史料徵存》卷上，天津人民出版社 1959 年版。

陳福林：《試論殷代的眾、眾人與羌的社會地位》，《社會科學戰線》1979年第3期。

陳漢平：《古文字釋叢》，《出土文獻研究》，文物出版社1985年版。

陳劍：《甲骨金文"戈字補釋》，《古文字研究》第25輯，中華書局2004年版。

陳連升：《夏商時期的氐羌》，《雲南民族學院學報》1993年第4期。

陳煒湛：《甲骨文同義詞研究》，《古文字學論集初編》，國際中國古文字學研討會論文集編輯委員會暨香港中文大學中國文化研究所吳多泰中國語文研究中心，1983年9月5日。

陳煒湛：《"侯屯"卜骨考略》，《古文字研究》第12輯，中華書局1985年版。

董作賓：《殷代的羌與蜀》，《說文月刊》第3卷第7期（巴蜀文化專號），1942年8月。

董作賓：《獲白麟解》，《安陽發掘報告》第2期，1930年12月。

董作賓：《骨臼刻辭再考》，《董作賓先生全集》甲編第2冊，臺北藝文印書館1977年版。

董作賓：《帚矛說——骨臼刻辭的研究》，《安陽發掘報告》第4期，1933年6月。

郭新和：《甲骨文中的"舟"與商代用舟制度》，《殷都學刊》1999年增刊。

郭沫若：《郭沫若全集·考古編》第1卷，科學出版社1982年版。

顧頡剛：《從古籍中探索我國的西部民族——羌族》，《社會科學戰線》1980年第1期。

寒峰：《甲骨文所見的商代軍制數則》，載胡厚宣主編《甲骨探史錄》，生活·讀書·新知三聯書店1982年版。

何新：《辨德》，《人文雜誌》1985年第4期。

何景成：《試釋甲骨文的"股"》，《古文字研究》第28輯，中華書局2010年版。

胡厚宣：《中國奴隸社會的人殉和人祭》（上、下），《文物》1974年第7、8期。

胡厚宣：《甲骨文所見殷代奴隸的反壓迫鬥爭》，《考古學報》1966 年第 1 期。

胡厚宣：《殷代封建制度考》，《甲骨學商史論叢（初集）》第 1 冊，成都齊魯大學國學研究所專刊，1944 年 3 月。

胡厚宣：《武丁時五種記事刻辭考》，《甲骨學商史論叢初集（外一種）》上，河北教育出版社 2002 年版。

黃天樹：《殷墟王卜辭的分類與斷代》，科學出版社 2007 年版。

黃天樹：《關於非王卜辭的一些問題》，《陝西師大學報》1995 年第 4 期。

黃天樹：《非王"劣體類"卜辭》，《徐中舒先生百年誕辰紀念文集》，巴蜀書社 1998 年版。

黃天樹：《午組卜辭研究》，《甲骨文發現一百周年研討會論文集》，文史哲出版社 1999 年版。

黃天樹：《婦女卜辭》，《中國古文字研究》第 1 輯，吉林大學出版社 1999 年版。

黃天樹：《非王卜辭中"圓體類"卜辭的研究》，《出土文獻研究》第 5 集，科學出版社 1999 年版。

黃天樹：《子組卜辭研究》，《中國文字》新 26 期，藝文印書館 2000 年版。

季旭昇：《說氣》，《殷都學刊》1998 年第 3 期。

季旭昇：《說髀》，《古文字研究》第 27 輯，中華書局 2008 年版。

金祥恒：《殷人祭祀用人牲設奠說》，《中國文字》第 48 冊，1973 年 6 月。

金祥恒：《甲骨卜辭中殷先王上乙下乙考》，《甲骨文與殷商史》新 1 輯，上海古籍出版社 1983 年版。

昆侖：《殷墟卜辭有用羌於農業生產的記載嗎》，《甲骨文與殷商史》，上海古籍出版社 1983 年版。

柯昌濟：《殷虛書契補釋》，據宋鎮豪抄柯昌濟 1921 年 6 月自刻本影印。

李瑾：《卜辭"臣方"與氐羌"縱目人"之關係——殷周古文結體之人類學透視》，《重慶師範學院學報》1997 年第 2 期。

李民、朱楨：《祖乙遷邢與卜辭井方》，《鄭州大學學報》1989 年第 6 期。

李紹連：《人殉人祭與商周奴隸制》，《殷都學刊〈增刊〉》1985 年版。

李紹明：《關於羌族古代史的幾個問題》，《歷史研究》1963 年第 5 期。

李紹明、冉光榮、周錫銀：《略論古代羌族社會的經濟發展與民族融合》，《思想戰線》1980 年第 6 期。

李紹明：《西羌》，《文史知識》1984 年第 6 期。

李學勤：《帝乙時代的非王卜辭》，《考古學報》1958 年第 1 期。

李學勤：《小屯南地甲骨與甲骨分期》，《文物》1981 年第 5 期。

李學勤：《殷墟甲骨分期的兩系說》，《古文字研究》第 18 輯，中華書局 1992 年版。

李學勤：《花園莊東地卜辭的"子"》，《河南博物院落成暨河南省博物館建館 70 周年紀念論文集》，中州古籍出版社 1998 年版。

李雪山：《略論商代的兩種交通運輸工具——舟船和牛》，載宋鎮豪主編《甲骨文獻集成》第 26 冊，四川大學出版社 2001 年版。

李琰：《殷墟斫頭坑髑髏與人頭骨刻辭》，《中國語文研究》1986 年第 8 期。

李亞農：《殷契雜釋·釋𢦏》，《中國考古學報》第 5 冊第一、二分合刊，1951 年 12 月。

林聲：《記彝、羌、納西族的"羊骨卜"》，《考古》1963 年第 3 期。

林澐：《甲骨文中的商代方國聯盟》，《古文字研究》第 6 輯，中華書局 1981 年版。

林澐：《釋史牆盤銘中的"逖虐髟"》，《林澐學術文集》，中國大百科全書出版社 1998 年版。

劉朝陽：《小乙征羌方考（英文版）》，《華西大學中國文化研究所集刊》第 3 卷，1945 年。

劉蕙蓀：《夏夷蠻貊戎狄羌越得名考源》，《中國古代史論叢》第 3 輯（先秦史專號），福建人民出版社 1982 年版。

劉胤漢：《秦嶺水文地理》，陝西人民出版社 1983 年版。

羅琨：《殷商時期的羌和羌方》，《甲骨文與殷商史》第 3 輯，上海古籍出版社 1991 年版。

洛人：《"三白羌"辨》，《史學月刊》1983 年第 3 期。

苗利娟：《三苗來源考》，《江漢考古》2009 年第 4 期。

繆文遠：《周原甲骨所見諸方國考略》，《古文字研究論文集》，《四川大學學報叢刊》第 10 輯，1982 年 5 月。

普學旺：《試論殷人源於古羌人》，《中南民族學院學報》1994 年第 2 期。

彭邦炯：《從"䅣"、"屯"論及相關甲骨刻辭——商代䅣、屯二氏地望探索》，《考古與文物》1989 年第 3 期。

彭林：《釋巜》，《考古》1985 年第 8 期。

彭裕商：《非王卜辭研究》，《古文字研究》第 13 輯，中華書局 1986 年版。

齊文心：《歷類胛骨記事刻辭試釋》，《中國史研究》1991 年第 4 期。

裘錫圭：《甲骨文中所見的商代五刑——並釋"刐""剢"二字》，《古文字論集》，中華書局 1992 年版。

裘錫圭：《從殷墟甲骨卜辭看殷人對白馬的重視》，《古文字論集》，中華書局 1992 年版。

裘錫圭：《釋"虫"》，《古文字論集》，中華書局 1992 年版。

裘錫圭：《甲骨卜辭中所見的逆祀》，《古文字論集》，中華書局 1992 年版。

裘錫圭：《說䅣嚴》，《古文字論集》，中華書局 1992 年版。

裘錫圭：《說"以"》，《古文字論集》，中華書局 1992 年版。

裘錫圭：《談談殷墟甲骨卜辭中的"于"》，載余藹芹、柯蔚南主編《羅傑瑞先生七秩晉三壽慶論文集》，香港中文大學中國文化研究所吳多泰中國語文研究中心，2010 年版。

冉光榮、李紹明、周錫銀：《羌族史》，四川民族出版社 1985 年版。

饒宗頤：《殷代貞卜人物通考》（上、下冊），香港大學出版社 1959 年版。

饒宗頤：《卜辭"漢"即漾水、漢水說》，載白化等編《周紹良先生欣開九秩慶壽文集》，中華書局 1997 年版。

尚秀妍：《再讀胡厚宣先生〈五種記事刻辭考〉》，《殷都學刊》1998 年第 3 期。

束世澂：《夏代和殷代的奴隸制》，《歷史研究》1956 年 1 月。

時兵：《釋殷墟卜辭中的"杲"字》，《考古》2011 年第 6 期。

施謝捷：《甲骨文字考釋十篇》，《考古與文物》1989 年第 6 期。

陶正剛：《靈石商墓亞羌銘試析》，《古文字研究》第 18 輯，中華書局 1992 年版。

童恩正：《談甲骨文羌字並略論殷代的人祭制度》，《四川大學學報》1980 年第 3 期。

王承祒：《試論殷代的直接生產者——釋羌釋眾》，《文史哲》1954 年第 6 期。

王浩：《商代人祭對象問題探論》，《文博》1988 年第 6 期。

王俊傑：《論商周的羌與秦漢魏晉南北朝的羌》，《西北師院學報》1982 年第 3 期。

王克林：《試論我國人祭和人殉的起源》，《文物》1982 年第 2 期。

王貴民：《申論契文"雉眾"為陳師說》，《文物研究》1985 年第 1 期。

王貴民：《殷墟甲骨文考釋兩則》，《考古與文物》1989 年第 2 期。

王慎行：《卜辭所見羌人考》，《中原文物》1991 年第 1 期。

王慎行：《卜辭所見羌人反壓迫鬥爭》，《考古與文物》1992 年第 3 期。

王玉哲：《試論商代"兄終弟及"的繼統法與殷商前期的社會性質》，《南開大學學報》1956 年第 1 期。

吳建偉：《甲骨文羊羌的詞義關係考述》，《西北第二民族學院學報》1997 年第 2 期。

吳其昌：《殷代人祭考》，《清華週刊》第 37 卷第 9、10 期，1932 年 4 月。

徐中舒：《〈羌族史稿〉序》，《歷史研究》1983 年第 1 期。

徐中舒：《耒耜考》，"中研院"歷史語言研究所集刊第 2 本 1 分，1930 年 5 月。

楊景鸘：《殉與用人祭》（上、中、下），《大陸雜誌》第 13 卷第 6、7、9 期，1956 年 9、10、11 月。

楊升南：《對商代人祭身份的考察》，《先秦史論文集》（人文雜誌專刊），1982 年 5 月。

姚政：《關於人殉人祭問題》，《北京社聯通訊》1986 年第 6 期。

姚孝遂：《甲骨刻辭狩獵考》，《古文字研究》第 6 輯，中華書局 1981

年版。

姚孝遂：《商代的俘虜》，《古文字研究》第 1 輯，中華書局 1979 年版。

葉玉森：《殷契鉤沉》，《學衡》第 24 期，1923 年 12 月。

葉玉森：《研契枝譚》，《學衡》第 31 期，1924 年 7 月。

喻遂生：《語法研究與卜辭訓釋》，《綿陽師範學院學報》2007 年第 4 期。

于省吾：《殷代的交通工具和馹傳制度》，《東北人民大學人文科學學報》1955 年第 2 期。

于省吾：《從甲骨文看商代社會性質》，《東北人民大學人文科學學報》1957 年第 2、3 期合刊。

早期秦文化聯合考古隊：《戎狄之旅——內蒙、陝北、寧夏、隴東考古考察筆談》，《考古與文物》2012 年第 1 期。

張秉權：《甲橋刻辭探微》，《漢學研究》第 2 卷第 2 期，1984 年 12 月。

張秉權：《殷虛文字丙編》（一）第 126 頁，"中研院"歷史語言研究所 1957 年版。

張新俊：《殷墟甲骨文"臀"字補論》，《古文字研究》第 28 輯，中華書局 2010 年版。

張亞初：《古文字分類考釋論稿》，《古文字研究》第 17 輯，中華書局 1989 年版。

張玉金：《釋甲骨文中的"𠂤"》，《古文字研究》第 28 輯，中華書局 2010 年版。

張政烺：《殷契𦣞字說》，《古文字研究》第 10 輯，中華書局 1983 年版。

張政烺：《殷虛甲骨文羨字說》，載胡厚宣主編《甲骨探史錄》，生活·讀書·新知三聯書店 1982 年版。

趙誠：《甲骨文行為動詞探索（一）》，《古文字研究》第 17 輯，中華書局 1989 年版。

趙誠：《甲骨文虛詞探索》，《古文字研究》第 15 輯，中華書局 1986 年版。

趙平安：《戰國文字的"遴"與甲骨文"𡴀"為一字說》，《古文字研究》第 22 輯，中華書局 2000 年版。

周宏偉：《漢初武都大地震與漢水上游的水系變遷》，《歷史研究》2010

年第4期。

周慶基:《人祭與人殉》,《世界宗教研究》1984年第2期。

朱歧祥:《說羌——評估甲骨文的羌是夏遺民說》,《甲骨文發現一百周年學術研討會論文集》,臺灣師範大學國文系暨"中研院"歷史語言研究所1998年版。

後　　記

兔落烏升，斗轉星移，一轉眼，博士畢業快六年了，這五年多來，忙忙碌碌，一件接一件的事，而且都可以說是人生大事，壓得我有喘不過氣來的感覺。博士論文的修改一拖再拖，直到最近才算有個眉目，但是問題仍然很多，離最初的設想相差實在是太遠了。實感愧疚！提筆之際，感慨頗多，只恨才疏筆拙，難以一一言表。千言萬語化作兩個字——感謝！

（一）

首先要感謝我的導師喻遂生教授。本書是在博士學位論文的基礎上，加以修改而成的。拙著的完成，離不開導師的悉心指導。喻師1982年畢業於北京大學中文系，學養深厚、人品高潔，承蒙先生不棄，我才有在西南大學學習的機會，承蒙先生教誨，我才在學業方面有所增進。研究生入學前，我對甲骨文一無所知，是導師循循善誘地耐心指導，才把我帶入甲骨學的殿堂。從選題到撰寫，再到修改，答辯，每個環節，都離不開導師的心血。像我這種基礎薄弱又比較愚笨的人，導師真是沒少操心。導師很忙，常在晚上12點之後才有時間給我回復郵件，至今回想起來，令人感動！

還要感謝西南大學毛遠明教授和張顯成教授，兩位先生淵博的學識、嚴謹求實的治學精神時時激勵著我。不幸的是，天妒英才，毛遠明先生于2017年3月23日駕鶴西去，從此在前行的道路上少了一位可以給我指點迷津的好老師。

2010年，我有幸到復旦大學出土文獻與古文字研究中心訪學一年。訪學期間，裘錫圭先生、劉釗教授對我很關心！像江少華教授、施謝捷教授、陳劍教授、郭永秉教授等在學問方面都給了我很多啓迪和指導。在復旦還選修過姚大力教授、吳格教授、高智群教授的課，頗有收益。從上海歸來後，吳格老師還經常主動發郵件詢問我的情況，我很感動。在此，一併表示感謝！

　　在兩次全國博士生論壇上，黃天樹教授、張玉金教授、王蘊智教授、王貴元教授都給予過我很多指點，在此表示感謝！

　　博士論文完稿後，北京大學陳保亞教授、復旦大學申小龍教授、四川大學俞理明教授盲評審閱。答辯時由四川大學雷漢卿教授主持答辯，西南大學毛遠明教授、張顯成教授、四川外語學院譚代龍教授，浙江師範大學陳年福教授參與答辯，對諸位答辯專家的辛勤勞動和批評指正也一併予以致謝！

　　西南大學漢語言文獻研究所裏的青年教師也對我多有所啓發和幫助，例如鄧飛老師、李發老師、郭麗華老師等都給過我很多的幫助，在此表示感謝！

　　做論文的過程中，郭洪義、鄭邦宏、周寅等幾位師弟師妹給我提供了很多幫助，在此予以致謝！

　　2015年3月至2016年3月，有緣在美國Dartmouth College[①]做了一年的訪問學者，感謝艾蘭教授給我這個訪學的機會！感謝一起訪學的其他老師和學友們！感謝羅格斯大學陳光宇教授關心和幫助！

　　還有很多領導、師友、同事在成長的道路上給予過我很多無私的幫助，無法一一言表，在此一併予以致謝！

（二）

　　我還要特別感謝那些雖然只有短暫之交，或一面之緣，卻深深影響了我精神世界的前輩和名師。

---

① 譯名：達特茅斯學院，或達慕思大學。

14歲那年，考上陝西省城固師範學校，雖然只是一個普通的中師學校，這裏卻是名師薈萃，例如：向天福老師的語文課講得暢快淋漓，聽起來真是一種享受；前任老校長畢業于復旦大學數學系，非常樸實率真；時任校長曹立國先生畢業于北農大，曹校長的大氣和講話時的威力與睿智至今常令人回味。

回想從開始考研到博士畢業，曾經聽過很多場精彩的講座，雖然與那些做講座的老師只有一面之緣或短暫之交，但是他們的身影卻留在我的記憶中，他們充滿智慧的話語融進我的精神世界中。

2001年冬天，在南京大學游學時，有緣聽到了著名金融學家黃達先生的一場講座，已經快17年過去了，至今記憶猶新。那一年，黃先生都76歲了，但是講話鏗鏘有力。黃先生期待有人能在東西方兩個文化平臺上無障礙地自由往返、自由漫遊①。黃先生的講話時時激勵著我去盡力理解東方文化和西方文化。

考研時想找個比較好的學習環境，就去了清華上自習。清華園，是一個改變我命運的地方，考研、考博時都在清華上自習，累計也有兩三年時間。在清華考研時，有緣聽到了方惠堅先生的精彩講座，初步明白了"清華精神"的內涵。雖然最後差一點，沒有考上清華，從清華調劑到了西南大學，但是"清華精神"卻時時滋養著我的內心世界，清華校訓"自強不息、厚德載物"八個字深入靈魂。

2008年冬天，在清華還有緣聽到了李學勤先生的課，枯燥的《尚書》在李先生的談笑風生間變得鮮活有趣。

在山區公路上練出來的騎車技術，在北京考研時發揮了作用，我經常騎自行車奔波在北大、清華之間。在北大、清華有緣聽到了很多學識淵博的教授的課，印象最深的是北大陸儉明先生，上課富有激情，邏輯性、條理性很強，全程互動，有些大學老師上課只管自己埋頭講，不管臺下的學生，陸老師上課會不停地提問。我因為舉手回答問題，有緣認識了陸老師，後來，一直保持著聯繫。

甚感幸運的是，在人生旅途中，有緣遇到過很多前輩和名師，他們

---

① 黃達：《黃達自選集》，中國人民大學出版社2007年版，第854頁。

的治學精神和人生智慧使我受益匪淺。茫茫人海中，上帝為何要讓我遇見這些大師們？也許將他們的智慧和精神發揚光大才是對他們最好的思念和牽掛！

時光匆匆，韶華易逝，奮鬥路上有緣見過的那些先生和學者們，有的已經漸入暮年，仍跋涉在學術研究的道路上給我們做著標杆和指路燈。我雖然已經41歲了，但是相對于老前輩們來說，我還算是小字輩的年輕人。我只有發奮圖強，加倍努力，才能不辜負所遇見過的那些前輩和名師們，才能不辜負老前輩們對我們年輕一代的殷切期望！

（三）

博士畢業後，來西安財經大學工作，校、院、系三級領導都對我很關心愛護。不管大事小事都有熱心人出手相助，我感激不盡！

這本書出版前，文學院的黨政領導，積極幫我籌措出版經費，本書的出版受到西安財經大學文學院和中文系的經費資助，在此對諸位領導的關心厚愛予以特別致謝！

本書也是教育部人文社科項目的結項成果，感謝教育部社科司的領導和老師把這個課題交給我來做，也感謝省教育廳和學校科研處的領導和老師！

中國社會科學院歷史研究所甲骨學殷商史研究中心主任宋鎮豪先生為本書題寫書名，特予以致謝！

還要感謝我的父母、愛人和親戚們，由於他們的付出，我才得以安心做研究！

收筆之際，還要感謝國內外同行和讀者們的關注與支持！

感謝中國社會科學出版社的編輯和相關工作人員，特別是編輯劉芳老師！感謝銅陵學院崔磊博士和陝西師大研究生蔡汶君同學幫忙校對書稿！

總之，需要感謝的人太多太多，只恨才疏淺陋，能力有限，無法一一回報大家，篇幅所限，也無法一一寫下大家的名字，我能為大家做的實在太少，深感愧疚！

大家對我的關心、幫助和支持，我都會銘記於心！書中錯誤、不足之處，敬請大家批評指正！

劉新民

2018 年 5 月 16 日於古城長安